**Stüben
Du bist frei!**

Klaus Stüben

Du bist frei!

das Jetzt direkt zu erleben

WINDPFERD

1. Auflage 2010
© 2010 Windpferd Verlagsgesellschaft mbH, Oberstdorf
www.windpferd.de
Alle Rechte vorbehalten
Umschlaggestaltung: Kuhn Grafik Communication Design, Amden (CH)
unter Verwendung einer Illustration von iStockphoto
Illustrationen: Rita Frind
Lektorat: Silke Kleemann
Übersetzung des Vorworts aus dem Englischen: Silke Kleemann
Layout: Marx Grafik & ArtWork
Gesetzt aus der Adobe Garamond
Druck: Himmer AG, Augsburg

Printed in Germany
ISBN 978-3-89385-629-9

Es geht in diesem Leben wirklich um dich. Da gibt es nichts, was du tun oder erreichen musst, um vollständig, erfüllt und frei zu sein. Direkt zu erleben, was du bist und wer du bist, ist unermesslich, unfassbar und unbeschreiblich. Jeder Augenblick deines Lebens bietet dir die Möglichkeit, dies direkt zu erleben.

Dieses Buch ist in Dankbarkeit und Hingabe dem gewidmet, was in uns allen lebendig ist, durch alle Konzepte und Vorstellungen hindurchscheint und mit Licht und Leben erfüllt, was auch immer wir unser Leben nennen.

„Auf der großen Leinwand des Selbst
malt das Selbst das Bild der mannigfachen Welten.
Und dieses Selbst, das nur sich selber kennt,
ist voller Seligkeit."

Shankara

Als ich 1998 Eli Jaxon-Bear traf, half er mir meinen Blick nach innen zu wenden. Das hat mir die Augen geöffnet. Ich hatte das Glück, über 8 Jahre vielen seiner Treffen beizuwohnen, und habe dabei viel über meine und andere Muster der Identifizierung gelernt. In der von ihm ins Leben gerufenen Schule hat die Begegnung mit deren Leiter Saleem Berryman meine Suche schließlich beendet. Ich bin beiden unendlich dankbar dafür, für die Übermittlung von Fertigkeiten ebenso wie für das Erleben meiner eigenen Natur. Elis Wunsch war es, diese Flamme der Erkenntnis in die Welt hinaus zu tragen.

Basierend auf dieser Übermittlung ist das vorliegende Buch das Ergebnis der Weiterentwicklung dieser Arbeit mit meinen Klienten und Gruppen, um sie in eine alltagstaugliche Form zu bringen. Als Frucht meiner Arbeit ist dies mein Versuch, diese Flamme weiterzureichen.

Euer Klaus Stüben
Kosel, im März 2010

Inhalt

Vorwort 9

Was die Worte meinen 13

Einleitung 17

Du bist frei! 21

1 – Illusion und Wirklichkeit
    Die Trance der Worte 26
    Realität – was ist das? 30
    Der wissenschaftliche Ansatz von Realität und „Ich" 39
    Wer bin ich – wer bist du? 55
    Aus eins wird zwei und dann drei 60
    Direktes Erleben 69
    Den Blick wenden 77
    Die Illusion der scheinbaren Kontinuität 86

2 – Trancen – Wege ins Leiden
    Drei grundlegende Strategien 94
        Die physische Strategie 99
        Die mentale Strategie 99
        Die emotionale Strategie 101
    Die drei Triebe 103
        Der Selbsterhaltungstrieb 105
        Der soziale Trieb 106
        Der sexuelle Trieb 107
    Fixierungen an der Wurzel des Egos 110
        Die physischen Fixierungen 111
        Die mentalen Fixierungen 115
        Die emotionalen Fixierungen 119

Der Knoten des Egos	123
Weitere Trancen	129
Wie wir Trancen induzieren	147
Eine scheinbar ganz normale Kommunikation	154
Was lässt die Trance so real erscheinen	158
Die grundsätzliche Mangelhaftigkeit	165
Der unmittelbare spontane Rückholmechanismus	172
Was aus der Vermeidung des direkten Erlebens resultiert	180

3 – Direktes Erleben – der Weg in die Freiheit

Der Weg in die Freiheit	192
Was willst du wirklich?	194
Der wahre Freund – Kommunikation von Herz zu Herz	200
Wie denkst du?	205
Von der Geschichte zur Struktur	212
Der physische Körper – Torweg der Empfindungen	218
Der mentale Körper – Torweg der Gedanken	225
Der emotionale Körper – Torweg der Emotionen	230
Torweg der Stille	236
Torweg der Hingabe	241
Torweg der Polaritäten	246
Schlussbetrachtung	252

Danksagung	257
Über den Autor	259
Quellenangaben	261
Literaturempfehlungen	263

Vorwort
von Saleem Barryman

Lieber Leserinnen und liebe Leser dieses Buches,

ob Sie es wissen oder nicht – Sie haben großes Glück, ein Buch wie dieses zu lesen, das Sie gerade in den Händen halten. Es ist nicht bloß ein Selbsthilfebuch, das Ihr Leben zunehmend besser machen kann. Es bietet die Gelegenheit, etwas zu verwirklichen, das weit über ein besseres Leben hinausgeht. Es ist ein Durchgang von der kulturell akzeptierten Annahme unseres Getrenntseins zum „Direkten Erleben", dem Torweg zur Fülle und Glückseligkeit des Seins an sich.

Wenn wir sorgfältig hinschauen, merken wir, dass wir uns bei dem Versuch, unserem gegenwärtigen Erleben zu widerstehen und es zu kontrollieren, letztlich entzweit, unerfüllt und von unserer wesentlichen Natur und der Gesamtheit des Lebens getrennt fühlen. Diese Bewegung der Kontrolle wurzelt in einer anderen, tieferen Tätigkeit des Verstandes … fälschlicherweise anzunehmen, wir seien der, der wir selbst zu denken, fühlen und spüren zu sein glauben. Diese Identifizierung mit der konstruierten Geschichte, die wir „Ich" nennen, wird in unserer Gesellschaft fast nie hinterfragt, und dennoch ist dieses naive Missverständnis die Wurzel am Grund allen Leidens und Unglücks in unserer Welt.

Es gibt viele Arten der Selbsthilfe, die Linderung für unseren bedauernswerten Zustand schaffen würden, indem sie uns helfen, unsere Gedanken und Gefühle zu verändern und die äußeren Umstände zu verbessern, die uns Schwierigkeiten zu machen scheinen. Dennoch braucht sich, wie dieses Buch Sie zu entdecken einlädt, nichts zu ändern, um vollkommenen Frieden und Glück zu erfahren. Wundersamerweise enthüllt das direkte Erleben jeden Augenblicks, so wie er ist, Ganzheit, Erfüllung und Einssein mit allem Leben.

Das direkte Erleben zu entdecken, ist der Beginn eines neuen Lebens. Ein Leben in wahrer Freiheit, ein Leben, in dem wir frei sind, uns ganz auf das Leben einzulassen, zu dem wir geboren worden sind – jedoch ohne die irrtümliche Annahme, der bestimmende Faktor, Erfüllung zu verwirklichen oder nicht, sei das, was wir erschaffen und erreichen, oder die, die wir lieben oder verlieren. Ironischerweise ist es diese authentische Loslösung von den unvermeidlichen Wechselfällen des menschlichen Lebens (eine der Früchte davon, die Wahrheit unter der Erscheinung des Egos zu erkennen), die es uns erlaubt, mit offenem Herzen wirklich gegenwärtig zu sein und uns einzulassen.

Als ich Klaus zum ersten Mal wahrnahm, war er gerade in dem Prozess, sehr tief in seine eigene Entdeckung der Wahrheit zu fallen, und das drückte sich als ein dröhnendes Lachen aus. Ich leitete mit anderen in Italien ein Retreat in Assisi, das sowohl die Chance bieten sollte, in die Erkenntnis dessen zu fallen, wer wir wirklich sind, als auch spielerisch die selbsterschaffenen Illusionen zu demaskieren, die wir für unser „Selbst" halten. Unsere Gruppe von etwa 75 Leuten war in einem großen Raum in 7er- oder 8er-Gruppen verteilt, und bei einer der Übungen konnte eine bestimmte Gruppe ein ansteckendes Lachen nicht zurückhalten, das von Klaus und seiner Frau Doris ausging. Während mein Herz mit Dankbarkeit auf ihr Lachen antwortete, an diesem Fest teilhaben zu dürfen, war dies meine erste Erfahrung, Klaus zu „erkennen".

In den darauf folgenden Jahren habe ich Klaus in verschiedenen Rollen kennengelernt: als wissensdurstigen Schüler, der so viel wie möglich lernen wollte, um ein sachkundiger und verwirklichter Lotse zu sein; als Gastgeber, der mich zum ersten Mal in Deutschland willkommen hieß; als Kollegen, dessen Unterstützung auf vielen Ebenen mehr war, als ich hätte erbitten können; und als lieben Freund und wahren Bruder, in dem ich meine eigene Liebe zur Wahrheit und die überfließende Freude, anderen in ihrem Erwachensprozess zu dienen, erkenne.

Ich lese oder spreche kein Deutsch, daher werde ich dieses Buch nicht lesen können, bis es ins Englische übersetzt ist. Ich weiß jedoch, dass Klaus ausgehend von seinem eigenen direkten Erleben der Wirklichkeit und seiner Liebe, dies mit anderen zu teilen, schreibt. Und ich weiß, dass er ein sorgfältiger und aufmerksamer Beobachter der Feinheiten des Verstandes und des Egos ist und das Terrain sehr gut kennt. Ich bin sicher, er hat sorgfältig viele Torwege angelegt, die wirksam von den Worten, die Sie lesen, und den Konzepten, die Sie lernen, zur wort- und gedankenfreien Dimension des wahren Seins führen.

Ich hoffe, dass Sie durch die Lektüre dieses Buches und indem Sie sich ernsthaft und verspielt den „Experimenten" hingeben, die Klaus vorschlägt, die grundlose Freude und den Frieden des direkten Erlebens teilen können. Und für diejenigen unter Ihnen, die diese geheimnisvolle Wahrheit, die wir sind, bereits lieben und erkannt haben, hoffe ich, dass Sie neue Wege in eine noch tiefere Aufdeckung dessen finden, was falsch ist, und eine noch stärkere und süßere Enthüllung dessen, was grenzenlos und allzeit wahr ist.

Saleem Berryman,
Goias, Brasilien
27. April 2010

Was die Worte meinen

Dieses Buch ist eine Anleitung zur ehrlichen Erforschung dessen, was uns allen näher ist als das, was wir als „ICH" bezeichnen. Es ist das, was sich uns nur im direkten Erleben zeigt und nicht mit Worten beschrieben werden kann. Und es ist das, was als das Selbst bezeichnet wird. Um dieses Selbst und die Beziehung zum „Ich" geht es in diesem Buch, und somit weist das in diesem Buch Geschriebene im Grunde genommen auf die Kommunikation des Lesers mit dem Selbst hin. Diese Kommunikation müsste in der Ich-Anrede (erste Person) erfolgen. Daher wäre diese Anrede eigentlich die geeignete für dieses Buch. Da ich in dieser Kommunikation (als ein Freund) in Erscheinung trete und eine Blickrichtung vorschlage, wähle ich das „Du" als Anrede, um keine unnötige Distanz durch das Anreden in der „Sie"-Form zu erzeugen. Daher nutze ich auch nicht die Formen „man" oder „es", da diese eine weitere Dissoziation hervorrufen.

Des Weiteren möchte ich hier an dieser Stelle zum besseren Verständnis klären, welche Bedeutung ich einigen häufig verwendeten Bezeichnungen in diesem Buch gebe.

So wie ich die Bezeichnung **Trance** nutze, stellt sie jeden Bewusstseinszustand dar, der bar jeder Wirklichkeit ist, auch wenn er real erscheint. Die Illusion der Realität in einer Trance entsteht durch das Zusammenspiel all unserer Sinneseindrücke. Kennzeichen einer Trance ist es, dass sie kommt und geht und sich verändert. Trancen sind ganz natürlich in unserem Leben. So versetzen wir uns jeden Morgen beim Aufwachen in unsere Trance, die wir mit unserem Namen und als unser Leben bezeichnen. Ebenso können uns Worte oder Musik in eine Trance versetzen. Und schließlich suggeriert uns unser aller ständiger innerer Dialog ein Erleben, das sofort verschwindet, wenn der innere Dialog verschwindet und es im Kopf still wird.

Direktes Erleben ist ein Gegenmittel für jede Art von Trance. Es geschieht im Hier und Jetzt und ist ungeteilt. Das Erlebte und der Erlebende kommen in diesem Erleben zusammen. Es ist wie das Eintauchen in einen See, das Verschmelzen mit dem Erlebten. Im direkten Erleben bist du im Zentrum der Wahrnehmung, anstatt diese aus einer von dem Wahrgenommenen abgetrennten Perspektive (von einem Punkt irgendwo hinten in deinem Kopf) zu beobachten. Direktes Erleben ist frei von der Beurteilung durch den Verstand, frei von Vorlieben oder Vermeidungen, frei von Annahmen und Konzepten. Hast du je eine Erdbeere geschmeckt? Wie kannst du jemandem erklären, wie eine Erdbeere schmeckt, der diese noch nie geschmeckt hat? Dazu musst du dich von dem direkten Erleben abtrennen. Und niemand wird durch Worte jemals wirklich erleben können, wie diese Erdbeere schmeckt. Diese Abtrennung ist ganz alltäglich und eines der größten Hindernisse bei der Selbsterforschung. Direktes Erleben führt direkt zum Erleben des Selbst.

Das **Selbst** kann in Worten nicht beschrieben werden, wird aber als unbegrenzt, vollkommen, frei und erfüllt erlebt und zeigt sich als Präsenz, Stille, Weite und Glück. Dieses eine Selbst wird als Einssein erfahren, und wenn vielleicht auch mit unterschiedlichen Worten beschrieben, so ist es nicht persönlich, also nicht mein oder dein Selbst. Nicht gemeint damit ist jede Form eines persönlichen Selbst, das eine eingebildete Vorstellung eines Individuums als unabhängige, mit einem Körper-Geist-System identifizierte Wesenheit ist, welche in diesem Buch als „Ich" bezeichnet ist.

Ich oder **Ego** ist der Gedanke oder die Idee, ein imaginäres Zentrum im Körper zu sein. Diese Idee beinhaltet, weiter von dort aus zu denken und zu handeln und sich mit diesem Körper zu identifizieren (und darin gefangen zu sein). Dieses Ego ist eine Illusion und entzieht sich dem direkten Erleben. Es benötigt den inneren Dialog, der es immer wieder mit allen Informationen über seine Identität versorgt. Überprüfe es bitte selbst. Daher ist das Ego auch eine Trance.

Nur, wenn du nicht mehr mit dem „Ich"-Gedanken identifiziert bist, bist du **frei,** denn **Freiheit** ist Freiheit von eben dieser Identifizierung. Freiheit ist das direkte Erleben des Selbst als unbegrenzt, frei, vollkommen und erfüllt. Freiheit ist an keine Bedingungen geknüpft und frei von Wünschen und Umständen. Es ist nicht die Freiheit von etwas oder die Freiheit, etwas zu tun. Freiheit offenbart sich im direkten Erleben von selbst.

Verstand nimmt in unserem Kulturkreis einen breiten Raum ein, aber in diesem Buch wird mit dem Wort Verstand nicht bloß die Denkkraft und der Akt des Verstehens, sondern darüber hinaus die Wechselwirkung mit allen unbewussten geistig-emotionalen Reaktionsmustern bezeichnet. Die Rückkopplung mit dem Körper ist dabei mit eingeschlossen. Die deutsche Sprache kennt kein Wort für diese Vorstellung, ein mit dem „Inhalt des Bewusstseins" identifiziertes Individuum zu sein, welches noch dazu den gesamten Bereich des mentalen und emotionalen und energetisch-reaktiven mit einbezieht. In Ermangelung eines solchen speziellen Wortes habe ich das Wort Verstand (mit dieser erweiterten Bedeutung) gewählt.

Den einzelnen Kapiteln sind **Zitate** vorangestellt, die sowohl eine Übersicht oder Zusammenfassung, als auch eine Einstimmung auf das Kapitel bieten sollen.

Einleitung

Um einfach nur zu sein – wer oder was du bist –, kannst und brauchst du nichts zu tun, denn Sein ist deine Natur und alles, was du tust, um du Selbst zu sein, bringt dich (scheinbar) weg von dem, was du bist. Und es ist so einfach, direkt zu erleben, dass dieses Sein bedingungslos, vollständig, frei, glücklich und erfüllt ist.

Ja, im Grunde genommen kannst du nichts tun, um nicht zu sein. Und trotzdem verbringen wir fast alle unser Leben damit, diese direkte Erfahrung zu vermeiden und alles zu kontrollieren, um den Schein zu erwecken, etwas anderes zu sein. Wie oft tun wir z. B. etwas, nur um geliebt und anerkannt zu sein, weil wir das Gefühl haben, nicht geliebt oder anerkannt zu sein, und dieses Gefühl vermeiden wollen. Daraus entsteht die Hoffnung, dieses andere irgendwann einmal zu werden – wir beginnen einer makellosen idealen Vorstellung von dem, was wir sein wollen, hinterherzulaufen. Vielleicht haben wir von diesem Ideal auch noch ein spirituelles Konzept, sozusagen als Sahnehäubchen obendrauf, damit es sich wirklich lohnt, ihm hinterherzulaufen. So lockt im Christentum die Aussicht, in den Himmel zu kommen, wenn wir nicht sündigen.

Mit diesem Ideal vergleichen wir uns dann und kommen in diesem Vergleich natürlich immer schlecht weg. Wir übersehen dabei allerdings vollkommen, was wir sind und wer wir sind. Stattdessen setzen wir uns mit dem hypnotischen Singsang unserer Vorstellungen in Trance – in einen tiefen Schlaf.

Doch was, wenn wir dieses Ideal irgendwann einmal erreichen? Wer ist es denn, der dieses Ideal erreicht? Ist derjenige, der dieses Ideal erreicht, ein anderer als der, der dieses Ideal erschafft? Und wenn dieses Ideal nicht erreicht wird, wer ist es, der es nicht erreicht, und ist er verschieden von dem, der es erreicht?

Wer ist es denn, der sich nicht mit seiner gegenwärtigen Erfahrung abgeben mag und diese vermeidet, um stattdessen einer Vorstellung hinterherzulaufen? Und wer ist es, der diesem Ideal überhaupt erst seinen strahlenden Glanz verleiht?

Natürlich habe ich absolut nichts dagegen, diesen Traum von einem Alptraum in einen besseren zu verwandeln, aber was ändert sich dabei schon grundsätzlich – du als derjenige, der all das wahrnimmt, bleibt zurück!

Dieses Buch richtet sich an all diejenigen, die sich nicht mehr damit abmühen wollen, einem Sahnehäubchen hinterherzulaufen, sondern am direkten Erleben ihrer wahren Natur interessiert sind. All diejenigen, die sich nicht mit einem Schmuck abspeisen lassen wollen, der etwas ziert, das viel mehr ist, als wir uns je zu erhoffen gewagt haben.

Das direkte unmittelbare Erkennen und Erleben dessen – das, was nicht immer kommt und geht, sondern sozusagen die Bühne oder den Raum all dieses Erlebens darstellt – ist so einfach zu erreichen und lässt uns aus dem Traum, den wir unser Leben nennen, aufwachen.

Direktes Erleben erfordert aber das Aufgeben aller Vorstellungen, aller Ideen und allen Glaubens und ist ein echtes Heilmittel gegen jede Art von Konzepten.

Ich möchte dich also bitten, bei dieser Selbsterforschung nichts von alledem zu glauben, was du hier liest und was ich schreibe, sondern alles nur direkt zu erleben und diesem Erleben zu trauen.

Denn es geht einzig um dich und um deine Bereitschaft, direkt zu erleben und nichts zu glauben. Mehr ist wirklich nicht nötig. Du selbst wirst mit absoluter Sicherheit wissen, wenn da nur noch ein einziges Erleben ist und kein Raum für etwas davon Getrenntes existiert. Das ist der Moment, in dem sich die Schleier des Nebels lüften, und du anfängst „zu leben".

Und es kann sein, dass du dir vor Lachen den Bauch hältst oder vom Stuhl hintenüber fällst, wenn du erkennst, welcher Seite des Spiegelbildes

Leben – Nebel

du bisher deine Aufmerksamkeit geschenkt hast. Ich freue mich mit dir auf diesen Augenblick, denn dass ist der Grund, warum ich dieses Buch schreibe.

Dann wirst du vielleicht ganz natürlich die Flamme der Erkenntnis weitertragen, oder vielleicht ist dann auch einfach nur ein weiteres Leben in Freiheit auf diesem Planeten entstanden.

Die Entscheidung zwischen Nebel und Leben kannst du in jedem Augenblick treffen. Hier beginnt die Freiheit und der Frieden. Ohne innere Freiheit und inneren Frieden bleibt der Friede auf Erden nur ein leerer Wunsch. Frieden dehnt sich aus, genauso wie die Liebe. Beides kann nicht von außen in die Herzen gelangen, sondern wird von einem Herzen zum anderen übertragen, und so können nach und nach die Herzen der gesamten Menschheit erreicht werden. – Dann hat dieses Buch seinen Zweck erfüllt.

Du bist frei!

Alle Menschen – jedenfalls alle, die ich bisher getroffen und von denen ich gelesen habe – wollen im tiefsten Inneren glücklich sein. Dies scheint ein Wunsch zu sein, der uns allen gemeinsam ist. Und doch, wenn wir alle glücklich sein wollen, wie kann es dann sein, dass sich unsere Welt in einem Zustand präsentiert, in dem Armut, Krieg, Hunger, Elend, Angst, Verzweiflung, Unterdrückung, Missgunst und die Bedrohung durch Terrorismus derart beherrschend sind? Wie kann es angehen, dass wir alle glücklich sein wollen, und doch so viel Leid durch uns erzeugt wird? Hast du dich das schon mal gefragt?

Natürlich wissen wir alle um unsere eigene Unschuld am Leiden, denn wir sind ja nur auf der Suche nach dem Glück. Wie leicht finden wir da den Grund des Leides und des Leidens – ja selbst unseres eigenen Leidens – bei den anderen. Hast du dich schon mal gefragt, warum jemand Terrorist ist? Was bewegt jemanden, einen Terrorakt zu verüben? Was, wenn der Terrorist sich selbst als Kämpfer für die Freiheit bezeichnet, beseelt von dem Wunsch, diese Freiheit seinem ganzen Volk zu bescheren! Was wäre schöner für einen Freiheitskämpfer als die Freiheit seines ganzen Volkes? Das wäre seine Definition von Glück – wenn da nur nicht diese Unterdrücker wären, die dieses ganze Unrecht über sein Volk bringen und sich zu allem Überfluss noch freiheitlich-demokratisch nennen. Terroristen sind immer nur die anderen. Ein solcher Freiheitskämpfer sieht meist nicht, dass auch die Unterdrücker aus einer positiven Absicht heraus agieren, Freiheit für ihr Volk sichern wollen und trotzdem oder gerade dadurch so viel Leid erzeugen. Und in diesem Kampf sind der Freiheitskämpfer und der Unterdrücker aufeinander angewiesen, um ihren Kampf fortzusetzen. Und so wird aus der Freiheit eine Freiheit von etwas oder eine Freiheit, etwas tun zu können, was mit wirklicher Freiheit nichts zu tun hat.

Die Freiheit, die es hier zu entdecken gibt, ist aber an keine Bedingungen geknüpft und frei von Zwängen, Wünschen und Umständen.

Diese Freiheit ist absolut frei – und es ist das, was wir im direkten Erleben des Selbst als unsere ureigene Quelle erkennen.

Ist es nicht erstaunlich, dass wir die Ursache für unser Glück oder auch unser Unglück und unsere Unzufriedenheit meist im Äußeren suchen? Wir haben zutiefst gelernt, die Antwort auf die wichtigen Fragen des Lebens – die Frage wer oder was wir sind – im Außen zu suchen.

Auf der Suche nach der Frage, wer oder was wir sind, hat die Wissenschaft uns von uns weg bis an den Rand des Universums geführt und ist damit bis zum Urknall als den Beginn allen Lebens gekommen. Wir haben unendlich viel Wissen über die Vergangenheit angehäuft. Mit jeder Antwort wird eine neue, noch weiterführende

Kann angesammeltes Wissen dir eine Antwort auf die Frage geben, wer du bist?

Frage aufgeworfen. Diese Suche und das Sammeln oder Schaffen von Wissen hat uns so weit weg von uns geführt wie nur irgend möglich. Wir sind total erfolgreich darin, Antworten zu finden – und, hat sich dabei grundsätzlich etwas für uns geändert? Weißt du dadurch, wer du bist? Weißt du, warum das Leiden für dich und für andere immer noch nicht beendet ist?

Wie können wir denn erhoffen, eine Antwort auf die uns so wichtigen und uns so betreffenden Fragen zu erhalten, wenn wir so weit außerhalb von uns suchen?

Für diese Sucht des Verstandes gibt es ein Heilmittel, ein Medikament (medicare = heilen, mente = Verstand; „Heilen durch den Verstand"). Heilung erfährt der Verstand nur, wenn er sich nicht ständig beschäftigt und ablenkt.

Was, wenn wir einfach einmal all unser Wissen für einen Augenblick beiseite stellen und den Blick ganz genau in die andere Richtung wenden – hinein in die Tiefe unseres direkt erlebbaren Universums!

1
Illusion und Wirklichkeit

Die Trance der Worte

„Die plötzliche Erkenntnis der Tatsache,
dass dein eigener Geist der Buddha ist,
dass es nichts gibt, was erreicht werden muss,
und nichts, was getan werden muss,
dies ist der höchste Weg."

Huang Po

Hast du dich schon mal gefragt, warum sich Geschichten in der Regel immer mehr verändern, je öfter sie weitererzählt werden? Oder warum so viele unterschiedliche Versionen von derselben Begebenheit existieren? Neben anderen ist einer der Gründe dafür, dass jedes einzelne Wort eine bestimmte Bedeutung hat, aber leider nicht dieselbe für jeden Einzelnen. Und diese Bedeutung geht einher mit einer bestimmten emotionalen Reaktion, die dann mit dem, wofür das Wort steht, gar nichts mehr zu tun hat. So lautet zum Beispiel auch in der Neurolinguistischen Programmierung (NLP) einer der Grundsätze: „Die Landkarte ist nicht das Land" oder „die Speisekarte ist nicht das Menü". Das soll verdeutlichen, dass das Wort nur stellvertretend für das direkte Erleben ist (deshalb schmeckt die Speisekarte beim Italiener genauso nach Papier wie die beim Chinesen). Daher bezeichne ich auch Worte als Tranceinduktoren, d. h. sie erzeugen eine Trance, die das direkte Erleben nur noch widerspiegelt und mitteilbar macht.

Direktes Erleben aber geschieht unmittelbar und ist jenseits von Worten. Um jedoch über das direkte Erleben kommunizieren zu können, benötigen wir Worte. Diese sind immer auch Träger von Erinnerungen, Vorstellungen und Glaubenssätzen. Sie sind deshalb nicht mehr direkt, sondern Ausdruck der Bedeutung, die wir unserem Erleben geben.

Worte sind die Grundlage für die menschliche Kommunikation. Durch sie wird eine Übereinkunft und ein Abgleich der Erfahrungen überhaupt erst möglich. Allerdings reduzieren sie die Vielschichtigkeit dieser Erfahrungen, bringen sie auf einen gemeinsamen Nenner und beenden damit das unmittelbare Erleben. Sobald wir unsere Erfahrung mit einem Wort benennen, hört das direkte Erleben auf. Wenn wir zum Beispiel einen Baum sehen, haben wir einen Begriff. Unser Verstand kann aus seinem reichhaltigen Repertoire an Bäumen in seinem Gedächtnis wählen; er stellt Vergleiche an und katalogisiert. Das direkte Erleben rückt mit jedem zusätzlichen Gedanken weiter in die Ferne, bis wir (scheinbar) keinen Zugang mehr dazu haben.

Sicherlich haben wir alle positive wie negative Erinnerungen an Bäume. Diese sind plötzlich alle wieder gegenwärtig und entfernen uns mit ihrer jeweiligen emotionalen Ladung noch mehr von unserem unmittelbaren direkten Erleben. Wir kleiden sozusagen unser Erleben in Worte. Allzu oft halten wir sie dann für das Erleben selbst.

Die Kommunikation über das Erlebte mittels Worten ruft bei jedem von uns eigene Vorstellungen, Erinnerungen und Emotionen wie zum Beispiel Angst oder Freude wach. Sie weichen zum Teil erheblich voneinander ab, was den Austausch und das Verständnis nicht gerade erleichtert. Ehe wir uns versehen (verstehen), landen wir sozusagen mitten im babylonischen Sprachgewirr und missverstehen uns nur noch. Ich möchte dir dazu ein kleines Beispiel geben.

In einem Artikel wurde kürzlich ein Landstreicher vorgestellt, in dessen Wortschatz das schlimmste Schimpfwort „Banause" war. Wurde er als Banause bezeichnet, fühlte er sich zutiefst erniedrigt. Ich weiß nicht, wie es dir geht, aber ich verbinde mit dem Wort Banause eher einen schelmischen Lausbuben und würde es niemals zum ernsthaften Beschimpfen einsetzen. Wenn ich als Banause tituliert werde, erzeugt das in mir höchstens ein Schmunzeln. Die Wirkung als ein schlimmes Schimpfwort, Geringschätzung oder Diffamierung aber würde es völlig verfehlen. Es kommt eben sehr darauf an, welche Bedeutung ein Wort für jeden Einzelnen hat und welche emotionale Reaktion damit ausgelöst wird. Welche Bedeutung hat „Banause" denn für dich?

Oder stelle dir vor, du wünschst dir eine gute Beziehung. Vielleicht heißt das für dich Harmonie, Friede und nie ein lautes Wort. Was aber, wenn dein Partner darunter versteht, sich ehrlich und herzlich auszutauschen, wenn es dabei auch gern mal laut und lebhaft werden darf, weil gerade dann eine so innige Verbundenheit und Präsenz zu spüren ist?

> Schreibe für dich auf, was z. B. „schön" bedeutet. Finde fünf Worte, die genau das beschreiben, was „schön" für dich heißt oder ist. Dann bitte einige Freunde, das Gleiche zu tun, jeder für sich. Wenn du dann anschließend ermittelst, wie viel Übereinstimmung darin besteht, was „schön" bedeutet, magst du überrascht sein. Was, wenn Worte unabhängig von dir eine ganz andere Bedeutung haben? Du kannst dieses Experiment mit jedem beliebigen Wort wiederholen.

Wir sehen also, dass Worte eine ganze Reihe von Vorstellungen erzeugen können und uns gewissermaßen in Trance versetzen – diesen durch Suggestion hervorgerufenen, hypnotischen Bewusstseinszustand. Anstatt uns wahrhaftig zu begegnen, tauschen wir lediglich unsere jeweilige Trance aus. Dann geht es in der weiteren Kommunikation nur noch um meine Trance gegen deine Trance. Mit den Worten von Jorge Luis Borges gesprochen: *„Es ist gefährlich zu glauben, dass eine Ansammlung von Worten (und mehr sind Philosophien nicht) große Ähnlichkeit mit dem Universum haben könnte."*

Gewiss gibt es Menschen, die in der Lage sind, Erfahrungen wunderschön in treffende Worte zu verpacken, und ich verneige mich tief vor ihnen. Aber auch sie können allenfalls auf das hinweisen, was wir direkt erleben und was nicht von uns getrennt ist. Worte hingegen verlassen unseren Mund und führen von uns weg. Mit Worten versuchen wir mit einer Welt außerhalb von uns zu kommunizieren. Hier soll es aber um die Kommunikation mit dem gehen, was uns noch näher ist als alles andere, näher sogar als das, was wir gemeinhin als „Ich" bezeichnen.

Ich möchte dich daher bitten, dir bewusst zu machen, wie leicht wir uns missverstehen können, wenn wir Worte gebrauchen. Gleichzeitig ermuntere ich dich, sie dennoch zu benutzen, um deine Erfahrung zu beschreiben – genauso wie ich Worte benutze, um dich auf das direkte Erleben hinzuweisen. Vielleicht kannst du dir bewusst sein, dass die Bedeutung, die du diesen Worten gibst, eine sehr persönliche ist. Und vielleicht können diese Worte sogar deine Aufmerksamkeit auf denjenigen lenken, der ihnen erst ihre Bedeutung verleiht. Du selbst bist die einzige Autorität für das direkte Erleben dessen, wer oder was du bist. Niemand außer dir ist in der Lage zu beschreiben, was du erlebst, und diese Erfahrung in genau die Worte zu packen, die versuchen das wiederzugeben, was unbeschreibbar ist.

Und ich bitte dich um die Ehrlichkeit und Aufrichtigkeit, deinem direkten Erleben treu zu bleiben. Ich möchte dich ermuntern, all deine Vorstellungen, all das Hörensagen und Wissen für die direkte Erforschung dessen, wer du bist und was du bist, beiseite zu stellen. Und wenn du dann alles, was du zu wissen glaubst, für den Augenblick des direkten, unmittelbaren Erlebens beiseite stellst (es ist ohnehin nur ein Konzept), dann zeigt sich im direkten Erleben, wer du bist. Es wird dir noch nicht einmal möglich sein, es nicht zu erleben. Wie könnte es auch, wenn es das ist, was du bist. Dann kannst du es in deinen eigenen Worten beschreiben. Dann ist es aus dem eigenen direkte Erleben geboren und kein Konzept mehr.

Realität – was ist das?

> „Die Welt ist so – und – so,
> nur weil wir uns sagen, dass sie so – und – so ist.
> Wenn wir aufhören, uns zu sagen, dass die Welt so – und – so ist,
> dann wird die Welt aufhören, so – und – so zu sein."
>
> *Carlos Castaneda*

Natürlich wissen wir alle, was Realität ist. Sie erschließt sich uns täglich durch unsere Sinne. Unter Wikipedia (www.wikipedia.org) im Internet steht: „Als Realität (lat. realitas, von res „Ding") oder Wirklichkeit wird im allgemeinen Sprachgebrauch die Gesamtheit des Realen bezeichnet. Real ist dabei das, was auch außerhalb des Denkens existiert", also unabhängig davon, wie wir darüber denken. Und das dtv-Lexikon definiert real oder wirklich als das, „was dinglich, sachlich und materiell ist"[1]. Weiterhin beschreibt es die Realität als: „Das ist das, worin sich der Mensch vorfindet, was sich ihm im Handeln erschließt, worin wir also als ein materieller Körper existieren". Demnach sind auch wir real. So einfach ist das. Punkt, Thema durch!

Wirklichkeit ist also der Raum, in dem sich der Mensch befindet, und was sich ihm im Handeln erschließt. Diese Wirklichkeit wird im Allgemeinen als gegeben vorausgesetzt, unabhängig von dem, der sie erlebt. Da wir davon ausgehen, dass diese Wirklichkeit auch nach unserem Tode weiter existiert, wird sie meistens nicht näher untersucht. Das ist bedauerlich, denn genau dies könnte ein Schlüssel zu einem erfüllten, glücklichen Leben sein. Weiterhin sollte es uns ein Hinweis sein, dass sich auch Wissenschaftler wie z. B. Amit Goswami in „Das Bewusste Universum"[2] intensiv mit diesem Thema beschäftigen.

In den folgenden Kapiteln möchte ich dich ermuntern, diese Wirklichkeit einmal direkt und unvoreingenommen zu untersuchen.

Wir neigen dazu, die Wirklichkeit als etwas von uns Getrenntes, Unabhängiges anzusehen, nicht zuletzt, weil wir es so beigebracht bekommen haben. Wir haben gelernt, diese Wirklichkeit in „Ich" und Umwelt zu trennen.

Wie wäre es, wenn wir diese Wirklichkeit ernsthaft untersuchen und nicht als gegeben akzeptieren? Was genau ist diese Wirklichkeit, in der alles existiert und passiert? Was, wenn wir als Person genau den Raum erforschen, in dem wir uns vorfinden und der sich uns durch unser Handeln erschließt?

Vielleicht fragst du dich, was das soll – können wir doch die reale Welt mit all unseren Wahrnehmungsorganen erfassen: Zweifellos können wir sie sehen, hören, fühlen und darauf reagieren – sie scheint uns vollkommen real. Genau das ist der Punkt, den wir näher untersuchen wollen. Denn was sehen, hören und fühlen wir wirklich?

Was ist real? Erzeugt unsere Vorstellung die Realität?

Und was lässt dies alles so real erscheinen und zu einem Gesamtbild werden, das wir als die Realität bezeichnen?

Seit Einstein, Heisenberg und Co. wissen wir, dass das, was wir als dinglich, sachlich und materiell erfahren, in Wirklichkeit zu über 99,999 % aus leerem Raum besteht – aus NICHTS. Je nachdem, wie genau wir hinschauen wollen, nehmen wir ein Gesamtbild wahr oder fokussieren uns auf eine Detailansicht. Was eben noch fest und hart erschien, ist jetzt schon in dem großen Ozean des Nichts verschwunden. Und dabei ist es egal, ob du einen Tisch, eine Wand, eine Blume oder die Hand anschaust, mit der du gerade dieses Buch hältst. Es ist überwiegend aus NICHTS gemacht. Doch wie wird aus diesem NICHTS unsere Welt, in der wir leben, und die wir erleben, und die sich uns durch unser Handeln erschließt?

Das, was wir normalerweise als so genannte Realität oder Wirklichkeit wahr-nehmen, wird durch unsere Wahr-nehmungs-sinne erfahren. Dabei haben bei den meisten Menschen das Sehen, das Hören und das Fühlen die größte Bedeutung. Diese drei Aspekte zusammengenommen machen den überwiegenden Teil aus, der das Wahrgenommene real erscheinen lässt. Schmecken und Riechen können zwar starke Auslöser emotionaler Reaktionen sein, machen aber nur einen untergeordneten Anteil in der Wahrnehmung der Realität aus. Sie runden das Bild eher ab.

Stelle dir vor, du siehst einen Film ohne den dazugehörigen Ton, oder mit dem eines anderen Senders. Irgendwie macht das alles keinen Sinn. Du siehst zweifellos die Bilder, kannst aber nicht wirklich teilnehmen. Die Worte lenken dich von den Bildern nur ab.

Wenn du jetzt aber den passenden Ton dazuschaltest, bekommt das Gesehene für dich automatisch einen Sinn, und du kannst den Film erleben und darin einsteigen. Automatisch entstehen die Emotionen, die in dir durch das Geschehen auf der Leinwand oder auf dem Bildschirm hervorgerufen werden. Dabei ist es doch offensichtlich, dass du hier einfach nur flackerndes Licht mit einer dazu passenden Geräuschkulisse beobachtest. Die notwendigen Emotionen, die den Film erst real und lebendig erscheinen lassen, werden von dir automatisch hervorgerufen, sobald Bild und Ton zusammenpassen und du in das Geschehen des Films einsteigst. Dabei macht es keinen Unterschied, ob du den Film magst oder nicht. Diese Emotionen sind abhängig von der Geräuschkulisse und ändern sich mit der Art der dazugespielten Töne erheblich. In dem Film „Die Truman Show" wird dies vom Produzenten sehr eindrucksvoll demonstriert. Das Leben von Truman findet ohne dessen Wissen in einem gigantischen Filmstudio statt und wird den Zuschauern live auf den heimischen Bildschirm übertragen. Von seinem Tonstudio lässt der Produzent sehr gekonnt Musik zu den Bildern zumischen und hält damit die Zuschauer im Bann seiner Show. Er spielt ganz bewusst mit den Emotionen der Zuschauer, die dann Bestandteil des Films werden.

> Mache den folgenden Versuch: Schaue dir ein Bild oder ein Video an und spiele dazu unterschiedliche Musik. Je nach Geschmack kannst du zu den gleichen Bildern das „Air" von Bach oder den „Trauermarsch" von Chopin spielen oder aber auch Hardrock und Kuschelrock. Welche unterschiedlichen Gemütsstimmungen erlebst du und wie schnell wechseln diese?

Durch die unterschiedliche Musik erleben wir emotionale Reaktionen, die sich deutlich unterscheiden. Du kannst dir leicht vorstellen, dass im Zeitalter der überströmenden Medienflut dieser Effekt bewusst eingesetzt wird. Die Emotionen sind dein aktiver Beitrag zu dem Film und die Eintrittskarte für dein Erleben. Ohne sie wäre die gesamte Vorstellung nur Schein und Geräusch.

Das, was du aktiv dazu tust, damit das, was du wahrnimmst, so real erscheint, ist genau das, was wir hier untersuchen werden. Wir werden direkt erforschen und erleben, was das einzig Wirkliche in diesem ganzen Szenario ist. Und wir werden herausfinden, wie wir diese Wirklichkeit so manipulieren, dass wir unsere eigene Vorstellung für real halten. Beim Anschauen eines Filmes ist das sehr offensichtlich. Aber im Film unseres „realen Lebens" halten wir tatsächlich *das, worin wir uns als Mensch vorfinden und was sich uns im Handeln erschließt, worin wir also als ein materieller Körper existieren* für die

Realität, für etwas, das jetzt real ist, immer schon real war und auch in der Zukunft real bleiben wird.

Es ist diese nicht untersuchte Umwelt, die wir als gegeben, fest und wahr annehmen und nicht einmal in Frage stellen. Stattdessen arrangieren wir uns mit ihr. Wir behaupten uns in ihr und bemühen uns, sie zu unserem Vorteil zu verändern. Genau wie im Film hast du aber in jedem Augenblick die Möglichkeit, direkt zu erleben, was Illusion und was Trance ist. Du kannst dich einfach weiterhin durch den Film ablenken lassen, indem du etwas für real erklärst, das du noch gar nicht erforscht hast. Oder du kannst einfach den Stecker ziehen und direkt untersuchen und direkt erleben, was das einzig Wirkliche in diesem ganzen Szenario ist. Vielleicht bemerkst du, dass du die ganze Zeit auf Autopilot gelaufen bist. Jetzt kannst du die Wirklichkeit direkt erleben, da deine Sinneseindrücke nicht länger von der selbst erzeugten Trance eingenommen bzw. voreingenommen sind, sondern un-voreingenommen.

Denn laut Definition ist „eine Trance ein Bewusstseinszustand, der die freie Willensbestimmung ausschließt und sich auf suggestivem Wege als hypnotischer Zustand erzeugen lässt"[3]. Diese Illusion von Ego-bezogener Identität wird auf mysteriöse Weise durch die Wahrnehmung der Sinne hervorgerufen und für real gehalten.

Was passiert, wenn wir unvoreingenommen einen Blick auf die Welt werfen, so wie ein neugeborenes Baby, dessen unschuldiger, unvoreingenommener Blick auf die Welt uns so berührt? Wir können dem Baby ansehen, dass es eins mit dieser Welt ist und alles frisch und neugierig erfährt. Es unterscheidet nicht zwischen innen und außen, kennt kein „Ich", das von der Umwelt getrennt ist. Es ist erfüllt von dem direkten Gewahrsein, von Leben, Freude und Verbundenheit. Es erfährt sich selbst als Eins, physisch, mental und emotional.

Erst im Alter von etwa eineinhalb Jahren lernt es, eine Trennung zwischen sich und der Umwelt zu ziehen. Es lernt durch das, was wir Erziehung nennen, das direkte Erleben von Lebendigsein, Verbundenheit und Freude mit dem Namen gleichzusetzen, dem ihm seine Eltern gegeben haben. Die Eltern deuten auf den Körper und wiederholen immer wieder den Namen, bis das Baby schließlich sein ursprüngliches Einssein mit diesem Namen gleichsetzt, und sich selbst als „Ich" bezeichnet. Damit werden dem Erleben des Einsseins aber ganz klare Grenzen gesetzt. „Ich" ist innen, alles andere ist im Außen, ist Du und wird nun als getrennt erlebt. Das Wort, der Name selbst, ist die Begrenzung, ob wir wollen oder nicht. Wir haben gelernt, das direkte Erleben mit unseren Namen gleichzusetzen, und spüren sofort die physische Begrenzung. Darauf, in diesem Körper zu stecken, reagieren wir emotional mit Verzweiflung. Wir sind sozusagen aus dem Paradies des Einsseins und des Lebendigseins herausgefallen.

Der Witz ist, dass das unmittelbare Erleben des „Ichs" und des Dus immer noch von unserem ursprünglichen direkten Erleben des Einsseins und des Lebendigseins genährt wird. Es hat sich nicht verändert, nur nennen wir es jetzt anders und grenzen es ein.

Im Laufe der Erziehung werden dieser Gleichsetzung von Erleben und Namen immer mehr Attribute zugefügt. „Ich" ist jetzt ein Junge oder Mädchen im Gegensatz zu den anderen, die wir Du nennen, egal ob Mädchen oder Junge. Dieses Mädchen oder dieser Junge ist gut oder schlecht, nett oder frech, schwach oder stark. Aus dem Jungen oder Mädchen wird ein Mann oder eine Frau, ein Vater oder eine Mutter, ein Geschäftsmann oder eine Geschäftsfrau – immer mehr Attribute häufen sich an.

Das, was all diesen Attributen seine Realität verleiht, ist aber immer noch dieses direkte Erleben von Lebendigsein, Gewahrsein und Freude. Wir identifizieren uns immer stärker mit ihnen, bis wir schließlich zu dem werden, der wir aufgrund der Attribute zu sein glauben. Tragischerweise sind diese Attribute immer nur Aspekte und Teile des Ganzen. Sie sind immer abgetrennt, unvollständig und unfrei. Wenn wir ihnen noch eine zeitliche Dimension geben und uns in die Illusion einer Kontinuität versetzen, dann entsteht scheinbar wie von selbst die persönliche Geschichte von mir und meinem Leben.

Uns in einem physischen Körper mit einer eigenen, persönlichen (Leidens-) Geschichte gefangen zu fühlen und uns mit all ihren Attributen zu identifizieren, erfüllt uns mit tiefer Verzweiflung. Sie existiert an der Wurzel eines jeden Egos und fühlt sich natürlich nicht gut an. Deshalb vermeiden wir sie lieber, anstatt sie direkt zu erleben. Wir versuchen ihr zu entkommen – bloß weg davon! Aber das erzeugt Angst, verloren zu sein. Lieber haben wir Angst, als dass wir die Verzweiflung spüren wollen. Aber auch das ist nicht angenehm, und darum sind wir lieber traurig als ängstlich. Und um das nicht zu spüren, werden wir einfach wütend darüber, dass uns jemand das angetan hat. Kennst du das auch in deinem Leben, Trauer, Wut oder anderer negative Emotionen zu vermeiden?

All das sind Vermeidungsstrategien, um nicht das zu fühlen, was unsere illusionäre Identifizierung ausgelöst hat. Lieber projizieren wir unsere Emotionen auf unsere Umwelt. Auf diese Weise rechtfertigen wir sie nicht nur, sondern müssen sie auch nicht länger spüren. Lieber sind wir wütend auf unsere Lebensumstände, als diese Wut selbst zu erleben. Das ist schade, denn genau sie weist uns den Weg zurück zu dem direkten Erleben des Einsseins, nach dem wir uns so sehnen.

Zum Beispiel habe ich gerade das Netzteil meines Laptops gesucht und bin wütend, dass ich es nicht habe. Sogleich suche ich nach dem Schuldigen, der es verlegt hat, oder gebe dem Hersteller die Schuld, dass er ein Netzteil baut, das zu groß ist für die Laptoptasche. Das alles ist eine Vermeidung, die Wut direkt zu erleben.

Es ist uns im Alltag meist nicht bewusst, wie dieser Vermeidungsmechanismus unser Leben und unser Erleben bestimmt, und wie wir über diesen Mechanismus gesteuert werden. Unsere Unwilligkeit, die

Was, wenn direktes Erleben der Riegel an der Tür unseres selbst gewählten Gefängnisses ist? Und wir ihn jederzeit selbst umlegen können?

Emotionen direkt zu erleben, ist der Riegel an der Tür zu unserem selbst gewählten Gefängnis.

Wenn du dir nur einmal vor Augen hältst, was die Medien tagtäglich mit uns machen, indem sie unsere Angst und unsere Wut ansprechen und diese mit den Worten Klimakatastrophe, Terroranschlag, Finanzkrise oder Börsencrash kanalisieren! Nun hat deine Angst einen neuen Namen und ist außerhalb von dir. Jetzt kannst du gegen das, was sie repräsentieren, rebellieren oder darüber wütend sein. Am Ende bleibt es deine Angst. Nur du kannst sie direkt erleben, nicht im Außen, sondern hier und jetzt in der direkten Erfahrung. Dann erlebst du, was sich durch dein Nicht-Handeln erschließt, was du in dem vorfindest, das du Wirklichkeit nennst.

Egal durch welche Attribute und Umstände unser Leben geprägt wird, am Ende machen sie das aus, was wir als unsere Persönlichkeit, unsere persönliche Geschichte, unsere Lebenstrance bezeichnen. Durch das Gleichsetzen des Gefühls mit dieser Geschichte wird die Person erschaffen, die jetzt dieses Buch in der Hand hält.

Das ist sozusagen unsere Eintrittskarte in das, was wir ein normales Leben nennen. Und es ist gleichzeitig die in unserer Mythologie beschriebene „Vertreibung aus dem Paradies". Wir bemühen uns verzweifelt, in dieses Zuhause zu kommen. Dieses Bemühen nennen wir dann ein ganz normales Leben des Leidens, des Bemühens und des Wünschens. Dabei übersehen wir völlig, dass wir eigentlich nie von hier fortgegangen sind. Wir haben uns nur hinter unserer selbst erschaffenen Trance versteckt.

Auch in diesem Augenblick ist das, was als dein „Ich" er-scheint nichts weiter als der Schein des direkt Erlebten, ist das, was sich nie verändert hat und jederzeit immer wieder direkt erfahrbar ist – egal wie die Lebensumstände auch aussehen. Sie sind einfach nur der Schleier, der Film, den du mit deinen Gedanken erschaffst und vor deinen Sinnen ablaufen lässt. Jeden Augenblick belichtest du ihn neu. Du selbst bist das Licht, das diese auf Celluloid geprägte Fata Morgana zum Leben erweckt.

Wenn wir nun auf die anfangs genannte Definition der Wirklichkeit zurückkommen: „Wirklichkeit ist das, worin sich der Mensch vorfindet und was sich ihm im Handeln erschließt", dann können wir jetzt ganz klar erkennen: wir sind die Wirklichkeit, in der sich das „Ich" vorfindet und sich in jedem Augenblick erschließt!

Es scheint die Krankheit des Menschseins zu sein, das Wirkliche mit dem Unwirklichen und das Wahre mit dem Unwahren zu verwechseln. Wenn uns bewusst wird, dass wir nie aus dem Paradies weggegangen sind, dass wir gar nicht weggehen können, dann erkennen wir plötzlich diesen riesigen kosmischen Witz. Wir sind es selbst, die sich in Trance versetzen und ein von diesem Einssein getrenntes „Ich" halluzinieren.

Im weiteren Verlauf dieses Buches werde ich dich darin unterstützen zu erkennen, dass du nie weggegangen bist. Dabei werden wir durch den Nebel unserer Trancen schauen und das direkt erleben, wovon wir nie weggehen können. Wohin denn auch?

Der wissenschaftliche Ansatz von Realität und „Ich"

„.... und wir erkennen, dass wir mit unserem eigenen Verstand unsere eigene kleine Welt schaffen und dass die Vorstellung einer objektiven äußeren Welt auf Übereinkunft beruht, aber nicht auf Wahrnehmung."

Jan Kersschot

Wie wir im vorherigen Kapitel schon gelesen haben, konnten selbst die Quantenphysiker auf der Suche nach dem kleinsten Teilchen nur feststellen, dass es so etwas wie feste Materie nicht gibt und alles überwiegend nur aus leerem Raum besteht. Wenn wir nur genau genug hinschauen und auf der subatomaren Ebene entweder den Teilchencharakter oder den Wellencharakter der Teilchen wahrnehmen, die unsere reale Umwelt ausmachen, wird die eigentliche Illusion der Existenz einer solchen materiellen Umwelt klar[4].

Weiterhin haben eben diese Wissenschaftler herausgefunden, dass durch den Vorgang des Beobachtens der Beobachter das Beobachtete – das Ergebnis eines Experimentes – beeinflusst. Diese Tatsache ist natürlich gerade bei der Untersuchung unseres eigenen Gehirns und dessen Funktion sehr problematisch. Dies zeigt sich auch sehr klar darin, dass Neurowissenschaftler zwar erkannt haben, dass so etwas wie ein „Ich" in unserem Körper nicht existiert, nur um dann unmittelbar im Anschluss an diese Erkenntnis darüber zu rätseln, was das für das „Ich" bedeutet[5].

Wenn Wissenschaftler anschauen, was in unserem Gehirn passiert, wenn wir eine Wahrnehmung haben und wie diese im Gehirn weiterverarbeitet wird, erkennen sie, dass unser Nervensystem zuallererst Energie wahrnimmt. Dieser Energieimpuls wird im weiteren Verlauf im Gehirn einer entsprechenden Bedeutung zugeordnet. Jede Sinnesreizung verursacht einen energetischen Impuls in den Nervenzellen selbst, der dann über die Nervenfasern zu den Organen und in Bereiche des Gehirns weitergeleitet wird. Ich möchte dich hier nicht mit den Details dieser biochemischen oder biophysikalischen Details langweilen, sie würden den Rahmen dieses Buches sprengen. Du kannst sie ohnehin in vielen Büchern, Artikeln oder im Internet nachlesen[6]. Wichtig scheint mir allerdings die Tatsache, dass das Einzige, was die Wissenschaftler sehen oder messen können, energetische Potentialdifferenzen von 80 mV sind. Diese Potentialdifferenzen laufen mit hoher Geschwindigkeit als elektrischer Impuls durch die Nervenfasern und halten dabei diese Potentialdifferenz durch Herein- und Herauspumpen von Ionen in die einzelnen Zellen aufrecht.

An bestimmten Stellen, den so genannten Synapsen, werden diese elektrischen Impulse durch chemische Überträgerstoffe, Neurotransmitter genannt, über einen Spalt auf die nächste Zelle übertragen. Bekannte Neurotransmitter sind zum Beispiel Adrenalin oder Noradrenalin, die ausgeschüttet werden, um den Körper für Flucht und Angriff in Aktionsbereitschaft zu bringen.

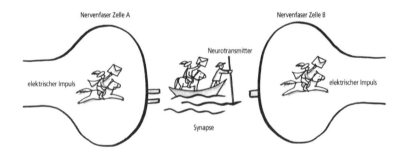

Jede Information wird an Synapsen übertragen, an denen Manipulationen stattfinden können.

Andere Botenstoffe sind Dopamin oder Serotonin, das im Gehirn die Erlebnisinhalte aus dem limbischen System zum Großhirn filtert. An diesen Synapsen kann in den Spalten u. a. durch Gabe von

Drogen die subjektive Wahrnehmung extrem verändert werden, eine Tatsache, die sich Medizin und Pharmazie zunutze machen. Was aber dabei eigentlich passiert, ist die Steuerung der elektrischen Weiterleitung des Nervenimpulses im Hinblick auf Intensität und Dauer. So kann zum Beispiel durch die Gabe von Serotoninantagonisten der Filter der Erlebnisinhalte vom limbischen System zum Großhirn unterdrückt werden, mit der Folge, dass das Großhirn mit Informationen überschwemmt wird[7]. Wir nennen das Halluzinationen. Diese Antagonisten (Gegenspieler) für Serotonin werden wegen ihrer Wirkung als Psychodelika bezeichnet, sind aber eigentlich nicht Verursacher der Wirkung, sondern hemmen nur den Filter.

Was passiert nun aber in der weiteren Informationsverarbeitung, der Wahrnehmung, im Gehirn oder sagen wir besser, wie wird aus einer Folge von Stromimpulsen ein Bild, ein Geräusch, ein Gefühl und eine Emotion? Dabei kann die Wissenschaft eigentlich nur Antworten geben, in welchen Gehirnarealen welche Inhalte verarbeitet werden. Sie kann aber nicht die Frage beantworten, wie genau die Wahrnehmung und das Erleben funktionieren, wie wir zum einen

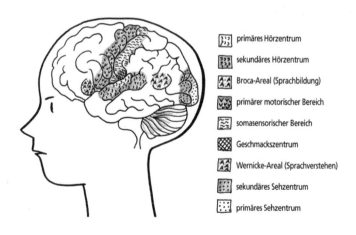

Eine durchschnittliche Landkarte des Gehirns
mit seinen unterschiedlichen Aufgabenbereichen.

ein Abbild der Welt im Gehirn erzeugen, oder ob das Gehirn nicht ein Bild erzeugt, das wir für die Welt halten. Diese grundsätzliche Frage bleibt vermutlich der persönlichen Suche und Erforschung eines jeden Menschen vorbehalten.

Der besondere Teil unseres Gehirns, der uns von allen anderen Lebewesen auf der Welt unterscheidet, ist die Großhirnrinde, der äußere Teil des Gehirns, bestehend aus zwei Hälften, der linken und rechten, die miteinander über die Daten-Autobahn, den Corpus Callosum kommunizieren. Obwohl jede Gehirnhälfte einzigartig in ihrer spezifischen Art der Informationsverarbeitung ist, arbeiten sie doch beide zusammen und erzeugen eine einfache nahtlose Wahrnehmung von der Welt. Jede der Großhirnrinden wird in unterschiedliche Bereiche eingeteilt, wie zum Beispiel den Scheitellappen, der für die Körperfühlsphäre verantwortlich ist, einen Stirnlappen zur willentlichen Bewegung und Kontrolle unseres Körpers, den Hinterhauptslappen zum Sehen und den Schläfenlappen, der für das Hören zuständig ist.

Auf der äußeren Schicht des Großhirns ist die Fähigkeit des linearen Denkens untergebracht, so wie die komplexe Sprache und die Möglichkeit, abstrakt und in symbolischen Systemen wie der Mathematik zu denken. Die tieferen Schichten des Großhirns bestehen aus Zellen des limbischen Systems, unserem emotionalen Zentrum, das sich im Laufe eines Lebens offenbar nicht weiterentwickelt, so dass wir nach der Prägungsphase im Babyalter in unserer Fähigkeit, auf auslösende Stimulationen zu reagieren, feststecken, als ob wir immer noch zwei Jahre alt wären, obwohl wir längst erwachsen sind.

Während unsere zerebralen Zellen dergestalt reifen, dass die Neuronen in komplexen Netzwerken integriert werden, besitzen wir die Fähigkeit, neue Bilder des gegenwärtigen Moments zu erstellen. Wenn wir die neuen Informationen des denkenden Großhirns mit der automatischen Reaktion unseres limbischen Gehirns abgleichen, können neue Bewertungen der gegenwärtigen Situation durchgeführt und eine reifere Reaktion gewählt werden.

Energetische Impulse strömen über unser sensorisches System (sehen, hören fühlen) in das Gehirn und lösen sofort in unserem limbischen System eine Gefühlsreaktion aus. In der Zeit, in der eine Mitteilung das Großhirn erreicht, um weiter durchdacht zu werden, haben wir schon längst ein Gefühl aus den energetischen Impulsen entwickelt, und eine Bewertung aufgrund dieser Stimulation durchgeführt – Schmerz oder Wohlbefinden. **Obwohl viele von uns denken mögen, dass wir denkende Wesen sind, die fühlen, sind wir biologisch gesehen fühlende Wesen, die denken**[8].

Da wir in unserem Kulturkreis die Begriffe „Emotionen" und „Gefühle" heutzutage unspezifisch nutzen, ist es notwendig zu differenzieren, wo überall in unserem Gehirn unterschiedliche Gefühlserfahrungen auftreten. Wenn wir Emotionen wie Traurigkeit, Freude, Angst, Verzweiflung oder Aufregung erleben, sind dies Zustände, die durch die Zellen unseres limbischen Systems erzeugt werden. Wenn wir körperlich fühlen, kinästhetisch z. B. etwas in den Händen fühlen, dann bezieht sich das auf die fühlbare oder kinästhetische Erfahrung des Fühlens. Diese Art des Fühlens verläuft über das sensorische Berührungssystem des Scheitellappens des Großhirns. Letztendlich, wenn wir unterscheiden, was wir über etwas intuitiv fühlen (häufig ausgedrückt als ein „Bauchgefühl"), gegenüber dem, was wir darüber denken, ist dieses Wissen ein Ergebnis der rechten zerebralen Gehirnhälfte des Großhirns (Details kannst du bei Jill Bolte Taylor nachlesen).

Die Wissenschaft hat in Bezug auf unser sensorisches System festgestellt, dass alles, was wir sehen, wenn wir hinaus in die Welt schauen, in Milliarden von kleinen Pixelbereichen aufgeteilt ist. Jeder Pixel ist erfüllt mit vibrierenden Atomen und Molekülen, die die Zellen der Retina hinten in unserem Auge in Resonanz bringen und Farbe und Form des Entdeckten codiert an die visuelle Rinde unseres Gehirns weiterleiten. Ein sichtbares Bild entsteht durch die Möglichkeit unseres Gehirns, verschiedene Pixelgruppen zusammenzusetzen und zu komplexen Gebilden zu gruppieren. Verschiedene Zellgruppen in unserem Gehirn addieren Tiefe, Farbe und Bewegung zu dem hinzu, was wir sehen.

Genauso wie beim Sehen hängt unsere Fähigkeit zu hören ebenfalls davon ab, Energie wahrzunehmen, die sich in unterschiedlichen

Wellenlängen fortbewegt. Geräusch ist das Produkt atomarer Partikel, die im Raum miteinander kollidieren und dabei Energiemuster emittieren. Die Wellenlänge der Energie, die durch das Bombardement der Partikel entsteht, schlägt gegen die Membran des Trommelfells in unserem Ohr. Unterschiedliche Wellenlängen an Geräuschen lassen unser Trommelfell mit unterschiedlichen Frequenzen vibrieren. Ähnlich wie unsere Retinazellen übersetzen die Haarzellen unseres auditiven Organs die Vibrationsenergie in unserem Ohr in neutrale Codes. Diese erreichen dann letztendlich das auditive Zentrum unseres Großhirns, und wir hören Geräusche.

Und am offensichtlichsten zeigt sich uns im Alltag unsere Möglichkeit, atomare/molekulare Informationen aufzunehmen, durch unsere chemischen Geruchs- und Geschmackssinne.

Schließlich ist unsere Haut das größte sensorische Organ und es ist mit sehr spezifischen sensorischen Rezeptoren bestückt, die so aufgebaut sind, dass sie Druck, Vibration, Licht, Berührung, Schmerz oder Temperatur erfahren können. Diese Rezeptoren sind spezifisch in der Art der Stimulation, die sie erfahren, so dass nur Kälte die sensorischen Kälterezeptoren stimulieren und nur Vibrationen durch die Vibrationsrezeptoren empfangen werden. Wegen dieser spezifischen Eigenschaft besteht unsere Haut aus einer fein gezeichneten Oberfläche, die aus sensorischen Rezeptoren besteht.

Jill Bolte Taylor beschreibt die spezifischen Fähigkeiten der beiden Großhirnhälften wie folgt: Unsere **rechte Gehirnhälfte** funktioniert wie ein paralleler Prozessor. Unabhängige Informationsflüsse strömen simultan über unsere sensorischen Systeme in unser Gehirn ein. Jeden Moment bildet unsere rechte Gehirnhälfte ein Abbild und beschreibt, wie dieses aussieht, sich anhört, schmeckt, riecht und sich anfühlt. Momente kommen und gehen, nicht schnell, stattdessen sind sie reich an Sensationen, Gedanken, Emotionen und häufig physiologischen Reaktionen. Die Informationsverarbeitung auf diese Weise erlaubt uns, eine sofortige Bestandsaufnahme über den Raum um uns herum und unser Verhältnis zu diesem Raum durchzuführen.

Dank der Fähigkeiten unserer rechten Gehirnhälfte sind wir in der Lage, isolierte Momente mit unglaublicher Klarheit und Genauigkeit zu erinnern. Die meisten von uns erinnern sich daran, wo wir beim Anschlag auf das World Trade Center oder beim Mauerfall 1989 in Berlin waren. Unsere rechte Gehirnhälfte ist so aufgebaut, dass sie sich an Dinge erinnert, als wären sie miteinander verbunden. Grenzen zwischen spezifischen Einheiten sind abgeschwächt und komplexe Bilder können wieder in ihrer Ganzheit als Kombinationen von Bildern und als kinästhetische sowie physiologische Empfindungen in Erinnerung gerufen werden. Für das rechte Gehirn existiert keine Zeit, sondern nur der gegenwärtige Moment, und jeder Moment ist durch Sensationen vibrierender Energie angefüllt. Alles passiert im gegenwärtigen Moment, die Erfahrung von Freude, Leben und Tod sowie unsere Empfindung und Erfahrung mit der Verbindung zu etwas, das größer ist als wir. Unser rechtes Gehirn denkt intuitiv, frei, unabhängig von jeglichen Eingrenzungen und hat die Fähigkeit, neue Momente kreativ zu untersuchen. Aufgrund seines speziellen Aufbaus ist unser rechtes Gehirn spontan, sorgenfrei und voller Vor-

Die linke Gehirnhälfte arbeitet die Dinge nacheinander ab, die rechte alle Eindrücke simultan

stellungskraft. Es erlaubt unseren künstlerischen Fähigkeiten, ohne Einschränkungen und Beurteilungen zu fließen.

Der gegenwärtige Moment ist ein Zeitpunkt, in dem Alle mit Allen und Allem zu Einem verbunden sind. Als Ergebnis empfindet unser rechtes Gehirn jeden Einzelnen als gleichwertiges Mitglied der menschlichen Familie. Es empfängt das große Bild und erkennt, wie alles miteinander verbunden ist, um ein Ganzes zu bilden.

Im Gegensatz dazu funktioniert unsere **linke Gehirnhälfte,** die in ihrer Art und Weise, Informationen zu verarbeiten, wie ein serieller Prozessor ist, komplett anders. Sie nimmt jeden dieser reichen und komplexen Momente, die von der rechten Hälfte erzeugt worden sind, auf und reiht sie in einer zeitlichen Reihenfolge auf. Sie vergleicht dann sequentiell die Details der Einzelkomponenten des Momentes und ordnet sie linear und methodisch an. Damit manifestiert sie das Konzept der Zeit und teilt sie in Vergangenheit, Zukunft und Gegenwart ein. Innerhalb dieser Struktur von vorhersagbaren zeitlichen Takten ist es uns möglich, etwas zu erkennen, bevor es passiert. Ich schaue meine Schuhe und meine Socken an und es ist die linke Gehirnhälfte, die begreift, dass ich zuerst die Socken, dann die Schuhe anziehen muss. Sie kann alle Details des Puzzles genau betrachten und die Schlüssel der Farbe, der Form und der Größe nutzen, um Anordnungsmuster zu identifizieren.

Gerade im Gegensatz zu unserer rechten Gehirnhälfte, die in Bildern denkt und das große Bild aus dem gegenwärtigen Moment erzeugt, ist unsere linke Gehirnhälfte auf Details spezialisiert. Unser linkes Zentrum für Sprache benutzt Worte, um alles zu beschreiben, zu definieren, zu kategorisieren und über alles zu sprechen. Es bricht das große Bild der Empfindung des gegenwärtigen Moments in handhabbare und vergleichbare Datenbruchstücke, so dass es darüber reden kann.

Unsere linke Hälfte beschreibt unseren Körper als Arme, Beine, Brustraum und unterteilt ihn in jedes erdenkliche anatomische, physiologische und biochemische Detail.

Über unser linkes Sprachzentrum redet unser Gehirn konstant mit uns, ein Phänomen, das als „Hirngeplapper" oder „Innerer Dialog" bezeichnet wird. Es ist die Stimme, die dich daran erinnert, Essen auf dem Heimweg zu kaufen, oder die sagt, dass du deine Wäsche machen musst. Ein wesentlicher Job unseres Sprachzentrums der linken Gehirnhälfte ist es, unser „Selbst" zu definieren, in dem es immer und immer wieder sagt „Ich bin". Durch den Gebrauch des inneren Dialogs wiederholt jedes Gehirn immer und immer wieder die Details des Lebensverlaufs, so dass diese in Erinnerung bleiben. Es ist das Zuhause unseres Egozentrums, das jeden mit seinem Namen, seinem Lebenslauf und seinen Lebensumständen versieht. Ohne diese Zellen würdest du vergessen, wer du bist, welches deine Lebensgeschichte ist und welche Identität du besitzt. Diese Entwicklung setzt mit etwa eineinhalb Jahren ein und wird im Laufe eines Lebens durch die Verknüpfung der Neuronen deines Gehirns weitergeführt.

Durch die Form des Denkens reagiert unsere linke Gehirnhälfte auf äußere Einflüsse in festgelegten Reaktionen. Es setzt neurologische Schaltkreise in Gang, die relativ automatisch auf sensorische Informationen reagieren, und erlaubt uns, große Mengen an Informationen zu verarbeiten, ohne viel Zeit für Details verschwenden zu müssen. Die Stimulation dieser Schaltkreise benötigt bei jedem Mal geringere äußere Reize, um in Gang zu kommen oder in Gang zu bleiben. Als Resultat dieser reflektierenden Schaltkreisläufe erzeugt unsere linke Hälfte so genannte „Schlaufen an Gedankenmustern", um schnell große Mengen an Stimulationen mit minimaler Aufmerksamkeit und Berechnung bewältigen zu können. Das ist zum Beispiel beim Autofahren im belebten Straßenverkehr sehr wichtig. Es erlaubt ein eher automatisches Autofahren, ohne viel über jedes einzelne Detail des Fahrens nachdenken zu müssen.

Da unsere linke Gehirnhälfte sehr viele dieser Mustererkennungsprogramme abgespeichert hat, kann es auf der Basis vergangener Erfahrungen hervorragend vorhersagen, was wir denken, wie wir reagieren oder was wir in Zukunft fühlen werden. Das erklärt auch unsere unterschiedlichen spezifischen Vorlieben und Abneigungen im Leben.

Daneben kategorisiert die linke Hälfte Informationen in Hierarchien, in gut und schlecht, und beurteilt Dinge, die wir mögen, als gut, und die, die wir nicht mögen, als schlecht. Durch kritische Beurteilung und Analyse vergleicht uns unsere linke Gehirnhälfte ständig mit jedem anderen. Es unterstützt die Illusion unserer Individualität, ehrt unsere Einzigartigkeit und strebt nach Unabhängigkeit. Das zeigt sich zum Beispiel in dem Gefühl, etwas allein machen zu müssen.

Obwohl jede unserer Gehirnhälften Informationen auf unterschiedliche Weise verarbeitet, bilden die beiden Gehirnhälften bezogen auf die durchzuführende Handlung eine funktionelle Einheit. Mit Hilfe von Sprache versteht unsere linke Hälfte z. B. die Details und macht daraus Strukturen und Satzsemantik und gibt den Worten eine Bedeutung. Es ist unsere linke Hälfte, die die Bedeutung von Buchstaben versteht und fähig ist, daraus zusammen ein Wort (Geräusch) mit einer eigenen Bedeutung zu bilden. Sie bildet und verbindet dann Worte in einer linearen Weise, so dass Sätze und Abschnitte entstehen, mit denen komplexe Mitteilungen kommuniziert werden können.

Unsere rechte Gehirnhälfte vervollständigt die Vorgehensweise unseres Sprachzentrums der linken Hälfte, indem es nonverbale Kommunikation interpretiert. Unser linkes Gehirn evaluiert eher die unterschwelligen Hinweise in Hinblick auf Sprache, Ton der Stimme, Gesichtsausdruck und Körpersprache. Unsere rechte Hälfte schaut auf das Gesamtbild der Kommunikation und steuert die Übereinstimmung des übergeordneten Ausdrucks zu. Jede Ungereimtheit, z. B. wie jemand seinen Körper in Bezug zum Gesichtsausdruck, zum Ton in der Stimme, zur Mitteilung der Kommunikation hält, könnte ein Zeichen einer neurologischen Abnormalität oder ein Ausdruck für Sprechen der Unwahrheit sein. Musik ist ebenfalls ein schönes Beispiel für das gemeinsame Funktionieren der beiden Hirnhälften. Wenn wir methodisch und sorgfältig unsere Fähigkeiten trainieren, wenn wir lernen Noten zu lesen und uns erinnern, wie die Finger auf dem Instrument welche Note spielen, ist das im Wesentlichen das Anzapfen der Fähigkeit unseres linken Gehirns. Unser rechtes Gehirn tritt in Aktion, wenn wir Dinge im gegenwärtigen Moment durchführen, wie zum Beispiel Musik improvisieren oder aus dem Kopf spielen.

Hast du dir je eine Vorstellung davon gemacht, woher dein Gehirn weiß, wie es die Dimensionen deines Körpers im Raum bestimmt? Es sind die Zellen in einem bestimmten Bereich unserer linken Gehirnhälfte, die die Grenzen unseres Körpers definieren, während Zellen in demselben Hirnareal unserer rechten Hälfte unserem Körper die Richtung angeben. Als Ergebnis vermittelt uns unsere linke Hälfte die Ausmaße unseres Körpers, und unsere rechte Hälfte steuert den Körper dahin, wo wir hingehen wollen[9].

Wir sehen also, dass das Gehirn eine komplexe Struktur und Funktion besitzt, uns aber leider ohne Gebrauchsanweisung mitgegeben worden ist. Es ist sozusagen ein selbst organisierendes Organ, das – wie die Hirnforschung der letzten Jahrzehnte zeigt – sich selbst im Laufe eines Lebens bis in die Synapsen und in die einzelnen Zellen neu vernetzen kann, je nachdem, wie wir es verwenden. Was wir oft denken, verändert uns bis hinein in die Tiefe der Gehirnstruktur, und damit gleichzeitig unser gesamtes Erleben. Auch wenn wir unser Gehirn nicht bewusst trainieren, trainieren wir es unbewusst mit all dem, was wir tagtäglich so tun – Beruf, Umwelt, Verhalten. Vertreter des positiven Denkens weisen immer wieder darauf hin, dass das, was du tagtäglich tust, dich prägt[10]. Martin Seligmann, einer der Pioniere der positiven Psychologie, fand heraus, dass eine der reichsten Berufsgruppen der USA auch eine der unglücklichsten ist, nämlich die Juristen. Woran das liegt? Das Juristenhirn lernt, dass hinter jeder harmlosen Formulierung in einem Vertrag ein Haken stecken könnte. Wenn wir eine solche Denkstrategie 16 Stunden am Tag betreiben, verändert uns das und wir können dies auch unter anderen Umständen nicht abstellen[11].

In tiefere Schichten des Gehirns können wir jenseits des eher bewussten Teils des Gehirns das Mittelhirn und das Stammhirn erkennen. Diese sichern wichtige Funktionen des Überlebens, ohne dass das Großhirn darin involviert ist. Und das Überleben zu sichern ist die wichtigste Aufgabe des menschlichen Gehirns. Ein Überlebensmechanismus des Frosches zum Beispiel ist es, mit der Zunge für das menschliche Auge kaum wahrnehmbar eine Fliege zu fangen. Ein Frosch kann das, weil durch die Vernetzung der Neuronen seines

Gehirns sein ganzes Nervensystem darauf ausgerichtet ist, dass sich schnell bewegende Dinge exakt geortet werden. Auf der anderen Seite zahlt der Frosch dafür einen hohen Preis. Er sieht die Fliege und die Flugbewegung, dafür blendet er aber alles aus, was sich nicht bewegt. Für sein ganzes Nervensystem und sein ganzes Sein findet nichts statt, was sich nicht bewegt. Er sieht nichts von dem schönen Tümpel, in dem er sitzt, und von den herrlichen Bergen der Landschaft. Er ist blind für all die Schönheit, die ihn umgibt. Dieser Impuls, auf Bewegung zu reagieren, dieses amphibische Relikt, ist in uns Menschen ebenfalls ganz tief (im Stammhirn) verankert. Durch diese sehr selektive Wahrnehmung nutzen wir nur einen kleinen Teil (10 %) des Potentials unseres Gehirns. In unserem Stammhirn sind wir solche Amphibien, und das können wir beim Fernsehen erleben. In dieser Situation läuft das Gehirn auf Stammhirnlevel. Wenn sich das Bild nicht bewegt, schalten wir um. Dann bewegt sich das Bild und wir denken, es hat sich bewegt – das ist ja interessant. Zappen ist das Extrem davon. Damit kannst du den ganzen Abend lang deinem Stammhirn suggerieren, dass du jetzt nicht ins Bett gehen kannst, solange sich da noch etwas bewegt. Das ist ein sehr subtiler Druck, dem wir uns schwer entziehen können. Es ist ein uralter Reflex und entzieht sich vollständig der bewussten Kontrolle des Großhirns bzw. dem logischen Denken.

Oberhalb des reflexhaft agierenden Stammhirns sitzt das Mittelhirn, das über die Ausschüttung von Hormonen und Botenstoffen unter anderem das vegetative oder unwillkürliche Nervensystem steuert und den Körper für das Überleben fit macht. Es steuert durch die Ausschüttung von Adrenalin die Kampf- und Fluchtbereitschaft des Körpers, um Nahrung zu jagen oder einer Gefahr zu entkommen, oder öffnet und beruhigt den Körper durch die Ausschüttung von Serotonin und anderen Substanzen. Dadurch wird dem Körper die Ruhe und Gelassenheit für die Verdauung und Entspannung gegeben. Dopamin wird zur Belohnung ausgeschüttet, und wenn z. B. ein Raucher sein Gehirn an einen hohen Dopaminlevel gewöhnt hat und der Level an Dopamin im Blut sinkt, versucht er ihn durch Rauchen wieder zu erhöhen. Das kann zu einer Sucht werden, die sich der bewussten Kontrolle völlig entzieht. Es ist wohl eher automatisch, dass der Raucher dann durch die Ausschüttung von Adrenalin in den Jagdmodus nach einer Zigarette versetzt wird. Dadurch wird der Dopaminlevel erhöht und der Körper holt sich den Belohnungskick. Wenn du einen Raucher in einer stillen Stunde danach fragst, warum er eigentlich raucht, dann sagt er häufig, dass es ihm schmeckt. Dies ist aber eine nachträgliche Begründung seines Großhirns, und auch der einzige Gehirnteil, der sprechen kann. Bezogen auf das Verlangen zu rauchen wird aber klar, dass die Großhirnrinde mit der Entscheidung zu rauchen und der Begründung für das Rauchen bis hierher gar nichts zu tun hatte. Diese fällt eine Etage tiefer im Mittelhirn und zwar unter den verschiedenen Hormonen, und die beeinflussen sich wechselseitig sehr schnell. Je nachdem, welche Wechselwirkungen zwischen den Hormonen ablaufen und was dominiert, wird das Großhirn informiert und das Sprachzentrum formuliert die Begründung, die nach außen getragen wird. Die Wissenschaft weiß heute ziemlich präzise, wir als Erwachsene tun nicht das, was wir wollen, sondern wir wollen das, was wir tun. Wissenschaftliche Untersuchungen zum freien Willen des Menschen haben gezeigt, dass schon einige Sekunden vor einer bewussten Entscheidung für eine Aktion das Gehirn mit Verarbeitungsprozessen beschäftigt ist, und dass die Entscheidung nicht am Anfang einer Aktion steht, sondern erst das Resultat dieses Prozesses ist und damit am Ende der Aktion steht[12]. Das Großhirn, der Verstand, ist leider nicht die Regierung des Menschen, sondern mehr so eine Art Regierungssprecher. Der Regierungssprecher erfährt erst als letzter von der beschlossenen Sache, muss es aber nach außen hin vertreten. Genau so funktionieren unsere Gehirnaktivitäten auch. Das hat mit freiem Willen nicht wirklich etwas zu tun. Freiheit hier zu suchen, wird zu keinem Erfolg führen, auch wenn wir es immer wieder glauben und suggeriert bekommen.

Jill Bolte Taylor definiert Verantwortlichkeit (response-ability) als die Möglichkeit zu wählen, wie wir auf Reize, die uns durch unser sensorisches System in jedem Moment berühren, reagieren bzw. antworten. Auch wenn es im limbischen System emotionale Programme gibt, die automatisch ausgelöst werden und ablaufen können, benötigt jedes dieser Programme nur 90 Sekunden, bis der Transmitter den Körper durchströmt hat und vollständig aus dem Blutkreislauf herausgewaschen worden ist. Bei einer Wutreaktion zum Beispiel wird nach der Reizauslösung Adrenalin freigesetzt. Dieses Adrenalin durchströmt den Körper und wir erfahren eine physiologische Empfindung, die wir als Wut bezeichnen. Innerhalb von 90 Sekunden vom eigentlichen Reiz ist die chemische Komponente der hormonellen Reaktion (der Wut), das Adrenalin, vollständig aus dem Blutkreislauf verschwunden, und die automatische Reaktion ist vorüber. Wenn wir jedoch über die 90 Sekunden hinweg wütend bleiben, dann deswegen, weil wir bewusst die Fortführung dieses Schaltkreises gewählt haben. Moment für Moment hat jeder die Wahl, entweder in den neuronalen Kreislauf einzusteigen – mit all seinen lang anhaltenden Folgen – oder zum gegenwärtigen Moment zurückzukommen und direkt zu erleben, wie damit der Reaktion die Möglichkeit gegeben wird, als flüchtige Physiologie zu zerschmelzen. Daher bist du im wahrsten Sinne des Wortes selbst verantwortlich für das, was du erlebst, bzw. wie du etwas erlebst, und damit deines Glückes Schmied.

Denken, Fühlen und Handeln sind im Körper so eng miteinander gekoppelt, dass sie sich rückwirkend gegenseitig beeinflussen. Wenn du zum Beispiel bewusst dein Gesicht veränderst, den Mundwinkel veränderst, dann verändert das deine emotionale, mentale und körperliche Stimmung, und nach zwei Sekunden glaubt dir dann auch dein eigener Verstand. Deine Stimmung verändert nicht nur die Situation, sondern auch die Erfahrung der Vergangenheit. Versuche zum Beispiel einmal eine traurige Grundstimmung aufrechtzuerhalten, wenn du ein Lächeln aufsetzt, dich aufrichtest, den Blick in die Weite richtest und gleichzeitig tief durchatmest.

Das autobiographische Gedächtnis erzählt dir immer wieder neu, wer du bist, und greift dabei auf verschiedene Bausteine der Vergangenheit zurück. Und je nachdem, wie du drauf bist, hast du Zugang zu verschiedenen Gedächtnisinhalten. Bist du gut drauf, fallen dir automatisch sehr viele schöne Episoden aus deinem Leben ein, bist du mies drauf, findest du tausend Begründungen dafür. Kennst du das auch?

Alles in Allem ist das Gehirn ein faszinierendes Organ mit unglaublichen Fähigkeiten, und jedes Teil hat seine eigene wichtige Funktion bei der Strategie des Überlebens. Auch wenn die Forschung Erstaunliches über die Funktion des Gehirns herausgefunden hat, zum Beispiel wo im Gehirn zu welchen Funktionen Hirnaktivitäten ablaufen, so stützt sich das Erkannte aber allein auf das Beobachten von energetischen Impulsen. Diese müssen dann von einem beobachtenden Gehirn beurteilt und übersetzt werden. Das ist natürlich in Hinblick auf die Wahrheitsfindung problematisch. Wissenschaftlich lässt sich nicht wirklich mit Bestimmtheit nachweisen, dass das Gehirn des Wahrnehmenden ein Abbild einer Welt erzeugt, um sich in dieser Welt zurechtzufinden, oder aber ob das, was sich in dem Gehirn abspielt, in die Welt projiziert wird, womit wir die Schöpfer unserer Welt wären. Im Grunde genommen bedeutet das, dass wir Opfer in einer uns vorgegebenen Welt sind, oder wir sind die Täter und Schöpfer, die sich die Welt ganz nach Belieben gestalten. Wie wir gesehen haben, sind wir gewiss beides. Da aber beide Möglichkeiten die Existenz eines separierten Individuums voraussetzen, das in Form des Opfers, das von der Welt manipuliert wird, oder des Täters, der die Welt erschafft oder diese manipuliert, lebt, sind beides Versionen des Gefangenseins. Natürlich habe ich überhaupt keine Einwände, wenn wir unser Leben von einem Leben des Opfers in eines des Täters verwandeln, aber mit wirklicher Freiheit hat das nichts zu tun. Das ist eher Manipulation und der wirklichen Freiheit nur hinderlich.

Und so stellt sich auch hier die Frage, an der wir einfach nicht vorbeikommen: **„Was will ich wirklich?"** Und wenn es wirklich Freiheit ist, die du dir wünschst, dann ist es notwendig zu erkennen, wer oder was du bist, jenseits der Suggestionen deines Gehirns, das dir die Antwort geben möchte. Dann bleibt dir nur dieser einzige Weg, direkt zu erleben, wer du bist.

> Höre mehrere Male am Tag leise auf die Stimme in deinem Kopf, den Fluss des kontinuierlichen Selbstgesprächs. Dann denke über die folgenden Fragen nach, und versuche sie nicht unbedingt zu beantworten.

Bin ich die Gedanken, die durch meinen Kopf gehen, oder bin ich derjenige, der sich der Gedanken bewusst ist, die durch meinen Kopf gehen?

Sei aufmerksam auf die Lücken zwischen den Gedanken – wenn ein Gedanke verschwindet und bevor der nächste auftaucht. Auf diese Art und Weise ziehst du Bewusstsein von der Verstandesaktivität ab und erzeugst eine Lücke, in der du äußerst wachsam und bewusst bist, aber nicht denkst. Wenn diese Lücken auftauchen, bist du nicht mit deinem Verstand identifiziert und fühlst stattdessen eine gewisse Stille und Frieden in dir. Dies ist die Essenz der Meditation und der vitalste Schritt auf der Reise zum Selbst.

Angepasst aus „Leben im Jetzt": Lehren, Übungen und Meditationen aus „The Power of Now", von Eckhart Tolle[13]

Wer bin ich – wer bist du?

„Die falsche Vorstellung ‚Ich bin der Körper' ist die Ursache von allem Unglück. Diese falsche Vorstellung muss verschwinden. Das ist Verwirklichung. Verwirklichung ist kein Erwerb von etwas Neuem und keine neue Fähigkeit. Sie ist lediglich die Entfernung aller Tarnungen."

Ramana Maharshi

Da also auch die Wissenschaft dir nicht sagen kann, wer du bist oder was Realität ist, kannst du die Antwort nur durch das direkte Erleben selbst erfahren. Auch wenn die Wissenschaft dies befriedigend erklären könnte, wäre es eine Antwort, die von außerhalb kommen würde. Du könntest diese entweder glauben oder dagegen rebellieren. Du wirst also nicht umhin kommen, die Antwort auf diese Fragen selbst direkt zu erleben, dann weißt du die Antwort und dann muss dir auch niemand sagen, wer du bist.

> Stelle dir einmal die Frage und zwar im direkten, unmittelbaren Erleben, ohne dass du auf Hörensagen, auf Wissen, auf Erinnerung zurückgreifst:
>
> „Wer bin ich, wenn es weder Zukunft noch Vergangenheit gibt?"

Die meisten Menschen beantworten die Frage danach, wer sie sind, indem sie ihren Namen nennen. Aber was sagt schon ein Name über den, der sich als der Besitzer dieses Namens bezeichnet? Es zeigt einfach nur unsere Identifizierung. Natürlich bist du kein Name. Andere deuten auf ihren Körper und sagen: „Na ich eben, dieser Körper in dieser Welt".

Ist das wirklich eine befriedigende Antwort? Was ist denn, wenn du schläfst? Wo ist dann der Körper und wo bist du? Der Körper ist ein Stück Fleisch und ich will nicht leugnen, dass die Identifizierung mit diesem Organismus sehr stark ist, aber ist das wirklich deine direkte Erfahrung? Wieder andere beantworten diese Frage mit einem spirituellen Konzept/einer Idee, indem sie sich als eine leuchtende Lichtgestalt bezeichnen, die sie in Wahrheit zu sein glauben und die sie hoffen, sichtbar werden zu lassen, wenn sie lang genug meditieren.

All das sind Konzepte und Vorstellungen. Die Frage nach dem, wer du bist, ist jedoch viel direkter gemeint. Weder intellektuell noch konzeptuell, sondern ganz unmittelbar als direkte Erfahrung. Und in diesem direkten Erleben gibt es auch kein richtig oder falsch, das dich zögern lassen sollte, die Antwort direkt zu erleben. Es ist nur ein ganz ehrliches direktes Erleben, wer oder was du bist. Keine außerhalb von dir stehende Autorität kann diese Frage für dich beantworten. Du bist in dieser Frage die absolute Autorität, und nur du hast auch die Verantwortung, dem, was du als Antwort auf diese Frage direkt als wahr erlebst, auch wahrhaftig treu zu bleiben – wenn du es denn willst.

Denn da wir – zumindest in der westlichen Welt – dazu tendieren, die Wahrheit als etwas von uns Getrenntes, außerhalb Stehendes anzunehmen, gibt es auch die Tendenz, die Antwort auf diese Frage außerhalb von uns zu suchen und zu finden zu glauben. Sei es in einem allgemein gültigen Konzept von **„was wir sind"**, oder ein von uns als weiser oder weiter entwickelt bezeichneter Guru oder ein religiöses Oberhaupt sagt es uns. Aber all das führt nicht zu einer befriedigenden Antwort, die mit dem, was du als zutiefst wahr erkennen kannst, wirklich absolut übereinstimmt. Und selbst wenn dem so wäre, solange du es nicht selbst, unmittelbar und direkt erlebst, bleibt da dieser fahle Nachgeschmack. Es bleibt dieses Gefühl, irgendwann einmal genau das zu sein oder zu werden, was da als kluge Antwort von außerhalb kommt, wenn ich nur folgsam genug bin, genug meditiere, meine Zellen von allem Unreinen befreie usw. Es bleibt die Idee, etwas tun zu müssen, um vollständig zu werden.

Bitte akzeptiere keine kluge Antwort, sondern nur eine, die du als absolut wahr erkennst, für die du einstehen kannst, auch wenn alle anderen eine andere Antwort geben. Sei einfach ganz ehrlich und beantworte diese Frage für dich selbst. Was kannst du darüber sagen:

> **Wer bist du, wenn es weder Zukunft noch Vergangenheit gibt?**
>
> Lies bitte erst weiter, wenn du dir selbst diese Frage **JETZT** beantwortet hast.

Natürlich weiß ich nicht, was du als Antwort notiert hast, aber – nehmen wir einmal an – da ist dieser Moment, in dem dein Geist ruhig ist, und es keine Gedanken gibt, und du für einen Augenblick etwas jenseits der Worte – jenseits von Raum und Zeit – direkt erlebt hast. Etwas, das dir gleichzeitig viel näher ist als diese Idee von „Mir" und „Mein Leben", und das durch alles hindurchscheint. Etwas, das nicht kommt und geht oder sich verändert. Etwas, das du als essentiell oder existenziell für dich selbst und auch für dein Umfeld und dein Leben bezeichnen kannst. Das ist etwas, das durch alle „Ichs" hindurchscheint. Es ist dir so nahe, dass es meist einfach übersehen wird, und es ist das, was allem seinen Glanz verleiht.

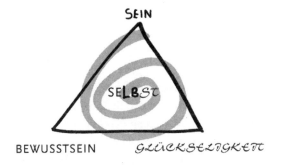

Im direkten Erleben wird das Selbst als Sein, Bewusstsein und Glückseligkeit erfahren.

Es ist das, was im Sanskrit als das Selbst bezeichnet wird. Dort wird es mit den Worten SAT – CHIT- ANANDA beschrieben, was übersetzt so viel heißt wie SEIN – BEWUSSTSEIN – GLÜCKSELIGKEIT. Es ist die Beschreibung des direkten Erlebens dieses Selbst in seinen physischen, mentalen und emotionalen Aspekten. Dieses Selbst erlebt sich als vollkommen, frei und ungetrennt, sowie unbegrenzt als reines Bewusstsein.

Was wäre, wenn du dein Leben aus dieser unmittelbaren Erfahrung heraus leben könntest? Oder wenn du dich auf die unmittelbare direkte Erfahrung des Selbst beziehst, wann immer du „Ich" sagst?

Nun magst du vielleicht einwenden, dass dies alles schön und gut sei, aber du musst schließlich Frau und Kinder versorgen, Geld für die Familie verdienen und hast im Leben weitere Pflichten. Das mag in einer bestimmten Weise zutreffend sein, trifft aber keinesfalls den Punkt und lässt völlig außer Acht, dass gerade diese Trennung, die du zwischen dir und der Umwelt ziehst, der Grund der alltäglichen Probleme und des Leidens ist.

Was, wenn der einzige Hinderungsgrund der unbewusste und nicht weiter erforschte Glaube ist, du wärst ein Körper und ein Verstand mit bestimmten Wünschen, Bedürfnissen, einer Vergangenheit und (vielleicht) einer Zukunft? Leider ist es meist genau dieser Glaube, der als unser „Ich" (Ich = meine Geschichte, meine Bedürfnisse und Wünsche, meine Vergangenheit und meine Zukunft) bezeichnet wird.

Dich dazu einzuladen, diesen Hinderungsgrund in all seinen Facetten bloßzulegen, ist mir eine große Freude. Das Einzige, was du dafür benötigst, ist deine eigene Bereitwilligkeit.

Eine andere, sehr wirksame Erfahrung zu erleben, wer du bist, ist die Erkenntnis all dessen, wer du nicht bist. Wie schon beschrieben ist es nicht leicht, mit Worten zu beschreiben, wer du bist, da jeder unter den Worten etwas anderes versteht, und Worte ohnehin kaum geeignet sind, die direkte Erfahrung weiterzugeben. Um aber zu beschreiben, wer du nicht bist, sind unsere Worte bestens geeignet. Mit anderen Worten: „Alles, was du mit Worten beschreiben kannst, bist du NICHT".

Mach doch einmal eine Liste von dem, was du zu sein glaubst. Oder schreibe einmal über einen Tag auf, und das dauert nicht lange, wo und wann in deinem täglichen Leben du einer Erfahrung den Stempel „Ich" oder „Mein" gibst.

Was ist es genau, dem du das Pronomen „Ich" gibst oder dem du das Attribut „mein" hinzufügst? Schreibe bitte alles auf, was in Zusammenhang mit dir steht. So kannst du dir wie ein Detektiv ein Bild von dem machen, den du zu erforschen suchst. Alles ist wichtig. Jede Erinnerung, jeder Wunsch, jeder Gedanke, jedes Erlebnis, jedes Gefühl, jede Empfindung, jede Emotion – alles, was du als „mein …" intern abspeicherst.

Und dann nimm dir bitte diese Liste nach nur einem Tag vor und schaue dir die Fragmente an, die du in der Gesamtheit als „Ich" bezeichnest. Sei ganz ehrlich mit dir und beurteile sie selbst. Auch wenn du diese Liste noch um Tage, Wochen oder Jahre weiterführen würdest, würde sie auch nur entfernt beschreiben, wer du bist? Kannst du in dieser Liste eine Kontinuität sehen, die du als „Ich" bezeichnen würdest? Oder ist das, was du als „Ich" bezeichnest, viel mehr eine vage Ahnung von dem, was du nie wirklich untersucht hast?

Meine Schlussfolgerung:

bin ich:

In einem späteren Kapitel wollen wir beginnen, die Mechanismen zu untersuchen, die diese Idee von „Mir" so real erscheinen lassen.

Aus eins wird zwei und dann drei

„Das Dao erzeugte Eins.
Eins erzeugte Zwei.
Zwei erzeugte Drei.
Und Drei erzeugt die 10 000 Dinge."

Lao Tse

Nachdem du direkt erlebt hast, wer du bist, können wir auf diese Erfahrung aufbauen. Ich weiß nicht, welche Worte du diesem direkten Erleben des Selbst gibst, das in den Schriften als SEIN – BEWUSSTSEIN – GLÜCKSELIGKEIT bezeichnet wird, es spielt auch nicht wirklich eine entscheidende Rolle, denn es ist viel wichtiger, dass wir uns auf genau dieses direkte Erleben beziehen. Wichtig ist auch, nicht darüber nachzudenken, was dieses Selbst ist, denn dann wird es nur ein Konzept im Kopf, sondern sich auf dieses direkt Erlebte zu beziehen. Du wirst sicher wissen, was ich damit meine, denn Worte können es nicht beschreiben.

In diesem Kapitel nun wollen wir uns näher damit befassen, wie wir von diesem direkt Erlebten des ungetrennten Einsseins in der Erfahrung unseres täglichen Lebens landen, wie wir selbst gewohnheitsmäßig und unbewusst eine Distanz zwischen uns und dieses direkt Erlebte bringen. Was müssen wir aktiv tun, und welcher Mechanismus liegt dem zugrunde, um das direkte Erleben der Ganzheit, Erfüllung und Einssein mit allem Leben, das sich jeden Augenblick offenbart, gegen eine Erfahrung des Abgetrenntseins, der Unvollkommenheit und der Unvollständigkeit und des Leids einzutauschen, die wir dann natürlich zu vermeiden, verleugnen, verbessern, verändern oder zu kontrollieren versuchen?

Im direkten Erleben, so wie du es im letzten Kapitel erfahren hast, offenbart sich das Selbst in jedem Augenblick als Sein, Bewusstsein und Glückseligkeit, oder wie immer du es bezeichnest. Diese direkte

Erfahrung wird als unbegrenzt, vollständig und frei erlebt, so jedenfalls erlebe ich es und habe es bisher von allen Personen, mit denen ich dieses Selbst untersucht habe, bestätigt bekommen.

Es ist das Erleben des NICHTS, beschrieben als unendliche Weite, einem Raum, in dem Stille herrscht[14]. Ich selbst beschreibe diese Stille gern als dröhnende Stille, eine Stille voller Potential und Lebendigkeit.

Trotz des NICHTS ist dort etwas, ein vom Erleben und Erlebenden nicht getrenntes Sein, ein Präsentsein. Und dieses Präsentsein ist erfüllt mit einem emotionalen Glücksgefühl. Das Wort Glückseligkeit passt sehr gut auf dieses Erleben, auch wenn es mir oft ein wenig schwulstig klingt. Aber du hast deine eigene direkte Erfahrung, und vielleicht magst du es lieber als Frieden, Liebe oder Freude bezeichnen. Es ist egal, was auch immer du für Worte für dieses direkte Erleben benutzt, solange diese ein Ausdruck deines eigenen frischen Erlebens sind.

Das direkte Erleben des Selbst, das vollständig, ungetrennt und frei ist, wird, wenn wir diese Erfahrung in Worte kleiden, auf drei Ebenen bezogen, der physischen, der mentalen und der emotionalen. Diese drei Ebenen beschreiben genau diese drei Aspekte des Selbst, Sein – Bewusstsein – Glückseligkeit.

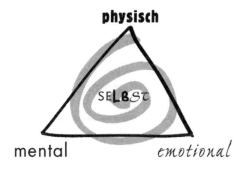

Die physische, emotionale und mentale Ebene
beschreiben die drei Aspekte des Selbst.

Direktes Erleben führt dich direkt nach Hause – zu dir. Es bringt dich zurück zu dem, was du längst weißt und nur für einen Augenblick vergessen hattest. Das direkte Erleben des Selbst ist auch davon geprägt, dass es keine Identifikation mit einem abgetrennten Ego gibt, kein Identifizieren mit dem „Ich"-Gefühl. Wenn du so richtig verliebt bist, dann ist überall nur Liebe und Unbegrenztheit und Einssein. Das ist deine eigene Natur – das Selbst. In dem Augenblick ist da keine Identifizierung als „ICH". Wenn diese Identifizierung beginnt, versucht das Ego, diese Liebe als „meine Liebe" in Besitz zu nehmen und dann zu sichern und zu hinterfragen. Damit beginnen die Probleme.

Sobald du dich damit identifizierst, ein Ego – „Ich bin jemand" – zu sein, wird aus dem physischen Aspekt, dem direkten Erleben des Präsentseins, „mein Körper". Aus Bewusstsein wird „meine Gedanken", aus Glückseligkeit wird „meine Emotionen".

Dieses Selbst zu ignorieren, fordert einen hohen Preis und ist die Wurzel allen Leidens. Sobald im leeren Feld des reinen Bewusstseins der erste Gedanke von „Ich bin" auftaucht, hat sich Bewusstsein als ein Körper mit Gedanken und Emotionen identifiziert. Wenn wir uns

Die Identifizierung mit dem Ego als „Ich bin jemand" verändert das direkte Erleben des Selbst: macht aus dem physischen Aspekt „mein Körper", aus dem mentalen Aspekt „meine Gedanken" und aus dem emotionalen Aspekt „meine Emotionen".

beim Namen nennen, beziehen wir uns auf die Form und den Körper, und durch diesen Gedanken „ich bin" entsteht auch die Umwelt, das Universum als das „Andere". Plötzlich ist aus dem Erleben des Einsseins des Selbst die Dualität entstanden. Aus diesem Gefühl, ein vom Selbst abgetrenntes „Ich" zu sein, entsteht alles Leiden.

Komischerweise ist aus dem direkten Erleben der unbegrenzten Weite eine abgegrenzte Enge entstanden, die wir „Körper" nennen und mit der wir uns identifizieren. Statt der Stille nehmen wir nun den ständigen Strom unseres Selbstgespräches im Kopf wahr.

Ironischerweise wird in jeder Religion oder bei jeder spirituellen Suche genau diese Stille zu erlangen versucht, durch Anwenden von Techniken soll der innere Dialog angehalten werden. Ich sage ironischerweise, weil ein Ego nicht die Stille erreichen kann bzw. den inneren Dialog anhalten kann, da doch gerade das Ego – das was dir sagt, wer du bist – der innere Dialog ist und damit das einzige Hindernis darstellt.

Wie wir gesehen haben, beginnt die Trance-Induktion mit deinem Namen, mit dem Sich-Einreden, dass du und dein Name ein- und dasselbe sind, schon gleich nach der Geburt. Wie viele Male, eines ums andere Mal, über mehrere Monate hörst du die Wiederholung, das Weben des Zauberbannes „Du bist Klaus!". Schließlich ist es verinnerlicht, und du stimmst zu: „Ja, ich bin Klaus". Ausgehend von dieser Konditionierung muss das Baby lernen zu überleben. Darum lernt es sein individuelles Programm – es lernt, zu lächeln und niedlich zu sein, oder es lernt, sich zur Wehr zu setzen, um zu überleben.

Gleichzeitig mit der Identifizierung als ein abgetrenntes Ego durch diesen „Ich"-Gedanken ist auch die Umwelt als „alles Andere" entstanden. Diese Abspaltung lässt im Bewusstsein die Dualität entstehen. Plötzlich gibt es „Ich" und „Du" bzw. „Ich" und „Andere".

Plötzlich sind wir aus dem Paradies, wie wir es in unserer eigenen Mythologie kennen gelernt haben, herausgeworfen. Die Geschichte vom Paradies erzählt, wie Adam und Eva dort glücklich und unbeschwert lebten. Die einzige Bedingung war, dass sie nicht von den Früchten des Baumes der Erkenntnis von Gut und Böse essen. Die

Versuchung war durch das Verbot natürlich größer, und nach dem Genuss der Früchte waren sie raus aus dem Paradies. Adam und Eva erkannten, dass sie nackt waren, und begannen sich zu schämen und schuldig zu fühlen. Damit entstand sofort auch der Wunsch nach der Rückkehr ins Paradies.

Die Früchte des Baumes der Erkenntnis von Gut und Böse stellen die Dualität dar, und das Bewusstsein erscheint plötzlich geteilt. Die Vertreibung aus dem Paradies ist die Folge. Das Verlangen, dort wieder hinzugelangen, ist der natürliche Wunsch eines jeden Menschen, eine Sehnsucht tief in seinem Inneren, wieder nach Hause zu kommen.

Dieses Gleichnis in unserer Mythologie beschreibt sehr schön, was passiert, sobald wir uns mit einer Seite der Dualität der Welt identifizieren. Wir sind dann aus dem Paradies vertrieben und erleben den damit verbundenen Verlust des Einsseins, der Freiheit und Vollkommenheit. Gleichzeitig entsteht der Wunsch danach, wieder in dieses Paradies zurückzukommen.

Mit der Entstehung der Dualität entstehen unmittelbar und gleichzeitig auch Reaktionsmechanismen zwischen „Ich" und „Andere". Ein abgetrenntes „Ich" wird die Umwelt, wird „Andere" als Feind/Beute oder als Freund erleben und spontan reagieren. Ich schreibe bewusst spontan, weil wir uns dieser impulsgesteuerten Reaktion in der Regel nicht bewusst sind, oder dieser im Nachhinein eine mentale Bedeutung und eine Motivation geben, die diese Reaktion gar nicht hat. Denn die Reaktion geht direkt mit der Identifikation als ein abgetrenntes Ego einher. Über das, was wir aktiv dazu getan haben, sind wir uns in der Regel ja nicht einmal bewusst. Wir rechtfertigen dies als unseren ganz persönlichen, individuellen Ausdruck. Das ist diese Reaktion aber nicht, im Gegenteil, es ist ein impulsgesteuerter Mechanismus und eine Reaktion, die weder willentlich ist, noch mit Individualität zu tun hat.

So kann die egobezogene Person, wenn sie den „Anderen" als Feind/Beute erlebt, entweder angreifen oder fliehen. Sie kann ihn niederringen, gegen ihn angehen, oder sich in Sicherheit bringen und weggehen. Oder aber diese egobezogene Person erlebt den „Anderen" als Freund oder als jemanden, den sie in irgendeiner Form benötigt. Dann wird die Reaktion dergestalt ausfallen, dass sich diese Person zu diesem Freund hinbewegen wird.

Wir bezeichnen diese drei Reaktionen als Gegenanbewegung, Wegbewegung und Hinbewegung, welches die drei grundlegenden reaktiven Tendenzen im normalen Leben darstellen. Diese Tendenzen aber sind ihrer Natur nach energetische Bewegungen, die einfach aus der Polarisierung des Selbst in „Ich" und „Du" entstehen, genau so, wie Strom durch das Anlegen eines negativen und eines positiven Pols zu fließen beginnt. Eine vermeintlich individuelle Note bekommen die energetischen Bewegungen erst im Nachhinein, wie wir später noch sehen werden. Aus einem individuellen Blickwinkel gesehen, zeigen sich diese Reaktionen wie folgt:

In der **Gegenanbewegung** besteht der Impuls, wütend zu werden, zu kontrollieren und Recht zu haben. Daraus ergibt sich, dagegen

Die Reaktion auf unsere Mitmenschen ist
entweder Hinbewegung, Wegbewegung oder Gegenanbewegung.

anzugehen. Das ist eine Reaktion auf einen Körperimpuls. Dieser Körperimpuls ist rein energetisch und wird als mentale Reaktion nach außen gerichtet. Der innere Dialog könnte in etwa so lauten: „Wo ist der Feind oder die Schwachstelle?"

In der **Wegbewegung** besteht der Impuls, ängstlich zu werden, darüber nachzudenken, was zu tun ist, und Sicherheitskonzepte zu spinnen. Daraus ergibt sich, sich zurückzuziehen. Das ist eine Reaktion auf einen mentalen Impuls, der zur Dissoziation vom physischen und emotionalen Körper führt. Dieser Impuls ist auch rein energetisch und nach innen gerichtet. Der innere Dialog könnte in etwa so lauten: „Hilfe! Wie kann ich sicher sein? Wie kann ich das abwenden?"

In der **Hinbewegung** besteht der erste Impuls, emotional zu werden. Dieser Impuls wird als Verlust der Liebe interpretiert. Diese Liebe wird dann im Anderen oder Außen gesucht. Daraus ergibt sich eine energetische Bewegung auf den Anderen zu, sich ganz auf den Anderen einzustellen und Gefallen zu erwecken. Dieser Reaktionsmechanismus ist identifiziert mit dem emotionalen Körper und getrieben von eigener Bedürftigkeit. Der Andere wird benötigt, um

Mit der Identifizierung als ein getrenntes „Ich" entsteht gleichzeitig die Hinbewegung, die Wegbewegung oder die Gegenanbewegung.

die eigene Vollständigkeit zu erlangen. Energetisch gesehen ist diese Bewegung ein Sog, ein Auffüllen eines erzeugten eigenen Vakuums durch Energie von außen. Der innere Dialog könnte in etwa so lauten: „Wie kann ich dem Anderen gefallen und seine Aufmerksamkeit erlangen?"

Diese drei reaktiven Tendenzen sind die direkte Folge deiner Identifizierung als ein von seiner Umwelt abgetrenntes Ego und nicht das Resultat einer freien und bewussten Entscheidung. Diese spontanen Reaktionen werden erst im Nachhinein von deinem Ego als Folge deiner bewussten Entscheidung interpretiert. Sie werden dann durch deine persönliche Geschichte gerechtfertigt. Diese reaktiven Tendenzen sind aber von sehr grundlegender Natur und stellen unter anderem die Grundlage des Leidens dar. Sie können Abhängigkeiten (im weiteren Sinne Sucht), Abneigungen (Phobie) und Konflikte im Leben beinhalten.

Es ist auf jeden Fall für die Selbsterforschung sehr hilfreich, wenn du diese reaktiven Tendenzen ganz klar in deinem Leben erkennst. An anderer Stelle dieses Buchs gehe ich vertiefend darauf ein. Anschließend findest du zwei Experimente zum direkten Erleben und Erkennen sowohl der drei reaktiven Tendenzen generell als auch der Tendenz, die für dich in deinem Leben vorherrschend ist.

Experiment 1: Für dieses Experiment brauchst du einen Partner, der dir gegenüber sitzt und mit dem du während der gesamten Übung in Augenkontakt bleibst. Dein Partner spielt nun die drei Bewegungen vor und darf dabei gern übertreiben, um dir deine eigene Reaktionstendenz möglichst klar werden zu lassen.

Bemerke einfach deine eigene Reaktionstendenz, wenn dein Partner sich gegen dich wendet, wenn er sich physisch vor dir aufbaut, wütend ist, dich provoziert ...

Reagierst du spontan mit Wut (Gegenanbewegung), oder bekommst du Angst und ziehst dich zurück (Wegbewegung), oder aber versuchst du Gefallen zu erwecken oder zu helfen (Hinbewegung)?

Bemerke jetzt deine eigene Tendenz zu reagieren, wenn dein Partner sich von dir abwendet, wenn er sich dir physisch entzieht oder nicht bei dir ist, sondern in seiner eigenen Geschichte steckt …

Reagierst du spontan mit Wut (Gegenanbewegung), oder bekommst du Angst und ziehst dich zurück (Wegbewegung), oder aber versuchst du Gefallen zu erwecken oder zu helfen (Hinbewegung)?

Bemerke nun deine eigene Reaktionstendenz, wenn dein Partner sich dir zuwendet, wenn er dir zu nahe kommt, etwas von dir will …

Reagierst du spontan mit Wut (Gegenanbewegung), oder bekommst du Angst und ziehst dich zurück (Wegbewegung), oder aber versuchst du Gefallen zu erwecken (Hinbewegung)?

Experiment 2: Beobachte einmal deine Reaktion, wenn du z. B. die Nachricht erhältst, dass die Klimakatastrophe dramatisch voranschreitet oder aber z. B. ein Terroranschlag bevorsteht. Wie reagierst du? Wirst du über die Informationen und Umstände wütend (gegenan), oder bekommst du über den Inhalt der Information Angst (weg) oder hast du eine andere Reaktion? Dabei ist es egal, ob du dir die erhaltenen Nachrichten vorstellst oder die Nachrichten tatsächlich im Fernsehen/Radio/Zeitung verfolgst.

Direktes Erleben

Vergiss das „Überall" und das „Etwas".
Sie verblassen vor diesem gesegneten „Nirgendwo" und „Nichts".
Sorge dich nicht, wenn deine Sinne und Fähigkeiten dieses „Nichts"
nicht erfassen. Es kann nicht anders sein.
Dieses „Nichts" ist so groß und tief, dass es für sie nicht erreichbar ist.
Es lässt sich nicht erklären, nur erfahren.

Aus dem Zen

Direktes Erleben ist – wie der Name schon sagt – direkt, neu, frisch, frei und wie im Begriff enthalten voll „Leben". Es beinhaltet alle Aspekte des Lebens, den physischen, den mentalen und den emotionalen Aspekt. Es ist unabhängig von allen Wünschen, Vorstellungen, Bekanntem, Glaubenssätzen, Vorlieben, Abneigungen, Grenzen und vor allem von den reaktiven Tendenzen desjenigen, der direkt erlebt. Im direkten Erleben gibt es keine Trennung, im Gegenteil, das Erlebte, der Erlebende und das Erleben werden als Eins erfahren, und zwar als Energie, die den physischen, mentalen und emotionalen Körper vollständig mit einschließt. Erst in der illusionären Abtrennung des Erlebenden von dem Erlebten werden diese zu drei verschiedenen und vor allem separaten Aspekten.

Direktes Erleben ist wie das Eintauchen in einen See, das Verschmelzen mit dem Erlebten. Im direkten Erleben bist du im Zentrum der Wahrnehmung, anstatt diese aus einer von dem Wahrgenommenen abgetrennten Perspektive (von einem Punkt irgendwo hinten in deinem Kopf) zu beobachten. In meiner Arbeit mit anderen Menschen erlebe ich immer wieder, wie diese sich beim Untersuchen ihrer Wahrnehmung subtil abtrennen und davon berichten, was vor ihnen als Bild erscheint. Beim Nachfragen wird deutlich, dass sie von irgendwo hinter den Augen im Kopf wahrnehmen und sich als Beobachter von dem Gesehenen getrennt wahrnehmen. Diesen Standpunkt aufzugeben heißt direktes Erleben.

Direktes Erleben ist nur erlebbar, fühlbar und erfahrbar und mit Worten nicht beschreibbar, denn jedes Wort ist schon eine erste Abtrennung vom Erlebten und eine mentale Bezeichnung. Damit wird es automatisch zu einem Festhalten und zu einem Ver- bzw. Abgleichen mit etwas Bekanntem. Einige meiner Klienten beschreiben direktes Erleben als „Nach-Hause-Kommen", als tiefe, expandierende, dröhnende Stille, oder als explodierende Supernova expandierender Freude, die nicht in den Körper passen kann. Andere beschreiben es als Verbundenheit, Frieden, Glückseligkeit und tiefes Vertrauen, grenzenlose Freude und bedingungslose Liebe im Herzen, die nichts braucht.

In den Yoga-Sutren schreibt Patanjali über die Disziplin des Yoga: „Yoga ist jener innere Zustand, in dem die seelisch–geistigen Vorgänge zur Ruhe kommen. Dann ruht der Sehende in seiner Wesens-

Das alltägliche Theater, um direktes Erleben zu vermeiden:
kontrollieren, überspielen, verändern, vermeiden ...

identität. Alle anderen inneren Zustände sind bestimmt durch die Identifizierung mit den seelisch-geistigen Vorgängen"[15]. Als seelisch-geistige Vorgänge, egal ob diese als leidvoll oder leidlos erlebt werden, nennt Patanjali: Gültiges Wissen, Irrtum, Vorstellung, Schlafbewusstsein und Erinnerung. Diese Worte sind, obwohl schon vor fast zwei Jahrtausenden geschrieben, doch in ihrem Ursprung sehr viel älter und trotzdem heute noch sehr aktuell. Diese Erläuterungen der seelisch-geistigen Vorgänge beschreiben treffend das Entstehen dessen, was ich in diesem Buch als die Trance des Lebens bezeichne. Denn unserer direkten Wahrnehmung – in deren Zentrum wir unser „Ich" vermuten – folgt meist eine Kaskade von Emotionen, Gefühlen und Gedanken, die unserer Wahrnehmung eine für uns relevante Bedeutung geben und auf die wir in der uns spezifischen Art und Weise reagieren. Und da wir zutiefst glauben, das wäre, wer wir sind und was wir sind, versuchen wir diese Reaktionen zu kontrollieren, zu vermeiden, zu überspielen, zu verändern oder zu verbergen.

Die Summe all dieser Versuche ist unsere persönliche Geschichte, die wir im Allgemeinen unser Leben nennen. Die Ganzheit dieser Reaktionsmuster bezeichnen wir als unsere Individualität. Und es ist egal, ob wir die damit verbundenen Emotionen ausdrücken oder unterdrücken, beides basiert auf der Vermutung eines separaten „Ichs" im Zentrum der Wahrnehmung. Beides stellt eine Form der Verschleierung des ursprünglichen Erlebens dar und führt zu einer Distanz, in deren Folge wir uns als abgetrennt, isoliert und unvollkommen empfinden.

> Mache einmal den folgenden Versuch: Lokalisiere einmal ganz genau den Ort oder den Standpunkt, auf den du dich beziehst, wenn du „Ich" sagst. Sei ganz ehrlich und beziehe dich nur auf das direkte Erleben, ohne auf das Hörensagen, deine Erinnerung oder irgendeine Vorstellung zurückzugreifen.

Dabei ist direktes Erleben so viel einfacher und natürlicher und ohne ein Zutun deinerseits, es ist der unmittelbare Weg heraus aus der selbst induzierten Trance. Denn direktes Erleben ist die Chance, die wahre Natur des Seins in jedem Moment zu erleben. Wenn du dich dem direkten Erleben vollständig öffnest und die emotionalen Reaktionskaskaden stoppst, werden tiefere Ebenen dieser Erfahrung offenbar. Dann fällst du unmittelbar in das mit Worten nicht beschreibbare Selbst, das gekennzeichnet ist durch unbegrenztes Glück, Weite und Stille. Und all dies kennt kein Ende. Aus der Intensität dieser Erfahrung betrachtet, erkennst du die Quelle eines ursprünglichen Problems selbst als einen Aspekt dieses Glücklichseins. Hast du z. B. das Gefühl „Nicht gut genug zu sein" ehrlich untersucht und ohne irgendeine Vorannahme und Wissen darüber direkt erlebt, findest du, dass sich dahinter zum Beispiel Freude, Kraft und Wärme verbergen. Dann kannst du deiner Erfahrung genau so, wie sie ist, trauen. Ebenso kannst du zum Beispiel die Tendenzen der Zurückweisung als eine Möglichkeit tieferen Erlebens willkommen heißen. In jedem Aspekt deines Lebens kannst du direkt erleben und untersuchen, wie du spezifisch und individuell diese Erfahrung durch deinen Filter, die Reaktionskette, verschleiert hast und das dann als dein Problem bezeichnet hast.

Ramesh Balsekar schreibt hierzu: „Wir sind nichts als Bewusstsein, und wir waren nie etwas anderes. Vielleicht leuchtet uns die Wahrheit eher ein, wenn wir uns sagen, dass es nie ein ‚wir' gegeben hat und Bewusstsein alles ist, was je war oder ist oder sein wird. Wir halten uns bewusst oder unbewusst für empfindungsfähige Wesen und daher von allem anderen gesondert: Wir sind die Subjekte, und alles Übrige in der manifesten Wirklichkeit ist Objekt. Tatsächlich sind auch wir einfach manifeste Phänomene, Bestandteile des einen manifesten Universums. Wir halten uns für etwas Gesondertes und Besonderes, weil das erscheinende Universum sich uns über unsere Empfindungsfähigkeit und das mit ihm verbundene Erkenntnisvermögen mitteilt. Aus diesem Grund können wir uns kaum von diesem tiefen Gefühl frei machen, dass ‚Ich' etwas anderes bin als alles, was sonst noch als Manifestation erscheint. Die Illusion oder Maya besteht aber eigentlich darin, dass wir uns nicht kollektiv als eine Empfindungsfähigkeit sehen, die alle im Bewusstsein erscheinende Manifestation zu erkennen vermag, sondern uns für gesonderte individuelle Wesenheiten halten. Darin liegen unser Leiden und unsere Unfreiheit. Sobald wir jedoch erkennen, dass wir nicht gesonderte Wesenheiten, sondern Bewusstsein-an-sich sind, verschwindet die Illusion der Getrenntheit, die Ursache aller Leiden und aller Unfreiheit."[16]

Diesen, dem direkten Erleben nachgeschalteten Mechanismus beschreibt der Gott Krishna in der „Bhagavadgita", einem der heiligsten Bücher der Hindus, indem er zum Prinzen Ardschuna spricht: „Wer nachsinnt dieser Sinnenwelt, der wird auch bald ihr zugeneigt, aus Neigung dann entsteht Begier, und aus Begier wird Zorn erzeugt. Der Zorn dann wieder schafft den Wahn, der Wahn Gedächtnisstörung schafft; Gedächtnisschwund trübt die Vernunft, fehlt sie, versiegt des Denkens Kraft. Doch wer von Hass und Liebe frei betrachtet diese Sinnenwelt, der kommt zu stiller Heiterkeit, wenn Selbstzucht seinen Weg erhellt"[17].

Es ist schon erstaunlich, wie wir uns immer wieder selbst in diese Trance des Getrenntseins versetzen und uns dann innerhalb dieser Trance um eine Lösung unseres Problems bemühen. Wie gern versuchen wir doch, diese selbst induzierte Trance zu manipulieren und zu einer besseren Trance zu verändern. Der esoterische und therapeutische Markt ist voll von Vorschlägen dazu. Wir können z. B. eine Bestellung beim Universum aufgeben oder mit dem Gesetz der Anziehung arbeiten, um unsere Wünsche zu erreichen. Wir können auch unser inneres Kind heilen, unsere Chakren reinigen oder irgendein Geistwesen channeln. Daran ist überhaupt nichts auszusetzen, aber wenn du wirklich wissen willst, wer oder was du bist und bereit bist, dieser Trance, die du dein Leben nennst, auf den Grund zu gehen, dann ist das direkte Erleben ein Torweg dazu. Es geht dabei einzig und allein um die Frage, was du wirklich willst!

Als Baby leben und erleben wir alle direkt und lernen erst später, dieses direkte Erleben gleichzusetzen und zu verschleiern mit dem Namen, den man uns gegeben hat. Diesem Namen werden immer mehr Attribute hinzugefügt, bis das direkte Erleben total verschleiert worden ist, und wir uns dann bewusst oder unbewusst auf den Weg zurück zu diesem direkten Erleben machen.

Ich selbst habe Jahre gebraucht, um zu diesem einfachen direkten Erleben zurückzukommen. Angetrieben von dem Wunsch nach Erleuchtung – auch wenn ich nicht wusste, was sich hinter diesem Wort verbirgt – habe ich vor 30 Jahren zu meditieren begonnen und viel Zeit mit Meditation verbracht in dem Versuch, meinen inneren (Gedanken-)Dialog zu stoppen. Der Versuch, den inneren Dialog zu stoppen, hat sich dabei allerdings nicht auf das Meditieren beschränkt, sondern mich überall nach Möglichkeiten zu diesem Anhalten des inneren Dialoges Ausschau halten und alles, was an Methoden Erfolg versprechend schien, auch ausprobieren lassen. Vieles war nützlich und schön, aber nichts brachte wirklich einen langfristigen Durchbruch. Während einer Rebirthing-Sitzung erfuhr ich dann das direkte Erleben unendlicher, ungetrennter Liebe und gleichzeitig bekam ich damit eine Antwort auf eine Frage, die ich mir so noch gar nicht bewusst gestellt hatte, nämlich die Frage, wer oder was ich bin. Leider verblasste diese Erfahrung mit der Zeit, und ich versuchte mit Hilfe des Rebirthings als Technik diese Erfahrung zurückzuholen oder zumindest zu wiederholen. Damit war ich schon wieder weit weg vom direkten Erleben und wieder angekommen beim Vermeiden, Verändern und Suchen. Plötzlich war da wieder ein grundsätzlich mangelhaftes „Ich" und eine Methode, die es zu erlernen gab, um davon wegzukommen.

Um direkt erleben zu können, müssen wir mit dem aufhören, was uns davon wegbringt. Wir müssen aufhören, die direkte Erfahrung zu verändern, zu vermeiden oder verbessern zu wollen. Erst durch den unmittelbaren Kontakt mit Advaita bzw. Advaita-Lehrern bin ich, in der Einladung anzuhalten, wieder mit dem direkten Erleben in Kontakt gekommen. Das direkte Erleben all des emotionalen Ballastes, ohne in die Beurteilung oder Geschichte selbst einzusteigen, hat mich unmittelbar zu dem Erkennen dessen, wer oder was ich bin, gebracht. Das hat großen Frieden, Weite und Stille gebracht. Die Suche war beendet, ich war zuhause angekommen.

Ganz subtil schlich sich wieder eine Missidentifizierung als eine getrennte Person ein, die nur durch diesen emotionalen Ballast hindurchgehen muss, um zu dieser Erfahrung zurückzukehren. Damit ist das Erlebte zum Konzept geworden, genau zu wissen, was zu tun ist, um frei und glücklich zu sein. Und schon ist die Distanz zu dem direkten Erleben geschaffen, die so viel Leid erzeugt. Damit ist die Trennung zwischen Ego und Umwelt entstanden und der Wunsch, zu diesem Einssein zurückzukehren, um zu werden, was ein jeder längst ist.

Aus meiner Erfahrung weiß ich, dass die Tendenz zum Konzeptualisieren, besonders in unserer westlichen Welt, sehr stark ist. Es scheint wie ein spontaner, sich dem bewussten Handeln entziehender, automatischer Mechanismus zu sein, der ohne eigenes Zutun erfolgt. Das scheint aber nur so. Dieser Mechanismus ist erlernt und wir können ihn durch langsames Aufbrechen in die dafür erforderlichen einzelnen Komponenten Stück für Stück ans Tageslicht bringen. Dann erkennen wir, dass dieser Mechanismus keineswegs automatisch abläuft, sondern eher gewohnheitsmäßig, und wir sogar eine Menge Arbeit dafür aufbringen müssen. Das direkte Erleben ist gerade hier der Torweg zum Selbst, und wir können überall und jederzeit damit anfangen, wir können alles nutzen, worüber wir uns gerade gewahr sind, und damit alles willkommen heißen. Und beginnen kannst du hier und jetzt, indem du die Wahrheit darüber sagst, worüber du dir gerade gewahr bist, was körperlich, mental und emotional passiert. Eine junge Mutter beklagte sich über Probleme mit ihrem pubertierenden Sohn und ihre Ohnmacht und Hilflosigkeit darüber. Ihrem Sohn drohte ein Schulverweis und sie meinte, sie hätte als Mutter versagt und müsse ihr Kind doch schützen und richtig im Leben lenken können. Sie fühlte sich schuldig an seiner Situation. Das Gefühl der Ohnmacht entpuppte sich im direkten Erleben als ein Erleben von grenzenloser Leichtigkeit und einem Einssein mit dem, was gerade noch als Problem erschien.

In den Yoga-Sutren des Patanjali schreibt dieser: „Der ‚Sehende' ist nichts anderes als die Energie der Schau. Obwohl er in sich völlig rein ist, sieht er durch die Erfahrung. Das ‚Gesehene' existiert nur für den ‚Sehenden'. Für den, der das Ziel erreicht hat, löst das Gesehene sich auf, aber es existiert noch weiter für die Anderen wegen der Gemeinsamkeit der Erfahrung"[18]. Patanjali beschreibt hier in seinen eigenen Worten das direkte Erleben klar und prägnant. Es ist wirklich nur Energie, die wir wahrnehmen. Das, was wir daraus machen, das „Gesehene", hat nur Bedeutung für dich und verschwindet automatisch, wenn du aufhörst, ihm diese Bedeutung zu geben. Der Seher und das Gesehene werden dann EINS.

> Mit geschlossenen Augen beantworte bitte folgende Fragen, und zwar **nur** aus deiner eigenen, gegenwärtigen Erfahrung und nicht aus Erinnerungswissen, Hörensagen oder Vorstellungen heraus:
>
> Wie groß bist du? Welche Form hast du? Könntest du fast jede beliebige Form haben? Hast du Grenzen? Gibt es einen Bereich, wo du aufhörst und die Umwelt anfängt, oder gibt es nichts, was dich von der Umwelt trennt? Du kannst wahrscheinlich eine Vielzahl von entfernten und nahen Geräuschen wahrnehmen, aber kannst du auch ein Geräusch dort hören, wo du gerade bist? Oder was ist dort, wo du bist? Was nimmst du im Zentrum dessen wahr, wo du bist? Könnte es sein, dass du das Zentrum der Ansammlung von Gedanken und Gefühlen, der Verstand bist? Was und wo ist dieser Verstand? Entstehen die Gedanken und Gefühle aus diesem oder aus dem Nichts? Ist der Verstand irgendwo zentralisiert, eingeschlossen, getrennt von der Welt, oder ist er ein Teil der Welt, mit dieser vereint? Empfindungen von Wärme, Unbehagen, Lust, Atembewegungen usw. tauchen auf. Machen diese aus dir im Zentrum ein „Etwas", dinghaft und begrenzt? Oder entstehen und vergehen diese Empfindungen im leeren Bewusstsein, genauso wie Gedanken, Gefühle und Geräusche?
>
> Angepasst aus „The Headless Way" von Douglas E. Harding [19]

Den Blick wenden

> Wenn du die Berührung mit der inneren Stille verlierst,
> verlierst du den Kontakt mit dir selbst.
> Wenn du den Kontakt mit dir selbst verlierst,
> verlierst du dich in der Welt.
>
> *Eckhart Tolle*

Durch die Übungen in den vorherigen Kapiteln konntest du selbst erfahren, was du anstelle des direkten Erlebens machst und welches dein Reaktionsmuster ist. Und du hast erlebt, wie du spontan auf die Umwelt reagierst, nachdem für dich aus dem direkten Erleben des „Selbst" durch Identifizierung mit deinem Namen ein abgetrenntes „Ich" und die Anderen/Umwelt entstanden sind. Ich möchte gern in einzelnen, für dich nachprüfbaren Schritten beschreiben, wie im Allgemeinen die Identifizierung mit „der persönliche Geschichte von mir und meinem Leben" vonstatten geht. Diese Schritte beschreiben, wie wir uns auf einer Leiter der Emotionen immer tiefer in diese Trance hinein begeben. Sie entsprechen meinen eigenen Beobachtungen und denen vieler meiner Klienten, mit denen ich genau die Stufen dieser emotionalen Leiter von der Trance – von „meiner aktuellen Geschichte" – bis zum direkten Erleben des Selbst erforscht habe. Dabei möchte ich noch einmal erwähnen, dass es sich hierbei nicht wirklich um ein Zurück in die Vergangenheit handelt, sondern dass dies nur in der Illusion einer fortschreitenden Zeit so erscheint. Ich bezeichne dies lieber als ein Erkennen der Trance, der Illusion, die ich „mein Leben" nenne und die selbst erzeugt ist, denn das beschreibt viel klarer die direkte Erfahrung als direktes Erleben davon, wie ich diese Trance aufgebaut habe.

Ich will diese Reise beginnen bei dem, was ich als „mein Leben und meine Geschichte" bezeichne, also das, was wir als „Ich in dieser Welt" bezeichnen. Es ist genau die Situation, in der wir uns in einem ganz normalen Leben mit allen Problemen, Ängsten und Wünschen befinden, und es ist die ganz aktuelle Situation, mit der jeder einzelne Mensch tagtäglich konfrontiert ist. Es ist dies die Geschichte im Äußeren, die uns alle meist so in Anspruch nimmt, dass wir vermeiden, das wahrzunehmen, was wir eigentlich erleben.

So erzählte mir zum Beispiel eine ältere Dame, dass ihre Tochter sich nie bei ihr melde oder sie mal mit zum Shoppen nehme. Dabei schimpfte sie auf ihre Tochter und war ganz offensichtlich wütend. Bei Freunden und Bekannten suchte sie Unterstützung dadurch, dass diese ihr zustimmten, wie schlecht ihre Tochter sie behandelte, oder dass sie ihr einen Rat gaben oder sie bemitleideten. Ihre gesamte Aufmerksamkeit und Energie ging in die nach außen gerichtete Geschichte.

Direktes Erleben zu vermeiden erzeugt Distanz.

Wenn wir dieses Beispiel stellvertretend für alle anderen Geschichten genauer untersuchen, stellen wir fest, dass dieses Festhalten an der äußeren Geschichte eine Vermeidungsstrategie ist, um die Emotionen, die dieser Geschichte zu Grunde liegen, nicht fühlen zu müssen. Ich möchte dich daher einladen, deinen Blick einmal zu wenden.

Wenn du die Aufmerksamkeit darauf richtest, was an Gefühlen und Emotionen all diesen Geschichten zugrunde liegt, wirst du wahrscheinlich Wut oder Zorn entdecken. Das ist es jedenfalls in den allermeisten Fällen, zumindest in meiner eigenen Erfahrung und in der Arbeit mit anderen Menschen. Und ganz gewiss ist es in dem Beispiel mit der älteren Dame der Fall. Es ist aber nicht entscheidend, dass du dies und das Folgende genau so erlebst und beschreibst oder aber in einer anderen Reihenfolge. Wichtig ist auch hier wieder nur, dass du die Wahrheit darüber sagst, was du erlebst. Mir ist es vollkommen egal, ob du mir zustimmst oder nicht, denn es gibt hier kein richtig oder falsch. Dein eigenes direktes Erleben ist die einzige Autorität.

Aber nehmen wir einmal an, du empfindest so etwas wie Zorn oder Wut, wenn du den Inhalt der Geschichte für einen Augenblick beiseite lässt. Die normale Reaktion darauf ist dann, diese Wut entweder auszudrücken, indem du wütend wirst über diese Person und diese Situation. Oder aber du unterdrückst diese Wut, vielleicht indem du dir einredest, dass es nicht so wichtig ist. Beide Reaktionen werden durch eine Geschichte gerechtfertigt wie: „Warum ruft sie nicht an?" oder „Ich habe ohnehin keine Lust zu shoppen", und beide Reaktionen sind eine Form der Vermeidung. Indem du dich mit diesen Begründungen oder Rationalisierungen mental beschäftigst, vermeidest du den direkten Kontakt und das direkte Erleben der Wut oder des Zorns, ob du diese nun mental oder physisch ausdrückst oder unterdrückst. Und es ist egal, wie oder was du über Wut oder Zorn denkst, Tatsache ist, dass du diese Emotion wahrnehmen kannst.

Wenn du aber diese Wut weder ausdrückst noch unterdrückst, sondern einfach nur wahrnimmst, ohne eine Geschichte und ohne Wertung darüber zu haben, dann kannst du direkt erleben, was unter dieser Wut liegt, was tiefer als diese Wut ist. Oder besser gefragt, was bleibt zurück, wenn die Wut verschwunden ist? Du kannst direkt erleben, dass diese Wut aus Energie besteht, die sich verändert und die von etwas genährt wird, das tiefer ist als die Wut.

Meistens liegt unter diesem Zorn eine tiefgründige Traurigkeit. Die Tendenz besteht dann meistens, diese Traurigkeit wieder nach außen in eine Geschichte zu weben. Vielleicht sagst du dir: „Ach ja, ich bin so traurig, weil meine Eltern mich so und so behandelt haben" oder „Ich hab es ja gewusst, dass ich nicht ganz okay so bin" ... und dann bist du wieder in der Geschichte und der mentalen Beschäftigung damit.

Wenn du aber auch diese Traurigkeit emotional zulässt und erlebst und nicht vermeidest, sondern ihr direkt begegnest – ohne Geschichte, ohne Gedanken und Beurteilungen –, dann verschwindet auch diese Emotion und zum Vorschein kommt meistens Angst.

Wenn Angst auftritt, gehen bei den meisten Menschen die Alarmglocken an. Angst muss auf jeden Fall vermieden werden, denn Angst hat im Leben nichts zu suchen. Angst ist an sich ein sehr nützlicher Mechanismus, der dem eigenen Überleben dient. Häufig ist es aber die Angst vor der Angst, die mentale Beschäftigung mit der Angst, die alles blockiert und viel Leid im Leben erzeugen kann und die dir der Arzt häufig durch Medikamente oder Therapien zu lösen versucht. Denn Angst ist nicht gut! Aber auch dies ist nur eine Art der Vermeidung der Angst. Meist wird die Angst als Emotion nicht wirklich erlebt und untersucht.

Wenn du bereit bist, ohne eine Geschichte zu erzählen, ohne Gedanken und Vorstellungen, diese Angst willkommen zu heißen, dann wirst du überrascht sein. Denn diese Angst verliert ihren Schrecken und verschwindet, oder sagen wir besser, sie verändert sich und führt zum Auftauchen einer weiteren Emotion.

Die Emotion, die häufig auftaucht, ist Verzweiflung, natürlich mit dem Impuls, auch dieser Verzweiflung Gründe und Geschichten hinzuzufügen. Verzweiflung sieht auf dem ersten Blick nicht gerade toll aus, aber die gute Nachricht ist, dass du an die Wurzel des Egos gekommen bist. Denn deine Bereitschaft, auch die Emotion Verzweiflung direkt zu erleben, ohne ihr eine Geschichte hinzuzufügen, ja selbst ohne ihr das Etikett „Verzweiflung" zu geben, lässt dich durch ein schwarzes Loch hindurchfallen. Du fällst direkt in etwas, das als unendlich weit, still und glücklich erlebt wird. Direkt in den Zustand, der als das Selbst, Sein, Samadhi oder Nirvana bezeichnet wird. Das Erleben als Eins mit allem in Raum und Zeit unbegrenzt zu sein, glücklich und in kraftvoller Stille, ist das Kennzeichen und die Bestätigung, das Selbst zu erleben. Du wirst deine eigene Beschreibung dieser Empfindung dafür haben, denn Worte selbst sind nicht geeignet zu beschreiben, was unbeschreiblich ist, und trotzdem

Direktes Erleben aller Emotionen führt zum Selbst.

ähneln sich die dafür benutzten Äußerungen doch sehr. Es ist das Gefühl, zu Hause zu sein, ein direktes Erleben des Seins ohne Grenzen, Wünsche oder Bedingungen – dir näher als dein Herz zu sein.

Und dies war immer da. Es ist der „Diamant in deiner Tasche" so wie Gangaji es in ihrem Buch beschreibt[20]. Es ist der kosmische Witz, wenn du direkt erlebst, dass das, was du in deinem Leben so sehr gesucht hast, direkt unter dem liegt, was du so sehr verstecken wolltest. Der Diamant, den du so sehr gesucht hast, befindet sich unter der Wut, unter der Traurigkeit, Angst und Verzweiflung und du hast immer nur in die falsche Richtung geblickt.

Deine verzweifelte Suche nach dem Glück ist zum Scheitern verurteilt, wenn du dieses Glück außerhalb von dir suchst, wenn du die Antworten auf die Fragen, die aus deinem Inneren kommen, im Außen suchst. Oder wenn du dich auf Autoritäten stützt, die dir sagen, was du zu tun hast. Daher bitte ich dich ausdrücklich noch einmal, mir nicht einfach zu glauben, sondern das eben Gelesene wirklich selbst auszuprobieren und direkt zu erleben – sonst bleibt es allenfalls eine tolle Theorie. Nur du kannst das, was du eben gelesen hast, zum Leben erwecken und mit Leben füllen, und ich bin gern bereit, dich dabei zu unterstützen. Diese gelesenen Worte können dich nur leiten, direkt erleben musst du selbst, indem du den Blick wendest.

In der direkten Erfahrung des Selbst kannst du jetzt ebenso direkt erleben, was passiert, wenn – in diese Erfahrung hinein – der Gedanke „ich bin (dein Name)" auftaucht. Sicher kannst du selbst erleben, wie sich der unendlich weite Raum plötzlich zu begrenzen scheint und sich dein Körper zusammenzieht. Und gleichzeitig mit dieser Begrenzung entsteht die Trennung zwischen innen und außen und zwischen „Ich" und „Umwelt", und vielleicht hast du dabei unangenehme Empfindungen.

An dieser Stelle kannst du weiterhin erleben, wie du den Gedanken „ich bin (dein Name)" wieder zurücksinken lassen kannst und unmittelbar wieder die Weite des unbegrenzten Raumes, der Stille und der Glückseligkeit erlebst. Dies ist der einzige Punkt oder Ort, an dem du die Entscheidung treffen kannst, welcher Seite du dein Leben hingeben möchtest. Hier kannst du wählen zwischen Freiheit oder Identität. Aber wenn du genauer hinschaust, ist im Grunde genommen noch niemand da, der wählen kann, denn der, der glaubt wählen zu können, ist erst in diesem ersten Gedanken als „ich (dein Name) kann wählen" aufgetaucht.

Schauen wir uns jetzt an, was weiter passiert, wenn wir uns identifizieren, und was an Reaktionen folgt. Zuerst engt sich der weite Raum ein und wird begrenzt. Daraus entsteht ganz natürlich der erste Anflug von Verzweiflung darüber, dass plötzlich diese Weite verschwunden ist. Nehmen wir einmal an, du könntest dich an das wunderschöne direkte Erleben des Selbst erinnern. Nun erscheint das Gefühl, etwas sehr Wertvolles, nämlich das Selbst, verloren zu haben, und die Verzweiflung darüber, nie mehr die Möglichkeit zu haben, es wieder zu erlangen. Und das ist absolut richtig – wenn du weiter in die gerade eingeschlagene Richtung gehst, wirst du dieses Selbst nicht erreichen und es entsteht der verzweifelte Versuch, dieses Verlorene wieder zu finden. Da du aber tief im Inneren weißt, dass du selbst diese Wahl getroffen hast, und ebenso direkt erlebt hast, wohin dich diese Entscheidung führt, wird sich eine Angst einstellen in der Gewissheit, dass du es nicht schaffen wirst, wenn du weiter in die eingeschlagene Richtung gehst.

Und wenn du weiter gehst, wirst du irgendwann mit Traurigkeit konfrontiert. In der Gewissheit, etwas derart Wertvolles verloren zu haben, kommt Resignation über den Verlust auf. Und dann wird noch obendrauf die Wut kommen über dich und die Umstände, sozusagen als ein letztes Aufbäumen. Weil sich auch die Wut nicht gut anfühlt und daraus Probleme im Miteinander entstehen, wirst du diese Wut, wie vorher schon alle anderen Gefühle, nach Außen projizieren und eine Geschichte darüber erfinden. Eine Geschichte, die dir das Gefühl gibt, es nicht verursacht zu haben. Dann bist du im Leben angekommen.

All diese Emotionen sind Reaktionen des sich identifizierenden Egos mit der Umwelt, die aus dem nach außen gewendeten Blick entstehen.

Jetzt, da du im alltäglichen Leben angekommen bist und diese Unzufriedenheit spürst, wünschst du dir das, was dir so fehlt, und

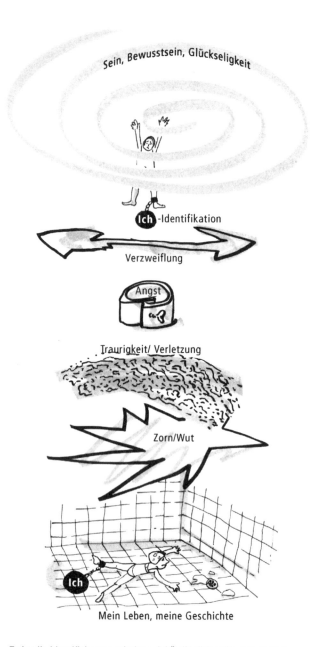

Es ist die Identifizierung mit dem „Ich", die dich gefangen nimmt.

glaubst, dies könnte dir von außen gegeben werden. Es entstehen Wünsche und mit ihnen der Glaube, die Erfüllung der Wünsche könnte dir den ersehnten Frieden und das ersehnte Glück bringen. Der Witz ist aber, dass das, was immer du dir wünschst, erst so begehrenswert scheint, weil dein eigenes Licht darauf scheint und es so begehrenswert macht.

Und was macht dich wirklich glücklich? Glaubst du, dass die Wunscherfüllung dich wirklich glücklich macht? Vielleicht für einen kurzen Augenblick, und dann? Dann kommen neue Wünsche, mehr Wünsche und bessere Wünsche.

Die gute Nachricht aber ist: Da deine eigene Natur Glücklichsein ist, wird dieses Glücklichsein direkt erlebt, wenn der Wunsch wegfällt. Aber nicht durch dessen Erfüllung. Denn, wie der Buddha sagte: „Es gibt keinen Weg zum Glücklichsein, Glücklichsein ist der Weg."

Die Illusion der scheinbaren Kontinuität

„Solange das Subjekt sich im Zentrum eines phänomenalen Objektes
befindet und von dort aus denkt und spricht,
wird das Subjekt mit diesem Objekt identifiziert und ist gefangen.
Solange dieser Zustand andauert, kann das mit dem Objekt
identifizierte Subjekt niemals frei sein –
denn Freiheit ist Freiheit von eben jener Identifizierung."

Wei Wu Wei

Es ist schon erstaunlich, welchen magischen Trick wir jeden Tag aufs Neue ausführen, um die Illusion einer separaten, von der Umwelt getrennten, individuellen Person zu erzeugen, und gleichzeitig damit die gesamte Umwelt.

Weder die Frage nach der Realität unserer Umwelt noch die danach, wer wir sind, sind trotz intensiver wissenschaftlicher Bemühungen wirklich zufriedenstellend beantwortet worden. Das gilt ebenso für ein Phänomen, das wir Zeit nennen. Da wir, wie schon beschrieben, wissen, dass das, was wir als feste Materie ansehen, aus nichts besteht, ist erstaunlich, wie wir die Illusion einer festen Umwelt und einer Wirklichkeit erschaffen. Dass wir noch dazu jeden Tag aufs Neue genau die gleiche Umwelt und Wirklichkeit erschaffen, in der wir uns so mühelos zurechtfinden, ist umso erstaunlicher. Das ist tatsächlich Zauberei und eine unbeschreibliche Leistung unseres Gehirns. Auch wenn wir uns dessen nicht bewusst sind. Das ist wirkliche Magie, die wir jeden Tag aufs Neue betreiben.

Wir erschaffen also jeden Tag immer wieder aufs Neue, wenn wir aufwachen, eine Welt, in der wir agieren, reagieren und erzeugen somit eine Kontinuität für uns als Ego und unsere Umwelt, die wir im Allgemeinen noch nie in Frage gestellt oder untersucht haben. Warum auch, diese Kontinuität scheint ja so klar und offensichtlich. In dieser Kontinuität gibt es eine Vergangenheit mit Erlebnissen und

Erfahrungen, eine Gegenwart und eine Zukunft. Und als Person definieren wir uns selbst und unser Leben in Beziehung zu dieser Vergangenheit, zu dieser Gegenwart und projizieren uns als Person in eine glückliche Zukunft.

Selbst über unseren Tod hinaus vermuten wir diese Kontinuität der Umwelt – allerdings nur ohne uns. Wir verschwinden dann einfach aus dieser Umwelt, diese bleibt aber natürlich unserer Überzeugung nach bestehen. Was, wenn das nicht so wäre? Was, wenn die Umwelt, das Gesehene, nicht von dem Sehenden getrennt ist und mit diesem verschwindet? Was, wenn wir das auch einmal untersuchen würden?

> Hast du dir schon einmal überlegt, was Zeit wirklich ist? Nimm dir bitte einen Augenblick dieser Zeit, um für dich selbst zu definieren, was Zeit ist! Wir setzen Zeit immer in Bezug zu etwas, messen es anhand von Erinnerungen, projizieren diese Erfahrung in eine vorgestellte Zukunft und erzeugen damit eine Kontinuität. Aber was bedeutet Zeit, wenn wir sie nicht auf Vergangenheit oder Zukunft beziehen? Was, wenn es außerhalb deiner Vorstellung keine Zeit gibt, keine Zukunft und keine Vergangenheit? Was kannst du sehen, wenn es keine Zeit gibt, was kannst du hören, ohne den Verlauf der Zeit?

Gehen wir davon aus, was die Neurowissenschaft aus der Funktionsweise der linken Großhirnrinde gelernt hat, dann ist es ein bisschen so wie in einem Film, in dem uns eine Welt mit lückenloser Kontinuität vorgegaukelt wird, obwohl wir tatsächlich immer nur Szenen bzw. einzelne Bilder sehen. Da sehen wir zum Beispiel drei maskierte Männer im Auto, anschließend sehen wir ein Auto vor einer Bank halten, und in der dritten Szene sehen wir dann Bankbeamte mit erschrecktem Gesichtsausdruck Geld in eine Tasche legen. Unser Gehirn macht dann daraus einen Banküberfall, den die drei maskierten Männer aus dem Auto begangen haben. Dabei haben wir eigentlich nur drei unterschiedliche separate Szenen gesehen. Den Rest hat unser Gehirn dazuerfunden und damit eine lückenlose

Kontinuität im Geschehen geschaffen. Diese Kontinuität ist für unser Selbstverständnis und unser Verständnis der Wirklichkeit von extrem hoher Wichtigkeit, denn wie real ist schon eine Person, die nur sporadisch in der Wirklichkeit erscheint. Auch bei einem Videofilm werden einzelne Bilder aneinander gereiht und wir machen dann die Kontinuität des Filmes daraus.

Auch wenn die Quantenphysiker längst festgestellt haben, dass unsere Umwelt nicht per se aus sich selbst heraus existiert, so geht doch Otto Normalverbraucher in der Regel von einem Selbstbild und einem Weltbild aus, in dem er als Person in einer Umwelt existiert – unabhängig von seiner persönlichen Einstellung. Allein die Vorstellung einer nicht unabhängig von unserer Einstellung existierenden und fortdauernden Welt lässt uns erschauern, und so stellt unser Gehirn sicher, dass die Kontinuität jederzeit gewahrt bleibt. Auch wenn wir meist nur wenige Augenblicke am Tag aufmerksam sind – bewusst Augenblicke erleben neben den automatisch ablaufenden Handlungen wie Autofahren und der täglichen Routine –, sorgt unser Gehirn dafür, dass die Zeit zwischen diesen Augenblicken nicht wirklich wahrgenommen wird. Diese Zeitlücken werden mit einer Art Vorstellung oder Annahme der Kontinuität aufgefüllt, die wie ein Füllstoff oder Leim wirkt, der die einzelnen Augenblicke zu einem Ganzen zusammenfügt. Diesen Füllstoff oder Leim nennen wir „Ich" und „mein Leben". Die Kontinuität unserer Wahrnehmung der Umwelt ist genau wie in dem Film, in dem uns zusammenhanglose Szenen gezeigt werden, und erst unser Gehirn erschafft daraus einen Film.

> Mache doch bitte einmal folgenden Versuch:
>
> Beobachte einmal über den ganzen Tag immer wieder, womit du dich beschäftigst bzw. was es ist, das deine Aufmerksamkeit beansprucht, welcher Situation du den Stempel „Ich" aufdrückst. Mag sein, dass du dich an ein Erlebnis aus deiner Vergangenheit erinnerst. Oder es ist eine Vision oder ein Wunsch für dein Leben in der Zukunft, die deine Aufmerksamkeit fes-

selt. Liste alles stichwortartig auf, was an Wünschen, Erinnerungen, Feststellungen, Gedanken, Ängsten, Projektionen über den ganzen Tag in deinem Bewusstsein auftaucht. Vielleicht kannst du im Nachhinein auch die Zeitdauer der jeweiligen Ereignisse notieren.

Dann schau einmal, ob du in dieser Liste eine Kontinuität erkennen kannst, ob es in dieser Liste einen roten Faden gibt, den du als „Ich" bezeichnen würdest. Was ist mit der Zeitdauer, für die du nichts aufgelistet hast? Oder stellt diese Liste nicht vielmehr ein Kommen und Gehen von zufällig erscheinenden einzelnen Eindrücken dar, die kurzzeitig in deinem Bewusstsein auftauchen und von zufälligen, kurzfristigen „Ich"-Gedanken unterbrochen werden?

Diese Kontinuität zu gewährleisten, ist ein Glanzstück des Gehirns und hier im Besonderen die Leistung des Sprachzentrums der linken Hälfte der Großhirnrinde. In unserer Kultur wird dessen Fehlfunktion oder auch nur die teilweise Unterbrechung der Kontinuität als Krankheit bezeichnet und behandelt[21]. Aber in vielen älteren Kulturen wird dies besonders geschätzt und verehrt. Mir scheint es fast, als würde eine Unterbrechung dieses Datenstroms der linken Gehirnhälfte als eine existentielle Gefahr für die Gesellschaft und das Individuum angesehen. Dabei ist sehr interessant, dass eine solche Kontinuität erst durch die weitere Aktivität des Gehirns erzeugt wird. Und diese Kontinuität wird dann mittels Erinnerungen in die Vergangenheit hineininterpretiert und dann als Prognose in die Zukunft vorausprojiziert. Wenn du dich zum Beispiel abends zum Schlafen zu Bett begibst und dann morgens aus tiefem Schlaf erwachst, was war dann zwischen dem Einschlafen und dem Aufwachen? Wo warst du? Wo war die ganze Umwelt? War der, der zu Bett ging, der Gleiche, der aufwacht?

Sowohl die Erinnerung an die Vergangenheit als auch die Prognose für die Zukunft finden nur im gegenwärtigen Moment statt. Oder? Durch diese illusionäre Kontinuität entsteht unsere persönliche

Geschichte als individuelle Person mit einer Vergangenheit und einer selbst bestimmbaren Zukunft. Damit sind wir in eine weitere Illusion eingewoben – die Illusion der Zeit. Diese Illusion eignet sich bestens, die Idee einer individuellen, von der Umwelt abgetrennten Person zu unterstützen. Wir erinnern uns dann an Szenen aus unserem Leben, in denen wir uns als Handelnde in unserer damaligen Umwelt empfinden. Der Glaube, dass sich dieses Handeln in der Vergangenheit abgespielt hat, beruht unter anderem auf der Annahme, dass es so etwas wie eine Vergangenheit gibt.

Die Erinnerung an die Handlung ist jedoch eine momentane Leistung unseres Gehirns, eine Aktivität im Gehirn, die jetzt, in der Gegenwart stattfindet. Das Gehirn kann anhand der biochemischen Reaktionen nicht unterscheiden, ob es sich um eine Erinnerung oder um ein aktuelles Geschehen handelt[22]. So ist auch die Vergangenheit eine Leistung unseres Gehirns und findet immer in der Gegenwart statt. Es gibt nur das Hier und das Jetzt. Niemand kann in die Vergangenheit reisen, und wenn er es könnte, er wäre auch nur in der Gegenwart, er wäre im Hier und Jetzt. Ebenso verhält es sich mit der Zukunft. Es ist unser Glaube an die Zeit, die diese Illusion

Es gibt nur diesen Augenblick –
Vergangenheit und Zukunft finden in diesem Augenblick statt.

ermöglicht. Gleichzeitig verknüpfen wir mehrere Illusionen zu einem Gesamtereignis. Diese nennen wir dann unsere persönliche Geschichte. Wir verknüpfen die Illusion der Zeit mit der Illusion, eine separate abgetrennte Person zu sein, die diese Geschichte erzeugt. Der Glaube an die Realität dieser Lebensgeschichte bildet eine Mauer, die uns in unserem selbst erzeugten Gefängnis hält. Verhängnisvollerweise hat aber diese Illusion häufig Auswirkungen auf unser jetziges Verhalten. Wie häufig ziehen wir die Vergangenheit heran, um unser Verhalten und unsere Reaktionen zu rechtfertigen. Unsere Befangenheit anderen Personen gegenüber rührt aus vergangenen Erfahrungen, und diese Erfahrungen verhindern ein frisches, unbefangenes Zusammentreffen. Probleme, die wir jetzt mit anderen Menschen haben, werden mit dem Verhalten unserer Eltern uns gegenüber aus einer Zeit vor 30 Jahren begründet. Oder wir versuchen vielleicht sogar, diese teilweise traumatischen Gefühle durch Therapien zu heilen.

Gedanken und Erinnerungen können dir den Weg verstellen oder die Tür zum direkten Erleben des Selbst werden.

Wir machen uns damit automatisch zu Sklaven und Abhängigen unserer eigenen Vorstellungen.

All das nenne ich Vermeidung, denn wenn wir unsere momentanen Gefühle und Emotionen mit einer Geschichte – ob aus der Vergangenheit oder der Gegenwart spielt dabei keine Rolle – verknüpfen, dann verpassen wir die Gelegenheit, diese direkt zu erleben. Es liegt eine großartige Möglichkeit darin, uns selbst direkt zu erleben, direkt zu erleben, wer oder was wir sind. Wenn wir aufhören, unsere persönliche Geschichte immer wieder als Ursache für unser jetziges Verhalten heranzuziehen, wenn wir aufhören, diese Erlebnisse immer wieder und wieder mit alten Gedanken und Erinnerungen zu recyceln, dann sind genau diese Erlebnisse ein Torweg zum direkten Erleben des Selbst. Wenn du wirklich frei und glücklich sein willst, dann sind genau diese Erlebnisse bestens geeignet, um anzuhalten und zu erkennen, was du wirklich in genau diesem Augenblick erlebst. Und in diesem direkten Erleben kannst du jederzeit erkennen, wer oder was du bist.

2
Trancen – Wege ins Leiden

Drei grundlegende Strategien

„Es geht nicht darum, etwas zu erwerben oder zu erreichen, sondern immer nur darum, etwas loszuwerden, das sich als Hindernis erwiesen hat. Jeder Mensch ist bereits vollkommen. Alle Mühen, bestimmte Vorstellungen von der eigenen Person zu verwirklichen und ein persönliches Ich aufzubauen, sind vergebens. Rechte Selbstverwirklichung bedeutet: zurück zum Ursprung."

Ramana Maharshi

Wenn du dich mit dem „Ich"-Gedanken identifizierst und damit vom Selbst abtrennst, führt das ganz automatisch zu dem Gefühl, das Selbst verloren zu haben. Daraus entsteht das Bemühen, diesen Verlust zu kompensieren. Durch diesen vermeintlichen Verlust des Selbst entsteht das Gefühl der grundsätzlichen Mangelhaftigkeit, es nicht zu schaffen, es nicht wert zu sein und ungeliebt zu sein, das an der Wurzel eines jeden Egos oder „Ich"-Gedankens tief im Inneren lauert. Dies treibt uns alle zu bestimmten, vorhersehbaren Strategien, um so mit diesem nagenden Gefühl umzugehen. Du kannst das für dich selbst nachvollziehen, wenn du dein tägliches Verhalten ehrlich und wahrhaftig untersuchst.

In diesem Teil des Buches zeige ich dir die drei grundlegenden Strategien und biete dir gleichzeitig damit die Gelegenheit, direkt zu erleben, welche dieser Strategien dich antreibt und welche du in deinem persönlichen Umfeld und bei deinen Mitmenschen erkennen kannst. Zu erkennen, dass das, was wir als unsere individuelle Persönlichkeit zu kennen glauben, nur ein Muster, eine Strategie aus einer begrenzten Anzahl von Strategien ist, kann zutiefst erschreckend und gleichzeitig auch befreiend sein. Wenn sich die vermeintliche Individualität als ein Programm herausstellt, mit dem wir uns fälschlicherweise identifiziert haben, kann das auch ein Signal zum tieferen

Erkennen sein. Das Auftauchen dieses Musters in unserem Alltag kann dazu genutzt werden, den direkt zu erleben, der all das wahrnimmt. Und ebenso den Raum zu erkennen, in dem alles stattfindet, und dass dieser ungetrennt vom Wahrnehmenden und von äußeren Bedingungen frei ist. Dann werden Seher, Sehen und Gesehenes EINS und die Suche ist beendet.

Diese Strategien sind sehr tief in uns verankert und gehen viel tiefer als unsere antrainierte Persönlichkeit. Sie sind nicht immer gleich offensichtlich erkennbar, sondern erfordern aufrichtiges Hinschauen und Untersuchen. Unsere Persönlichkeit ist veränderbar und wir können zum Beispiel ein gewandteres Auftreten erlernen, mehr Selbstsicherheit erlangen, uns als Raucher das Rauchen abgewöhnen. Aber das darunter liegende „Ich"-Gefühl desjenigen, der ein gewandteres Auftreten erlernt, mehr Selbstsicherheit erlangt oder sich das Rauchen abgewöhnt hat, das bleibt unser Leben lang unverändert, auch wenn wir unsere Persönlichkeit verändern. Das ist gerade das Frustrierende an der Persönlichkeitsentwicklung. Jede Veränderung oder Entwicklung geschieht auf der Grundlage eines „Ich"-Gedankens oder „Ich"-Gefühls, das davon unberührt ist. Dieser „Ich"-Gedanke läuft sozusagen ständig im Hintergrund mit und taucht immer wieder auf, egal ob wir gerade gelernt haben, mehr Selbstbewusstsein oder ein besseres Durchsetzungsvermögen zu erlangen, vom Raucher zum Nichtraucher geworden sind oder gelernt haben pünktlich zu sein. In dem direkten Erkennen deiner Strategie, wie du mit dem nicht bewussten Gefühl, das Selbst verloren zu haben, und der damit verbundenen grundsätzlichen Mangelhaftigkeit umgehst, kannst du die Trance, die du dein Leben nennst, beenden. Wenn du direkt erlebst, dass du nie getrennt warst oder bist oder sein kannst, wird dein Bemühen zum Überwinden dieser illusionären Trennung vollkommen bedeutungslos. Ebenso ist auch derjenige, der allem und jedem eine Bedeutung gibt, nicht von dir getrennt. Das direkt zu erleben, wird deine Suche und dein Bemühen beenden. Dann bist du zuhause.

Dieses Abtrennen vom Selbst, durch die Identifizierung als ein abgetrenntes „Ich", kann auf drei verschiedene Arten und Weisen erfolgen. Wenn du es ehrlich erforscht, wirst du eine dieser grundsätzlichen Strategien als in deinem Leben vorherrschend erkennen.

Wenn du dich selbst als dein Körper identifizierst, dann wird das direkte Erleben des Seins, der Präsenz und der Weite eingeengt und durch diesen Körper begrenzt. Da dieser Körper bestimmten physischen Grenzen unterliegt, die so offensichtlich nicht deiner Kontrolle unterliegen, entsteht daraus Wut und Zorn. Dies ist eine ganz natürliche Reaktion auf die Abtrennung vom Selbst, und diese Reaktion wird sozusagen die Referenzreaktion, von der aus du dein Leben lebst und erlebst und aus der heraus du weitere Strategien entwickelst.

Wenn du dich selbst als mentales Wesen identifizierst, dann trennst du dich vom universalen Bewusstsein ab. Dein Leben kreist in deinen eigenen (endlosen) Gedankenschleifen und Geschichten. Wenn du dich vom Bewusstsein abgetrennt erlebst, hängt dein eigenes Überleben von der Beurteilung deines momentanen Zustandes ab.

Identifizierst du dich als abgetrenntes „Ich",
schneidest du dich vom Selbst und vom Leben ab.

Das erzeugt Angst und Unsicherheit über die Richtigkeit deiner Beurteilung. Wir nennen das Zweifel. Wenn du in dieser Strategie lebst, wirst du ständig mit deinem Überleben und deiner Sicherheit beschäftigt sein. All das spielt sich in deiner Gedankenwelt ab. Du wirst dann jedes auftretende Problem durch Nachdenken zu lösen versuchen und dabei viele neue Probleme nur durch das Nachdenken überhaupt erst erschaffen.

Wenn du dich hauptsächlich als ein emotionales Wesen wahrnimmst, dann erlebst du dich unbewusst getrennt vom emotionalen Aspekt (Liebe, Freude und Glück) des Selbst. Du erfährst die Glückseligkeit als von dir getrennt, und dann wirst du immer im Äußeren nach dieser Glückseligkeit suchen. Du wirst diese Glückseligkeit immer in der Bestätigung durch Andere zu erreichen hoffen. Du wirst sozusagen emotional bedürftig und wirst Liebe und Anerkennung nur im Äußeren suchen. Aufgrund des Gefühls des inneren Verlustes der Glückseligkeit oder Liebe reagierst du dadurch emotional hysterisch darauf, wenn du diese nicht erhältst.

Natürlich haben wir alle einen physischen, einen mentalen und einen emotionalen Körper und die entsprechenden Strategien und kennen Zorn, Angst und Zweifel und ebenso auch das Bedürfnis nach Liebe. Aber es gibt bei jedem einen hauptsächlichen Kristallisationspunkt, an dem sich das Ego manifestiert, einen Punkt, der unmittelbar an der Wurzel des Egos sitzt, der Punkt, an dem wir alle das Gefühl haben: „Das bin ich." Das ist sozusagen der Motor, die Energie, die die Strategie des Egos antreibt und am Laufen hält. Es ist sozusagen die Brille, durch die wir unser Leben sehen und erleben. Es ist eine Strategie, mit der das Ego versucht, dieses durch die Abtrennung vom Selbst entstandene Gefühl des Verlustes zu kompensieren, und stattdessen das zu imitieren, was es sich so sehnlich wünscht. Diese Strategien bauen auf rein energetischen Impulsen auf. Keine ist besser oder schlechter als die andere, denn alle drei sind Ausdruck der Unfreiheit und alle resultieren zwangsläufig im Leid. Diese Grundstrategien sind die Folge der Identifizierung als ein „Ich" und du bist dafür nicht verantwortlich, kannst und musst sie nicht ändern oder loswerden, manipulieren oder bekämpfen, denn das würde nur die Identifizierung weiter unterstützen und verfestigen. Wenn du diese Strategie durchschaust, brauchst du sie nicht mehr persönlich zu nehmen.

Jemand, der sich mit dem physischen Körper identifiziert, wird sich selbst als „Ich bin der Körper" erleben und im Kontakt mit der Umwelt als im-Körper-seiend präsentieren und sich im Kontakt mit seinen Mitmenschen reiben. Anders werden wir jemanden, der sich mit dem mentalen Körper identifiziert, als kopflastig und vom Körper getrennt wahrnehmen. Der Kontakt mit der Umwelt wird sich für diese Person ganz anders gestalten. Diese Personen werden sich zurückziehen und in ihren Gedankenschleifen diesen Kontakt bewältigen, um von dort aus wieder mit den Mitmenschen zu wechselwirken. Personen, die sich mit dem emotionalen Körper identifizieren, werden sich dagegen zu den Menschen hingezogen fühlen. Diese Personen werden die Mitmenschen manipulieren, um Liebe und Anerkennung zu bekommen. In folgendem Experiment kannst du selbst erleben, welche Strategie in deinem Leben vorherrschend ist.

> Ohne in deiner Erinnerung nach einer Antwort zu suchen, schreibe innerhalb der nächsten zehn Minuten auf, was dir zuerst einfällt, wenn du gefragt wirst, dein „Ich" zu beschreiben. Was steigt als Erstes als Beschreibung auf? Was hat Priorität?

Drei Grundstrategien, sich vom Selbst zu trennen:
dich mit dem physischen, mentalen oder emotionalen Körper zu identifizieren.

Die physische Strategie

Menschen, die sich selbst mit dem physischen Körper gleichsetzen, erleben sich selbst als gefangen im Körper. Das führt zur Wut darüber, „nur ein Mensch zu sein". Diese Wut und der Zorn können gegen sich selbst und gegen andere gerichtet werden. Dieser Zorn steigt zuerst im Körper auf. Gedanken und Emotionen folgen erst anschließend. Aus dem Zornimpuls entsteht eine nach außen gerichtete energetische Bewegung, die gegen die Mitmenschen und gegen die Umwelt gerichtet wird. Diese Gegenanbewegung führt zu einem Konflikt zwischen „Man-selbst-sein" und Fremdbestimmung.

Um zu verstehen, wie diese Strategie funktioniert, möchte ich dir hier ein kleines Beispiel geben. Einer meiner Freunde berichtete mir kürzlich von einem bei seiner Frau diagnostizierten Tumor. Meine Frage danach, wie es ihnen beiden damit gehe, beantwortete er damit, dass er sich zuerst einmal über das schlechte Gesundheitssystem ausließ. Dann schimpfte er über die Ignoranz und Unfähigkeit der Ärzte überhaupt. Da ich selbst eher mental reagiere, habe ich mich nur über diese Reaktion gewundert. Bei mir stieg zuerst die Angst auf, Angst ums Überleben. Personen wiederum, die emotional reagieren, würden sicherlich fragen, ob sie helfen können, darüber jammern und klagen oder Möglichkeiten aufzählen, wie, wo oder bei wem der Tumor behandelt werden könnte.

Aber Personen, die aus dem Körper heraus reagieren, gehen eben mit einer energetischen Bewegung gegenan, das ist der erste Impuls. Sie haben daher Muster von Auflehnung, Trotz, Kontrolle oder Gehorsam. Zentrale Themen in ihrem Leben kreisen um Zeit, Geld und Sauberkeit und stellen eine Arena für Machtkämpfe dar, mit denen Wut und Zorn ausgedrückt oder unterdrückt werden.

Die mentale Strategie

Wenn du aus der mentalen Strategie heraus lebst, identifizierst du dich mit den Gedanken, Geschichten und Ideen in deinem Kopf. Anstatt in der leeren Intelligenz des Seins direkt zu leben, verschleiert der innere Dialog diese Intelligenz mit endlosen Gedankenschleifen. **ID** (Identität) wird mit dem **i**nneren **D**ialog gleichgesetzt. Das Gefühl, vom Bewusstsein abgetrennt zu sein, erzeugt Angst und Unsicherheit. Dein eigenes Überleben hängt von der Beurteilung des momentanen Zustandes ab.

Statt die emotionale Angst direkt wahrzunehmen oder zu erleben, erfolgt hier die gedankliche Beschäftigung mit dem Begriff Angst, gefolgt von weiteren Gedanken. Das ist eine mentale Angst, eine Angst vor der Angst. Die Angst als primäre Emotion wird nur körperlich als Druck in der Brust oder im Bauch empfunden, nicht emotional. Der Angstimpuls des mentalen Körpers erzeugt eine energetische Wegbewegung, weg von der möglichen Bedrohung hin zur internen, geistigen, mentalen Beschäftigung damit. Im Schutz des Verstandes wird Sicherheit erzeugt und die Angst als Emotion unterdrückt. Dadurch wird klares, entschlossenes Handeln meist verhindert. Stattdessen geht es darum, wissen zu wollen, was zu tun ist, um sicher zu sein und nicht emotional von der Angst berührt zu werden.

Emotionale Angst selbst ist eine ganz natürliche Überlebensstrategie. Wenn du auf einem Feldweg einem Bullen begegnest, dann sorgt die Angst dafür, dass du dich schnellstmöglich in Sicherheit begibst. Das ist eine natürliche, spontane und unmittelbare Reaktion, an der dein Großhirn noch nicht einmal beteiligt ist. Zum Leiden wird diese Angst erst, wenn sie nicht direkt erlebt, sondern durch Gedanken in eine mögliche Zukunft projiziert wird, zum Beispiel, wenn du dich mental damit beschäftigst, was du machen wirst, wenn dir einmal solch ein Bulle auf deinem Spaziergang begegnet. Dann verurteilst du eventuell noch die Gefährlichkeit der Bullen in Gedanken und richtest dein Leben so ein, dass der oben beschriebene Fall nie eintreten wird. Du hältst dein Leben in handhabbaren Grenzen. Der Verstand dient als Schutz gegen eine als bedrohlich empfundene Welt. Diese angstgesteuerte Strategie führt zu einem ständigen inneren Kommentar zu „mir" und „meiner Beziehung" zur Außenwelt und sorgt sich darüber, was zu „tun" ist. Da es aber gerade die Angst ist, die das Ego füttert und antreibt, kann das Illusionäre des Egos nicht in der Strategie, von der Angst wegzugehen und diese zu vermeiden, erkannt werden. Das vielleicht zufällige kurzzeitige Verschwinden des Egos, wenn kein innerer Dialog läuft, führt dann bei Personen, die diesem energetischen Reaktionsmuster folgen, zum Auftauchen von Angst. Das ist der Rückholmechanismus des Egos, das sich über die Angst immer wieder recycelt. Für den Weg heraus aus diesem Leidenskreis ist aber genau diese Angst das direkte Tor.

Die emotionale Strategie

Die emotionale Strategie beruht auf der Illusion, die Liebe und das Glück verloren zu haben, und führt dazu, sich nicht um seiner selbst willen geliebt zu fühlen. Daraus entsteht die energetische Hinbewegung zu den Mitmenschen, die einem die verloren geglaubte Liebe geben können. Diesem emotionalen Impuls folgt eine mentale Begründung der Bedürftigkeit.

Da die eigentliche Liebe durch die Identifizierung als ein abgetrenntes, separates und mangelhaftes Ego verschleiert wird, suchen Personen mit diesen Egos nach der Liebe im Außen. Wenn sie schon nicht um ihrer selbst willen geliebt werden, dann dafür, was sie darstellen. Daher versuchen Personen mit dieser Strategie ein bestimmtes Image von sich zu erzeugen und diesem Bild zu entsprechen. Äußeres Erscheinen und die Wirkung auf die Mitmenschen sind daher sehr wichtig. Emotionen werden in einer übertriebenen Weise halluziniert, um mit der übertriebenen Gefühlsbetontheit die emotionale Leere zu überdecken. Ihre Bedürfnisse kreisen um Liebe und Anerkennung von außen.

In diesem Zusammenhang erinnere ich mich an ein Konzert eines Musikers, den einhunderttausend begeisterte Fans stürmisch empfingen. Er nahm ein Bad in der Menge, ließ sich von der Bühne in das Publikum fallen, das ihn mit den Armen hielt. Er rief ins Publikum: „Liebt ihr mich?", was ein ohrenbetäubendes „Ja" als Antwort auslöste. Er wiederholte diese Frage noch zwei- oder dreimal mit immer lauterer Antwort. Schließlich fragte er: „Werdet ihr mich immer lieben?"

Wenn diese emotionale Bedürftigkeit von der Umwelt nicht erfüllt wird, reagieren diese Personen mit noch mehr Bedürftigkeit. Die Emotionen wirken wie Tranceinduktionen, die zur Identifikation mit dem Ego führen.

Um deine eigene Strategie herauszufinden, kannst du dir selbst folgende Fragen schriftlich beantworten:

1. Wie würdest du dich selbst charakterisieren, zum Beispiel mit zehn Wörtern, die deine Eigenschaften beschreiben, oder wenn du den folgenden Satz zehnmal vervollständigen würdest: Ich bin ein Mensch, der … Notiere jeweils das Erste, was dir einfällt!

2. Notiere zehn beschreibende Worte, die auf dich mit 25 Jahren zugetroffen haben!

3. Notiere zehn Wörter, mit denen andere, dir nahe stehende Personen dich beschreiben würden!

4. Notiere, was dein Partner/in über dich auf dem Höhepunkt eines Konfliktes sagen würde!

Die Beantwortung wird dir helfen zu erkennen, ob sich dein Leben um körperliche, emotionale oder mentale Themen, Bedürfnisse, Geschichten und Begebenheiten dreht und welcher energetischen Tendenz du überwiegend folgst.

Die drei Triebe

"Die Wesensnatur offenbart sich, wenn wir sie nicht hindern. Und wenn es eine Erlösung gibt, dann ist es die Erlösung von unserem Ichbesetztsein, damit sich entfalten kann, was wir wirklich sind."

Meister Eckhart

Das Leben eines jeden Menschen wird von drei Trieben angetrieben, die unbewusst, aber hormonell gesteuert werden. Sie garantieren das Überleben und Weiterbestehen der Menschheit. Wir bezeichnen diese als den Selbsterhaltungs-, den sexuellen und den sozialen Trieb. Diese drei Triebe wirken in jedem Menschen und stellen animalische Urinstinkte dar. Als Menschen unterliegen wir alle jedem einzelnen dieser Triebe. Wir haben den Drang zur Selbsterhaltung, um unser Leben zu sichern. Wir sind im Sinne der Arterhaltung bestrebt, uns fortzupflanzen, und daher auf der Suche nach einem geeigneten Partner. Und wir leben in einem Netzwerk aus Familie, Freunden und Bekannten, um in der Gruppe sicher zu sein und uns gegenseitig zu unterstützen. All diese Triebe haben unser Überleben als Spezies auf diesem Planeten seit Jahrmillionen gesichert und es steht außer Frage, dass dieses Überleben nicht auf die klugen Überlegungen und Entscheidungen unseres Großhirns zurückzuführen ist. Wir wären vermutlich längst ausgestorben, wenn wir diese Aufgabe dem Großhirn übertragen hätten. Das Großhirn scheint viel eher in der Lage zu sein, durch seine Tätigkeit unser Überleben auf diesem Planeten zu verkomplizieren und viel Leid zu bringen. Andererseits können auch diese Triebe, wenn sie zusätzlich durch die einzelnen Strategien des Egos aus dem Ruder laufen, selbst zerstörerisch wirken. Das trifft genauso auf denjenigen zu, der nicht damit aufhören will, sich durch übermäßige Nahrungsmittelzufuhr selbst zu zerstören, wie auch auf die unersättliche Gier der Banker an der Wallstreet, die zu einer globalen finanziellen und wirtschaftlichen Krise geführt haben.

Diese Triebe sind in gewisser Weise die Motoren, auf denen die Strategien – physisch, mental, emotional – aufbauen. Sie wirken auf einer tieferen Ebene des Gehirns als die der energetischen Strategien. Denn auf neurophysiologischer Ebene werden diese drei Triebe in den tieferen Strukturen des Gehirns im Stammhirn lokalisiert und finden erst durch die Erklärungen des Großhirns ihre Rechtfertigung. Sie werden direkt durch die Aussicht auf Belohnung angetrieben, und die Natur bedient sich dabei eines Tricks. Dem (Be)folgen oder Erfüllen des Triebes folgt unmittelbar die Ausschüttung von Glückshormonen, was zu glücklicher Zufriedenheit führt. Das ist natürlich Grund genug, diesem Trieb nachzugehen. Dieses Glücksgefühl ist dann für das Großhirn die Bestätigung und der Anlass festzustellen, auf dem richtigen Weg zu sein.

Der große Witz bei diesem Trick der Natur aber ist, dass das durch die Triebbefriedigung hervorgerufene Glücksgefühl aus dem Überfließen deiner eigenen Lebensenergie stammt. Natürlich lässt sich das alles biochemisch über die Ausschüttung von Dopamin erklären. Aber was du tatsächlich in diesem Glücksgefühl wahrnimmst, ist das Fließen deiner eigenen Lebensenergie. Unser Verlangen nach diesem Glücksgefühl ist unser Hunger nach uns selbst, nach unserer eigenen Energie. Diese Energie finden wir aber nur bei uns und nicht bei irgendjemand anderem und schon gar nicht in der Befriedigung unserer Triebe. Diese Energie hat nur mit uns selbst zu tun. Es hat nichts, auch nicht bei der sexuellen Vereinigung, mit anderen Personen zu tun, die in uns Gefühle, Hoffnungen und Wünsche erwecken. Wir sind lebendiger Ausdruck dieser Energie.

Die Natur hat uns durch diesen Trick unser Überleben gesichert, auch wenn sie uns in gewisser Weise reingelegt hat. Es besteht aber für uns die Möglichkeit, diese animalischen Triebe als Tor zu nutzen, um direkt zu erkennen, wer oder was wir sind.

Wenn wir auch jeden dieser drei Triebe erleben, so ist doch in uns allen einer dieser Triebe dominanter als die anderen beiden. Das ist sozusagen die Richtung, in die ständig oder vorherrschend die Aufmerksamkeit fließt. Du kannst dir das ein wenig so vorstellen, als wenn du auf einer Plattform stehst, die von drei Beinen gestützt wird. Wenn eines von diesen Beinen kürzer ist, neigt sich die ganze Plattform in diese Richtung und du wirst automatisch in diese Richtung rutschen. Genauso ist es mit den drei Trieben. Das Ungleichgewicht sorgt dafür, dass wir in eine Richtung gezogen werden und unser gesamtes Leben aus eben dieser Perspektive leben und erleben. Das ist dann der Motor, der die Identifizierung als ein Ego antreibt. Die weiteren Strategien (physisch-mental-emotional) sind dann in gewisser Weise Variationen. Es hat sich aber gezeigt, dass dieser vorherrschende Trieb nicht nur die Grundenergie darstellt, von der aus wir unser Leben erleben und leben, sondern auch das Letzte ist, was wir in Egokrisen aufgeben. Wenn du an der Erforschung deiner eigenen Natur interessiert bist, bietet allerdings die Kenntnis und das Untersuchen deines vorherrschenden Triebes eine gute Möglichkeit zu erkennen, wie du dich über diesen Trieb immer wieder als ein abgetrenntes Ego recycelst. Du wirst jedem dieser drei Triebe in deinem Leben begegnen, aber einer wird der hartnäckigste sein. Dieser wird als lebensnotwendig oder notwendig für den Lebenssinn erscheinen. In dem Film „What the bleep do we know?" werden diese Triebe auf wunderschöne und eindrucksvolle Weise dargestellt.

Der Selbsterhaltungstrieb

Der Selbsterhaltungstrieb sorgt für unsere instinktiven Handlungen, um unser Leben zu sichern. Wenn bei dir der Selbsterhaltungstrieb überwiegt, wirst du zum Beispiel immer dafür sorgen, dass genug zu Essen im Haus ist. Du wirst dich um deine Sicherheit kümmern, um ein Zuhause und um ein Einkommen. Das Erfüllen deiner körperlichen Bedürfnisse des Überlebens wird an die erste Stelle gesetzt und erhält eine Eigendynamik. Deine Gedanken, Gefühle und Emotionen kreisen um die Sicherheit und Lebenserhaltung. All deine Reaktionen im Leben werden von eben diesem Trieb zur Selbsterhaltung geprägt sein. Wenn du zum Beispiel zusammen mit Personen, die diesen Trieb ausgeprägt haben, einen Urlaub planst, werden diese auf die Mitnahmeliste zuerst einmal die Essensvorräte notieren. Sie werden im Vorfeld checken, wie sie dort versorgt werden oder sich selbst versorgen.

Ich habe einen Bekannten, den ich einmal traf, als er unter Magenschmerzen litt. Ich gab ihm den Tipp, eine Weile zu fasten und den anfänglichen Hunger zu ignorieren. Dann würden sich die Magenschmerzen bald geben. Als er „Hunger" hörte, war seine lapidare Antwort: „Hunger – so weit habe ich es nie kommen lassen."

Der soziale Trieb

Der soziale Trieb zeigt sich in dem Bedürfnis, Teil einer Gemeinschaft zu sein. Nur so ist deren Überleben gesichert. Früher waren die Großfamilie und der Freundschaftskreis Ausdruck des sozialen Triebes. Heute erfüllen ebenso Vereine und Clubs dieses Bedürfnis. Die verschieden Netzwerke im Internet sind sicher auch ein modernes Phänomen des sozialen Triebes. Alle Gedanken der Personen, die diesen Trieb dominant in ihrem Leben verfolgen, sind darauf ausgerichtet, die Gruppe glücklich zu machen, zu stärken und akzeptiert zu werden. Lebensthemen drehen sich um sozialen Status und Macht. Diese Menschen machen sich Gedanken über Gedanken der Anderen, um somit dem besten Erhalt der Gruppe zu dienen. Solche Personen genießen das gesellschaftliche Milieu und halten das soziale Netzwerk aufrecht, indem sie in ständigem Kontakt mit und innerhalb dieses Netzwerkes agieren. Damit sind sie abhängig davon, wie andere über sie denken, und dadurch natürlich manipulierbar.

Ein guter Freund mittleren Alters hat einmal in einen lang ersehnten Jahresurlaub in die Berge, den er mit seiner Freundin verbringen wollte, kurz vor Reiseantritt seine Mutter eingeladen. Diese hatte sich schon immer einen Urlaub in den Bergen gewünscht und jetzt sollte es passen. Den mit dieser Einladung vorprogrammierten Streit mit seiner Freundin nahm er billigend in Kauf. Schließlich ging es hierbei um die Erfüllung seines sozialen Triebes, der natürlich bedeutet, für seine Familie immer da zu sein.

Der sexuelle Trieb

Der sexuelle Trieb zeigt sich darin, dass die Aufmerksamkeit immer auf Zweierbeziehungen liegt. Da das Überleben von der sexuellen Reproduktion abhängig ist, drehen sich die Gedanken und Reaktionen um Flirten und Verführen, Beurteilen–Verurteilen und Auslesen, wer zu mir passt und wer nicht. Die Aufmerksamkeit liegt überwiegend auf dem gegensätzlichen Geschlecht oder Partner. Im Miteinander mit gleichgeschlechtlichen Personen zeigt sich dieser Trieb häufig als latente Rivalität.

Oft wirst du bei Personen, bei denen der sexuelle Trieb dominiert, diesen in einem Glanz in den Augen erkennen. Ein weiteres untrügliches Zeichen ist es, dass sich diese Personen für den Anderen gern

Die drei unbewussten Triebe, Selbsterhaltungstrieb, Sozialtrieb und sexueller Trieb sollen das Überleben und Weiterbestehen der Menschheit garantieren und nehmen uns gleichzeitig gefangen.

herausputzen, wie ein Pfau mit Schmuck und Federn. Sie lieben es, mit der Sonnenbrille auf dem Kopf herumzulaufen – selbst nachts.

Die Triebhaftigkeit ist wie ein Programm im Gehirn, das im Hintergrund läuft, während sie scheinbar ganz normalen Tätigkeiten nachgehen. Häufig können es ganz einfache Auslöser sein, die die Maschinerie des Triebes in Gang setzen, wie lange, schlanke Beine, Haar- oder Augenfarbe etc. Mir wurde berichtet, dass dieser Trieb bei jemanden bei einem Stadtbummel von einer Schaufensterpuppe, die er aus den Augenwinkeln wahrnahm, getriggert wurde (ich glaube, es handelte sich sogar nur um ein Unterteil einer Puppe). Das mag vielleicht extrem erscheinen, zeigt aber im Grunde nur die animalische Natur dieser Triebe, die sich der Kontrolle durch das Großhirn total entziehen. Es ist vergleichbar mit den Bullen in den Zuchtstationen, die auch schon auf ein kleines Stück riechendes Fell reagieren. Sie benötigen keineswegs eine ganze Kuh, um zum Decken aufzuspringen.

> Um deinen eigenen vorherrschenden Trieb herauszufinden, kannst du dir selbst folgende Fragen beantworten:
>
> 1. Erstelle eine Liste, was du in den bevorstehenden Urlaub mitnehmen willst. Was steht ganz oben auf der Liste? Was packst du als Erstes ein? Vielleicht ist es auch etwas, das du gar nicht auf die Liste schreiben musst, weil es sowieso immer dabei ist (z. B. Adressbuch deiner Freunde, Care-Paket). Das kann dann den Hinweis auf deinen bevorzugt gelebten Trieb geben.
>
> 2. Welche Rolle spielen Familie und Freunde in deinem Leben? Ist es zum Beispiel ein Thema, ob du Weihnachten nach Hause zu deiner Familie fährst oder nicht? Verbringst du viel Zeit im Kreise deiner Freunde? Macht es dir Spaß, deine unterschiedlichen Bekanntschaften untereinander zu vernetzen? Oder ziehst du dich lieber in deine Schutzhütte zurück und findest dort alles, was du zum Leben benötigst? Gehörst du vielen Vereinen an? Kennst du viele Menschen?

3. Wie sieht es bei dir mit der Vorratshaltung aus? Ist dein Kühlschrank gefüllt? Machst du dir Gedanken darüber, was du alles benötigst oder demnächst benötigen wirst? Ist es wichtig, dass du weißt, was du morgen oder übermorgen zu essen hast, wo du schlafen kannst und ob genug Geld da ist?

4. Wenn du allein im Café sitzt und Leute auf der Straße beobachtest, worauf achtest du dann? Oder sitzt du vielleicht zum Beobachten nie allein irgendwo? Fühlst du dich in einer Zweierkonversation wohler als in einer größeren Gruppe? Achtest du auf dein Äußeres, wenn du ausgehst?

Fixierungen an der Wurzel des Egos

„Um dich Selbst zu erkennen, musst du gewillt sein,
die falsche Identifizierung zu erkennen, die du ‚Ich' genannt hast. Das
wird in spirituellen Traditionen Selbsterforschung genannt.
Das ist keine Technik oder Übung, es bedeutet nicht, die Frage:
‚Wer bin ich?' zu wiederholen, sondern die falsche Identifizierung
wird durch die intelligente Wahrheit offenbart.
Das Enneagramm stellt dazu eine Landkarte dieser Missidentifizierung
bereit und weist auf das hin, was jenseits dessen liegt."

Eli Jaxon-Bear

Wenn wir uns von der Sonne abwenden und ihr den Rücken zudrehen, weil uns die Strahlen so sehr blenden, dann können wir den Schatten sehen, den unser Körper in den Sonnenstrahlen erzeugt. Wir können sehen, wie die Sonne die ganze Umgebung um den Schatten erhellt. Das einzige Dunkle ist unser Schatten, der uns in all seinen Bewegungen folgt. Jede einzelne unserer Bewegungen erzeugt eine Bewegung des Schattens. Wir erkennen uns durch unsere Bewegungen in dem Schatten. Gleichzeitig spüren wir die wohlige Wärme der Sonne in unserem Nacken und auf dem Rücken. Wir fühlen uns eins mit dem Schatten und getrennt von dem Licht, das diesen Schatten erzeugt und umgibt. Und irgendetwas in uns spürt, dass es da noch etwas anderes gibt als das, was wir vor unseren Augen sehen. Es gibt etwas, das uns wohlige Wärme spendet. Wir sehen die Dualität vor unseren Augen – Licht und Schatten – und leiden darunter, der Schatten zu sein, und sehnen uns danach, im Licht zu stehen. Dann versuchen wir alles zu tun, um den Schatten loszuwerden, um nur noch Licht zu sehen. Welch ein unmögliches, vergebliches Bemühen!

Wir brauchen uns nur umzudrehen und erleben unmittelbar und direkt die Quelle und das, was diese ganze Illusion verursacht. Plötzlich ist da nicht einmal mehr Platz für einen Schatten, weil er dort nicht mehr existieren kann.

Genauso verhält es sich mit unserem eigenen Leben. Wir haben uns abgewendet vom Licht, dem Selbst, und nehmen uns nun als ein vom Licht sowohl umgebenes als auch abgetrenntes Wesen wahr. Gleichzeitig wollen wir zu dem Licht, das wir als von uns getrennt und außerhalb von uns existierend erleben. Irgendwie ahnen wir, dass es da noch so etwas wie das Licht gibt, aber wir trauen uns nicht, uns diesem direkt zuzuwenden. Stattdessen wenden wir uns lieber ab und suchen nach anderen Wegen. Die Art und Weise, wie wir uns abwenden beziehungsweise dem Selbst den Rücken zuwenden, ist ausschlaggebend für die Strategie, mit der wir dann reagieren. Und jede dieser Strategien ist ein Ausdruck einer ganz spezifischen Missidentifizierung, Trance oder Halluzination, die (Charakter-)Fixierung genannt werden[23]. Sie sind ein Ausdruck des Leidens, das wir unser Leben nennen.

Die physischen Fixierungen

Wenn du dich mit dem physischen Körper (miss-)identifizierst, entsteht durch die Wut, in diesem Körper gefangen zu sein, eine energetische Gegenanbewegung, die nach außen gegen Andere und die Umwelt gerichtet ist. Es ist eine durch einen Körperimpuls gesteuerte Bewegung, die durch drei Möglichkeiten ausgedrückt werden kann. Sie hat die Möglichkeit:

- Sich davon ganz zu dissoziieren (zentraler Zorn-Punkt)
- Sich nach außen zu wenden (nach außen gerichteter Zorn-Punkt) oder
- Sich nach innen zu wenden (nach innen gerichteter Zorn-Punkt).

Ich werde dir jetzt diese Möglichkeiten einzeln beschreiben, vielleicht kannst du dich ja in der einen oder anderen wiederentdecken.

Der zentrale Zornpunkt

Wenn sich die Energie im Körper als Wut manifestiert und im Körper aufsteigt fühlt sich das für Personen dieser Fixierung nicht gut an. Sie glätten, vernebeln und bemänteln die Wut, indem sie sich zum Beispiel einreden, dass alles nicht so schlimm ist und schnell wieder vergeht. Und dann wird die Wut noch von Angst und Trauer überlagert und so getan, als wäre alles gut. Das führt dazu, dass sie ihr Leben mechanisch, dumpf und kraftlos leben und nicht wirklich präsent sind. Dabei sind sie sich der Wut meist gar nicht bewusst. Ja, oft erscheinen diese Personen auch frei von Wut. Aber die Wut kann dann an vollkommen deplatzierter Stelle herausbrechen, so dass die Personen im Extremfall Amok laufen. Oder sie richten die Wut gegen sich selbst und verletzen sich autoaggressiv. Ein Hauptmerkmal ihres Lebens ist die Trägheit, besonders, wenn es um wirklich wichtige Dinge in ihrem Leben geht. Sie geben sich der Bequemlichkeit mit Leidenschaft hin und fühlen sich da, wo sie sind, immer wohl. Diese Strategie zeigt sich auch in ihrem Redestil, den wir Roman nennen können. Sie kommen beim Reden meist nur auf Umwegen auf den Punkt. Diese Personen vermeiden in jedem Fall die direkte Konfrontation und wirken in einer Konfrontation meist abwesend, eingeschlafen. Darunter aber brodelt die Wut.

Diese wird weiter unter Verschluss gehalten aus Angst, die darin geballte Ladung an Energie könnte gegen den Anderen gerichtet werden. Die Angst, den Anderen zu verletzen oder gar zu töten, wird durch ein weiteres Vernebeln und Einschlafen verdeckt. Diese Angst hält die Identifizierung am Laufen. Wenn dieser Angst und der Wut direkt begegnet wird, ist sie das Tor zu Gewahrsein und zur Liebe. Darin ist die direkte Erfahrung von Kraft, die ungetrennt vom Wahrnehmenden erlebt wird. Dieses Gewahrsein selbst bringt diese Fixierung aus der Trägheit zum Handeln.

Der nach außen gerichtete Zorn-Punkt

Personen dieser Fixierung fühlen im Gegensatz dazu die Wut sehr wohl. Sie sind zornig über den Verlust des Selbst und darüber, die gesamte Energie in diesem Körper gefangen halten zu müssen. Das führt zu einem Kampf mit der Umwelt, um zurückzubekommen, was ihnen zusteht. Diese Menschen geben sich oft leidenschaftlich ihrer Wollust hin und üben aus ihrem Zorn heraus gern Vergeltung, nicht zuletzt auch deshalb, weil sie sich im Recht fühlen und ihre Kompetenz nicht einmal in Frage stellen. Für diese Menschen ist es eine Frage der Gerechtigkeit, für die sie, für sich und andere, kämpfen. Du erkennst sie leicht an der Art, wie sie andere bevormunden und ihnen ins Wort fallen, wenn sie nicht mit dem übereinstimmen, was gesagt wird. Das Gefühl, kompetent zu sein, drückt sich auch in der energetischen Präsenz dieser Menschen aus. Sie drücken unweigerlich in allem Stärke aus. Ihre Zartheit und Gebrechlichkeit im Inneren zeigen sie nicht gern. Wenn aber das Herz angesprochen wird, treten sie gern für Schwächere ein und geben sich dabei einer aufopfernden Rolle hin. Schwäche wird in jedem Fall vermieden. All dies ist ein Ausdruck der eigentlichen Vermeidung von der ursprünglichen, primären Wut. Die Wut, die ständig ausgedrückt wird, ist eine mit mentalen Begründungen versehene zielgerichtete Wut. Aber gerade in dem Ausdrücken dieser Wut wird die Trance, als ein abgetrenntes Ego gegen eine feindliche Umwelt anzukämpfen, nur unterstützt. Wenn der Wut aber direkt begegnet wird, dann kann darin die grenzenlose Kraft, die sich unschuldig der Wahrheit hingibt, direkt erlebt werden.

Der nach innen gerichtete Zorn-Punkt

In dem nach innen gerichteten Zorn-Punkt wird die Wut über den Verlust des Selbst und die Identifikation, in dem Körper zu stecken, durch Wut über sich selbst erlebt. Das Bemühen nach Selbstverbesserung und der Drang nach Perfektion ist ein Versuch dieser Personen, diesen Zorn nicht fühlen zu müssen. Diese Personen bemühen sich, alles perfekt zu machen, und werden zornig über andere und über sich, wenn sie es nicht sind. Sie leben nach bestimmten, für sie geltenden Lebensphilosophien, die nicht angezweifelt werden dürfen. Teilweise können sie zur Selbstzerstörung führen. Ein gutes Beispiel ist hierzu der Priester in dem Film „Wie im Himmel", der unter seinen moralischen Ansichten leidet und sie dennoch verteidigt. Das geht so weit, dass er daran zerbricht, weil er sie selbst nicht erfüllt. Oder ein Freund von mir, der seine gesamte Lebensplanung und Alterssicherung aufgab, weil er von seinem Chef zurechtgewiesen wurde. Dies war in seinen Augen zu Unrecht. Der damit verbundene Vertrauensverlust war für ihn selbst nach der Entschuldigung des Chefs nicht mehr reparabel. Andererseits erwarten diese Personen auch von ihren Mitmenschen Perfektion. Sie neigen daher zum Predigen, was sich besonders in ihrem Redestil zeigt. Sie haben ständig einen Richter in ihrem Kopf. Diese Menschen erkennen wir auch an ihrem Zynismus und einem sehr angespannt wirkenden strengen Äußeren. Sie sind gefangen in der Leidenschaft des Zorns und der moralisch notwendigen Unterdrückung des Zorns. Wenn diese Menschen sich dem Zorn direkt zuwenden, dann können sie die Perfektion und Reinheit in der direkten Erfahrung des Selbst erkennen und heitere Gelassenheit erhellt ihr Leben.

In Selbstverbesserung und Perfektion drückt sich der Versuch aus,
Zorn nicht spüren zu müssen.

Die mentalen Fixierungen

Wenn du dich selbst als ein mentales Wesen identifizierst, glaubst du, vom Bewusstsein abgetrennt zu sein, und erlebst den damit verbundenen Angstimpuls, verloren zu sein. Aus diesem Impuls des mentalen Körpers entsteht eine energetische Wegbewegung, weg von der möglichen Bedrohung des Überlebens hin zur geistigen, mentalen Beschäftigung in der Sicherheit des Verstandes. Diese Reaktion hat nun die Möglichkeit:

- Sich davon ganz zu dissoziieren (zentraler Angst-Punkt)
- Sich nach außen zu wenden (nach außen gerichteter Angst-Punkt) oder
- Sich nach innen zu wenden (nach innen gerichteter Angst-Punkt).

Ich werde dir jetzt diese Möglichkeiten einzeln beschreiben, vielleicht kannst du dich ja in der einen oder anderen wiederentdecken.

Der zentrale Angst-Punkt

Menschen dieser Fixierung, im zentralen Angst-Punkt, nehmen die Angst meist gar nicht wahr. Die Angst zeigt sich aber ganz klar im Misstrauen und paranoidem Verhalten den anderen Menschen und der Umwelt gegenüber. Zum Beispiel wird hinter dem Verhalten anderer eine Motivation vermutet, die dem eigenen Verstand entspringt und auf den Anderen projiziert wird. Diese mentale Strategie stellt einen Abwehrmechanismus dar, um mit der eigenen Paranoia klarzukommen. Die endlosen Gedankenschleifen werden vom Zweifel genährt. Im Gespräch werden ständig Grenzen gesetzt, um die eigene Sicherheit im Leben zu gewährleisten und somit die Angst handhabbar zu machen. Personen dieser Fixierung greifen gern die Hierarchie an, aber nur so lange und kontrolliert, wie sie dabei sicher sind. Ansonsten verhalten sie sich aber loyal, was sich ganz besonders darin zeigt, dass abweichendes Verhalten vermieden wird. Ganz besonders auffallend zeigen sich hier die Unterschiede in der Ausprägung der animalischen Triebe. Der Umgang und das Verhältnis zur Angst sind sehr unterschiedlich. Während sich sexuelle Typen hier eher kontraphobisch der Angst gegenüber verhalten und Stärke und Schönheit ausdrücken, sind sich die Selbsterhaltungstypen der Angst sehr gewahr und können ihre Angst auch nicht verbergen. Die Bereitwilligkeit und der Mut, der Angst direkt zu begegnen, führt zur leeren, reinen Intelligenz, dem direkten Erleben und Vertrauen der Stärke, die unter dieser Angst liegt.

Der nach außen gerichtete Angst-Punkt

Richtet sich die Wegbewegung der Angst nach außen, werden Personen dieser Fixierung, anstatt den Schmerz über den Verlust des Selbst durch die Identifizierung als ein abgetrenntes Ego zu spüren, lieber Pläne im Kopf schmieden und sich Gedanken für die Zukunft machen, wie es wieder gut wird. Sie fantasieren darüber, wie es sich dann anfühlen wird. Sie werden sich selbst und anderen immer

Durch vorbeugendes Misstrauen und paranoides Verhalten anderen und der Welt gegenüber wird das Spüren der eigenen Angst vermieden.

wieder klarmachen, dass sie okay sind. In ihrem Hunger nach Erfahrungen zeigen sie sich unersättlich. Diese Personen erheitern uns gern mit ihrer Fähigkeit, Geschichten zu erzählen. Aber sie wehren mit ihrem rationalen Verstand jede Gefahr ab, die ihnen ihren emotionalen Schmerz vor Augen führen könnte. In ihrer Rationalität sehen sich diese Personen als mental erleuchtet. Ihre Emotionalität wird seicht und oberflächlich gehalten und mit einem Lachen überspielt. Im direkten Erleben dieses Schmerzes und der Angst davor liegt aber die große Chance zu entdecken, was darunter liegt. Wenn alles Planen und Konzeptualisieren fallen gelassen wird in der Hingabe an die Nüchternheit, wird die Erfüllung erlebt.

Der nach innen gerichtete Angst-Punkt

Wenn sich die Angst nach innen richtet, wird zusätzlich zu der energetischen Wegbewegung die Angst so klar wahrgenommen, dass alles kontrahiert. Diese Strategie führt zur Zurückgezogenheit.

Durch diese Zurückgezogenheit versuchen diese Personen auch ihr direktes Umfeld, ihr Hab und Gut habsüchtig zusammenzuhalten.

Sich von der Angst wegzubewegen, zeigt sich im Planen und Nachdenken über eine glücklichere Zukunft.

Das Verlustgefühl, nicht Eins mit Allem zu sein, wird durch Rückzug, Isolation und Ausweichen in mentale Gedankenspielereien kompensiert. In der Zurückgezogenheit fühlen diese Personen sich sicher und beobachten das Geschehen aus dieser Sicherheit. Die Position des Beobachters ist aber eine Falle, die das Ego nur noch mehr füttert, und zu weiterer Vereinsamung führt. Um nicht selbst als Person in Erscheinung treten zu müssen, werden sie stattdessen lieber mit Fakten in der mitmenschlichen Kommunikation in Erscheinung treten, die sie den Mitmenschen als Abhandlung präsentieren. Hinter dieser Fassade der Zurückgezogenheit lebt der eigentliche Nonkonformist, der sich in seiner Isolation arrogant über alle anderen stellt. Wenn allerdings der Angst direkt begegnet wird, kann der unbegrenzte Frieden und die Allwissenheit erlebt werden, ohne der Anhaftung an diese erlegen zu sein.

Sich von der Angst nach innen zurückzuziehen,
zeigt sich im habsüchtigem Zusammenhalten von Hab und Gut.

Die emotionalen Fixierungen

Wenn du dich selbst als ein emotionales Wesen wahrnimmst, dann glaubst du, die Liebe verloren zu haben. Nun sind all deine Anstrengungen darauf ausgelegt, diese Liebe wiederzuerlangen. Da die eigentliche Liebe durch die Identifizierung als ein abgetrenntes, separates Ego verschleiert wird, suchen diese Personen im Außen nach der Liebe. Wenn sie schon nicht um ihrer Selbst willen geliebt werden, dann dafür, was sie darstellen oder tun, und daher versuchen Personen mit dieser Fixierung ein bestimmtes Image von sich zu produzieren. Natürlich haben diese Personen eine mentale Begründung für diese emotionale Bedürftigkeit. Diese Strategie ist energetisch gesehen eine Hin-Bewegung.

Die emotionale Fixierung hat nun drei weitere Möglichkeiten, sich zu zeigen:

- Sich davon ganz zu dissozieren (zentraler Image-Punkt)
- Sich nach außen zu wenden (nach außen gerichteter Image-Punkt) oder
- Sich nach innen zu wenden (nach innen gerichteter Image-Punkt).

Ich werde dir jetzt diese Möglichkeiten einzeln beschreiben, vielleicht kannst du dich ja in der einen oder anderen wiederentdecken.

Der zentrale Image-Punkt

Personen mit der Fixierung im Zentrum dieser energetischen Hinbewegung verleugnen das Bedürfnis nach Liebe. Diese Personen haben sich von Emotionen abgetrennt und wirken oft, als habe niemand in diesem Körper gelebt. Sie machen sich vor, alles im Leben allein zu schaffen. Das Wichtigste ist, akzeptiert zu werden für all das, was sie tun und im Leben schon alles erreicht haben.

Liebe ist, nach ihrer Überzeugung, für sie nicht erreichbar, da sie selbst nicht liebenswert sind. Stattdessen sind diese Menschen effizient und erfolgreich. Das lassen sie dich auch wissen, denn sie reden

Emotionale Bedürftigkeit wird durch Effizienz und Erfolg vermieden und kompensiert.

im Propagandastil von ihrem Erfolg, so als ob sie dieser wären. Sollten sie tatsächlich einmal nicht erfolgreich sein, dann werden sie so tun als ob, oder sie phantasieren darüber, dass sie erfolgreich wären. Da Erfolg in dieser Fixierung ein Maßstab für Liebe ist, identifizieren sich diese Personen mit dem, was sie tun oder darstellen. Versagen wird auf jeden Fall vermieden. In dem direkten Erleben dieser Bedürftigkeit können sie aber ungetrennte Liebe und Mitgefühl direkt erleben und ihr Leben in Wahrhaftigkeit leben.

Der nach außen gerichtete Image-Punkt

Wenn sich diese Bedürftigkeit nach außen richtet, wenn verlorene Liebe im Außen erwartet wird, dann muss die Umwelt manipuliert und verführt werden. Diese Personen erwarten, dass sie mit Liebe dafür bezahlt werden, was sie alles für dich tun. Personen dieser

Fixierung geben sich sehr hilfreich und tun alles für dich, damit du sie liebst. Sie geben Ratschläge und tun gern selbstlos, indem sie ihre eigenen Bedürfnisse hintenan stellen. Allerdings erwarten sie für all das, was sie für dich tun, auch eine Gegenleistung, nämlich geliebt zu werden. Das werden sie auch nur in den Taten erkennen, die du dann für sie erbringst. Es liegt ein unglaublicher Stolz in ihrer Aufopferungsbereitschaft. Die unbeschreibliche Freiheit unter diesem grundsätzlichen Bedürfnis nach Liebe direkt zu erleben, kann durch die unentwegte Suche danach im Außen nicht erkannt werden. In der Bereitschaft dazu, dieses Bedürfnis aber doch einmal direkt zu untersuchen, kann sich der Stolz, sich um das Wohl der Anderen zu kümmern, in Demut und Güte angesichts der allumfassenden Liebe wandeln.

Nach außen gerichtete emotionale Bedürftigkeit wird ausgelebt durch Manipulation und Verführung in der Hoffnung auf Liebe.

Der nach innen gerichtete Image-Punkt

Wenn sich diese Bedürftigkeit nach innen richtet, wenn die verlorene Liebe im Inneren gesucht wird, gleichzeitig jedoch dieser Verlust innerlich so stark wahrgenommen wird, dann führt das zu einer grundsätzlichen Verzweiflung.

Diese Personen spüren einen tiefen, nicht gutzumachenden Makel tief in ihrem Inneren und sehen sich so auf tragische Weise vom Leben gezeichnet. Dieser Makel wiederum erzeugt weitere negative Emotionen im Leben wie Neid auf die Anderen, die es alle viel besser haben. Das Leben wird in einer grundsätzlichen Melancholie gelebt. Diese Personen lamentieren, wenn sie reden. Die Freude, von der sie so tragisch getrennt sind, erleben sie erst, wenn sie sich dem nicht untersuchten Gefühl des Verlorenseins zuwenden. Denn unter diesem Gefühl wartet diese Freude. Im direkten Erleben der Freude, die sie so vermisst haben, erkennen sie, dass diese Freude direkt aus dem Ursprung gespeist wird, von dem sie nicht getrennt sind. Dann kann Gleichmut ihren Weg erhellen.

All diese Fixierungen sind Strategien, Muster mit dem Schatten umzugehen, der durch die illusorische Trennung vom Selbst entsteht. Durch die Identifizierung mit dieser Trennung entsteht das Ego, das sich von dem Licht der Sonne abgewendet hat und sich nun in dem Schatten erkennt. Das ist ein (un)bewusster Akt und die Verantwortung dafür liegt einzig in der Identifizierung mit dem Ego. Wenn du also bereitwillig bist, direkt zu erleben, wer du bist oder was deine Natur ist, dann kannst du dich direkt diesem Selbst zuwenden. Das geht aber nicht, solange du dich selbst für diesen Schatten hältst, zutiefst davon überzeugt bist, ohne das direkt untersucht zu haben. Der Weg dazu ist, die Trennung von Licht und Schatten zu beenden und sich der Sonne zuzuwenden. Dann kann die Kraft der Sonne alles erwärmen und alles durchleuchten und erstrahlen lassen.

Der Knoten des Egos

„Das persönliche Gebilde, das seine Existenz mit dem Leben
in einem physischen Körper gleichsetzt und sich selbst als ‚Ich'
bezeichnet, ist das Ego. Der physische Körper, der an und für sich
unbewegt ist, besitzt kein ‚Ich'-Bewusstsein.
Das Selbst, das reines Bewusstsein an sich ist,
besitzt kein ‚Ich'-Bewusstsein.
Geheimnisvollerweise erscheint zwischen diesen beiden
das ‚Ich'-Bewusstsein, der ‚Ich'-Gedanke. Dieses Ego oder
die getrennte persönliche Identität bildet die Wurzel allen Leidens
im Leben.
Deshalb ist es mit allen zur Verfügung stehenden Mitteln
zu durchschauen.
Das ist Befreiung oder Erleuchtung oder Selbsterkenntnis."

Ramana Maharshi

Mit einem Knoten können wir eine Verknüpfung von Seilen oder Fäden herstellen, mit denen sich Gegenstände befestigen, verschnüren oder miteinander verbinden lassen. Eine ebensolche Verbindung stellt das Ego dar – es ist das Verbinden von Aspekten, die von ihrer Natur her grundsätzlich ungetrennt sind. Erst durch das Ego, den „Ich"-Gedanken, wurden sie aufgetrennt, nämlich in „Ich" und Umwelt, nur um anschließend wieder in Beziehung gesetzt zu werden in dem Versuch, wieder ganz zu werden.

In dem normalen, fortschreitenden Aufbau des Egos zeigt sich dann dieses weitere Verschnüren und Befestigen von Teilen, die weder zusammengehören, noch von selbst zusammenfinden würden oder zusammenbleiben würden. Und wie bei einem richtigen Knoten entsteht die Haltbarkeit und Festigkeit des Egos dadurch, dass es einem Zug in eine bestimmte Richtung ausgesetzt wird.

Egal, wie stark oder leicht wir ziehen, der Knoten zieht sich immer mehr zu. Und wenn wir die Natur oder die Struktur des Knotens nicht kennen, kann es uns leicht passieren, dass wir in unserem Bestreben, den Knoten zu öffnen, am Ende mit einem verfestigten, verhärteten Knäuel dastehen, das zwar so manchem Sturm zu widerstehen in der Lage ist, aber auch in sich selbst sehr unflexibel wird.

Das Ego gleicht einem Knoten, der umso enger wird,
je mehr du daran festhältst, zerrst und ziehst.

Wenn wir aber die Struktur des Knotens erkennen, ist es leicht, diesen zu öffnen und die zusammengebundenen Teile wieder zu lösen und freizugeben.

Die Teile, die im Ego zum Knoten geknüpft werden, sind aus der künstlichen Trennung im Verstand in „Ich" und „Umwelt" entstanden. Die einzelnen Gedankenfäden darüber und die Identifizierung mit diesem separierten „Ich" durch den „Ich"-Gedanken verknoten es weiter. Das Ego stellt die Identifizierung mit dem Knoten dar, der die Gedankenfäden immer wieder spinnt und zusammenhält. Dieser Knoten stellt die Wurzel der Identifikation dar und ist sozusagen der Gordische Knoten, den es zu durchschlagen oder zu lösen gilt, wenn wir direkt erleben wollen, wer oder was wir sind.

Meist jedoch wird dieser Knoten weder in den Therapien noch in den vielfältigen spirituellen und esoterischen Erleuchtungsmethoden angerührt. Er wird vielmehr als Grundlage und Startpunkt oder als Basis für weiteres Wachstum und Entwicklung verwendet. Das ist insofern sehr tragisch, als dass es den Knoten nur noch verstärkt, verschweißt und verpackt und somit das Kernproblem in Vergessenheit geraten lässt. Es stellt sich jedoch für jeden von uns an genau dieser Stelle die Frage danach, was wir wirklich wollen. Wenn du an der Linderung deines persönlichen Leids interessiert bist und deine Trance gegen eine bessere Trance eintauschen möchtest, dann vergiss den Knoten und das oben Gesagte. Und es ist sicher besser, ein Leben mit einer positiven und attraktiven Trance zu leben als mit einer negativen und unerfreulichen. Aber wenn du deine ureigene Natur direkt erleben willst und dem Leiden ein grundsätzliches Ende bereiten möchtest, ist dieser Knoten dein Eingangstor.

Allzu oft wird der Egoknoten in einer Therapie nicht angerührt, obwohl er als Tor zum direkten Erleben des Selbst genutzt werden kann.

Diesen Knoten erleben wir alle direkt. Es ist dieses Gefühl tief drinnen, dass es jetzt um mich geht. Es ist der Punkt, an dem du sagst: „Bis hier und nicht weiter, das bin ich, wenn ich jetzt nicht dies oder das mache, dann ..." Dies ist genau der Punkt, an dem sich entscheidet, ob ich bereit bin, tiefer und genauer hinzuschauen, um die Struktur des Knotens zu erkennen und diesen zu lösen. Damit wird es möglich, direkt zu erleben, was vor dem Knoten liegt oder woraus er besteht. Oder will ich weiter in meiner Trance eines separaten „Ichs" bleiben? Den Unterschied kannst du nur direkt – im Hier und Jetzt – erleben und nicht, indem du dir darüber Gedanken machst.

Aus der Sichtweise eines separaten abgetrennten „Ichs" tauchen immer wieder Bilder auf. Es ist so, als wenn ganz tief hinten im Kopf zwei kleine Augen sind oder eine kleine Kamera existiert, die alles beobachtet und beschreibt, was sie sieht. Das genau ist dein sich separierender Beobachter. Dieser kann jetzt entweder weiter alles aus seiner Perspektive tief hinten im Kopf beschreiben – also weiter in Gedankenschleifen bleiben. – oder in das, was er sieht, hineinfallen. Hineinfallen heißt, direkt zu erleben, wie es sich anfühlt und was emotional erlebt wird. Mache bitte einmal folgendes Experiment:

> Für den folgenden Versuch schließe bitte die Augen und richte deine ganze Aufmerksamkeit auf das, was du dir gerade in diesem Augenblick gewahr bist. Was immer dies ist – was, wenn genau dies, das, was in deinem Gewahrsein ist, ein Signal für dich ist, tiefer zu entspannen? In dieser Entspannung kannst du vielleicht erleben, wie du beginnst tiefer zu sinken … auf eine tiefere Ebene … jenseits der oberflächlichen Ebene der Gedanken … und was, wenn du, während du da hineinsinkst, deine Aufmerksamkeit wegnimmst von den körperlichen Sensationen, weg von den Gedanken, und dem zuwendest, der sich all dessen gewahr ist …

Oder aber vielleicht nutzt du eine Empfindung, ein Gefühl oder eine ungelöste Situation in deinem Leben, die für dich mit einer gewissen Ladung behaftet ist, für dieses Experiment. Dann kannst du dies als Startpunkt nutzen.

> Für den folgenden Versuch nimm ein Gefühl oder eine Empfindung, die dir gerade präsent sind, und lass dich ganz da

hineinfallen, indem du deine Aufmerksamkeit darauf richtest. Beobachte genau, was passiert. Nimm wahr, was du erlebst, während du dich ganz dem Hineinfallen hingibst. Vielleicht siehst du Bilder oder hörst etwas. Nimm es einfach wahr, ohne irgendetwas damit zu machen. (Wenn du vielleicht bemerkst, wie du von einem bestimmten Ort aus wahrnimmst, der von dem, was wahrgenommen wird, unberührt bleibt, dann …)

Lass jetzt auch den, der all das wahrnimmt, der die Bilder sieht und die Töne hört, ganz in die momentane Erfahrung hineinfallen … ganz in diesen Augenblick hineinfallen … ganz dieses direkt erleben.

Ich kann natürlich nicht wissen, was du erlebt hast. Aber aus meiner eigenen Erfahrung und den Berichten all derer, die ich in der Selbsterforschung unterstütze, ist da dieser Moment, in dem der Verstand ganz ruhig ist, keine Gedanken da sind und keine Aufmerksamkeit auf den physischen Körper und die körperlichen Empfindungen und Sensationen gerichtet ist. Und dann öffnet sich der Raum für Etwas jenseits der Worte, jenseits von Raum und Zeit und der Idee von „mir und meinem Leben". Etwas, das immer da ist, da war,

Das ist direktes Erleben.

grenzenlos und voller Freude, Liebe und Frieden ist (Worte, die das Erlebte am ehesten beschreiben). Das ist deine wahre Natur, das ist das Selbst, das sich in allem zeigt und nicht kommt und geht oder verloren gehen kann.

Die Möglichkeit besteht, dein Leben aus der Tiefe dieser Erkenntnis heraus direkt zu leben und zu erleben. Und im Grunde ist es das, was ohnehin passiert, ob du dir dessen gewahr bist oder nicht. Das einzige Hindernis zu einem Leben in dieser bewussten Erkenntnis ist die unbewusste Identifizierung damit, dieser Körper, diese Gedanken und Empfindungen zu sein, mit all seinen Bedürfnissen, Wünschen, der Geschichte, der Zukunft und der Vergangenheit. Und der Beginn dieser Identifizierung beginnt mit dem ersten „Ich"-Gedanken.

In dem direkten Erleben selbst, wenn der Verstand ruhig ist und die Gedanken abgeschaltet sind, gibt es kein „Ich". Da war kein „Ich", und doch war etwas da, etwas, das sich nicht ändert, etwas, das da war, bevor du da warst, nachdem du da bist und in all den Augenblicken dazwischen. Das ist, wer du wirklich bist, und es ist so vertraut und wird doch immer übersehen in dem Glauben an und der Identifizierung mit: „Ich bin … (wie immer dein Name lautet)".

Weitere Trancen

„Elefanten versuchen nicht Giraffen oder Schwalben zu werden,
Radieschen versuchen nicht Rote Beete zu werden.
Aber wir versuchen zu sein, was wir nicht sind.
Wir ersticken in Idealen, die unerreichbar sind
oder die nur auf unsere eigenen Kosten erreicht werden können.
Wir gehen auf Zehenspitzen, um nur ja nirgendwo anzustoßen,
und werden schließlich ärgerlich auf unsere Zehen,
wenn sie uns weh tun."

Bruno-Paul de Roeck

Der Beginn der Identifikation ist der „Ich"-Gedanke. Diese Identifizierung mit diesem „Ich"-Gedanken ist das, was wir zu sein glauben. Der im vorherigen Kapitel beschriebene Knoten des Egos stellt die Basis aller weiteren Trancen in unserem Leben dar, von denen ich einige hier vorstellen möchte. Es kann sehr überraschend und befreiend sein, uns einige unserer alltäglichen Trancen bewusst zu machen.

Trancen sind nicht falsch oder schlecht und wir müssen sie weder bekämpfen noch verbessern. Sie sind schlicht illusionäre Geschichten, die auf der Identifizierung mit dem „Ich"-Gedanken beruhen. Ich behaupte hier einmal, dass dein tägliches Leben aus einer Vielzahl von Trancen besteht, deren illusionären Charakter du jederzeit aufdecken kannst. Sie sind ein natürlicher Aspekt des Bewusstseins, die immer dann auftreten, wenn wir unseren Fokus einengen, wie z. B. beim Lesen, Denken, Autofahren, Fernsehen. Die Trance ist ein natürlicher Zustand, egal ob er leidvoll oder befriedigend ist. Jedoch können Trancen missverstanden werden, wenn wir sie für real halten, und wenn wir unbewusst und gewohnheitsmäßig in ihnen leben und sie uns gefangen nehmen, ohne dass wir bewusst mitbekommen, was passiert und wie sie funktionieren.

Ich behaupte, dass du kein Hypnotiseur zu werden brauchst, um in eine tiefe hypnotische Trance zu fallen. Denn du bist bereits ein Meisterhypnotiseur und zugleich dein eigenes Objekt, das du jeden Tag hypnotisierst. Wir alle sind Meister der Trancen. Wir leben in Vorstellungen und in Geschichten der Vergangenheit oder der Zukunft. Wir hängen eine Trance an die andere, wobei wir meist übersehen, was immer da ist und nicht kommt und geht. Denn das, was kommt und geht, ist mal da und mal nicht. Das ist eine Illusion.

Das, was nicht kommt und geht und immer da ist, ungetrennt, vollständig, grenzenlos und leer, frei und glücklich, ist wirklich. Das ist deine Natur.

Hier nun einige kurze Beispiele der alltäglichen Trancen, die ich beobachtet habe.

Du bist bereits ein Meister der Hypnose
und setzt dich jederzeit selbst in Trance.

Die Altersregression

Von einer Altersregression sprechen wir, wenn eine Erinnerung präsent ist und vergangene Emotionen und Gefühle wieder erlebt werden. Das kann sich manchmal auch darin äußern, dass wir vielleicht auf eine kindliche oder bedürftige Ausdrucksweise zurückfallen. Ein Beispiel für eine Altersregression ist das Verfallen in Babysprache, das beim Zusammentreffen von Personen aller möglichen Altergruppen auftritt.

Mit fortschreitendem Alter scheint die Häufigkeit, die Altersregression zu halluzinieren, zuzunehmen. Typisch ist diese Trance auch beim Zusammentreffen alter Schulfreunde oder Weggefährten.

In einer Altersregression sind Erinnerungen präsent und vergangene Emotionen und Gefühle werden wieder erlebt, anstatt den gegenwärtigen Moment direkt zu erleben.

Dabei bildet die Altersregression einen emotionalen Anknüpfungspunkt für alle Beteiligten: „Weißt du noch, wie wir damals in der Schule …?"

Die Zukunftstrance

Im Gegensatz zur Altersregression ist die Zukunftstrance eine in die Zukunft projizierte Vorstellung oder Idee. In einer Zukunftstrance stellen wir uns vor, wir durchlebten ein illusionäres, mögliches, zukünftiges Szenario. Zukunftstrancen erfreuen sich gerade bei der großflächigen Manipulation der Bevölkerung durch die Medien erstaunlicher Beliebtheit. Vergleiche doch einmal die Absolutheit, mit der Wissenschaftler Prognosen über die Klimaentwicklung der nächsten Jahrzehnte stellen, die die Bevölkerung in Angst und Schrecken versetzen, damit, wie hoch deren Trefferquote bei der Vorhersage des Wetters für die nächste Woche oder in der 14-Tage-Prognose ist.

Die Kirchen haben sich ebenfalls seit jeher dieses Trancetyps bedient, um ihre Anhänger mit düsteren Prognosen zu einem ihnen genehmen Lebenswandel zu bewegen. So versprechen sie ein Leben im Himmel, wenn du dich nach ihren Geboten verhältst. Oder sie drohen mit dem Leid im Fegefeuer der Hölle, solltest du sie nicht befolgen. Das hat nichts damit zu tun, ob diese Gebote richtig oder falsch sind, sondern nur damit, ob sie aus einem Dogma oder dem direktem Erleben des Einzelnen stammen.

Versicherungsgesellschaften nutzen Zukunftstrancen ganz gezielt, um uns durch das Prognostizieren zukünftiger Sicherheit beim Abschluss einer Versicherung zum Abschluss einer solchen zu bewegen.

Auch wir selbst bedienen uns gern dieser Tranceart. Zum Beispiel, wenn wir uns den nächsten Urlaub vorstellen: „Wenn ich endlich Urlaub habe, fliege ich in den Süden, und dann habe ich Sonne ohne Ende und bin glücklich!"

Die Illusion der Zeit

Im direkten Erleben des Augenblicks erkennst du, dass sowohl Vergangenheit als auch Zukunft eine Illusion sind. Genauso siehst du, wie auch die Existenz einer persönlichen Geschichte nur im Lichte einer halluzinierten Identitätstrance real erscheint. Um in eine persönliche vergangene Geschichte einzusteigen, musst du dich vom direkten Augenblick dissoziieren. Die Idee von einer Person, die eine persönliche Geschichte hat und aufgrund dieser von alten Wunden und Traumata geheilt werden muss, ist ebenfalls eine Trance. So kann in der Therapie der Gebrauch der Altersregression sehr nützlich und hilfreich sein. Aber wenn diese dazu benutzt wird, die Trance zu unterstützen, dass du deine Vergangenheit heilen musst,

In einer Zukunftstrance wird der gegenwärtige Augenblick vermieden, indem ein zukünftiges Ereignis vorgestellt wird.

Es ist ebenso eine Trance, anzunehmen, eine Person mit einer individuellen Geschichte zu sein und diese heilen zu müssen.

um vollständig und frei zu werden, dann ist das weniger hilfreich. Es ist eher schädlich und hinderlich im Hinblick auf das Erkennen und Erleben dessen, wer du bist.

Dissoziationstrance

Von einer Dissoziationstrance sprechen wir, wenn wir uns abspalten von Emotionen, vom Körper, von äußeren Reizen von Stimulationen oder generell vom direkten Erleben des Augenblicks. Schon der erste „Ich"-Gedanke stellt eine solche Dissoziation dar. Sicherlich kennen wir das von Menschen, denen wir ansehen, dass sie innerlich vor Wut kochen. Und trotzdem behaupten sie von sich selbst, überhaupt nicht ärgerlich zu sein.

Negative Halluzination

Bei einer negativen Halluzination sehen, hören oder fühlen wir etwas nicht, das im Moment da ist. Diese Trance halluzinieren wir, wenn wir uns z. B. ungeliebt fühlen, selbst wenn unsere Umgebung uns sehr viel Liebe entgegenbringt.

Gefangen in einer negativen Halluzination, siehst, hörst oder spürst du nicht, was im Moment da ist.

Positive Halluzination

Sehen, hören oder fühlen wir allerdings etwas, was im Moment gar nicht da ist, sprechen wir von einer positiven Halluzination. Eine typische Situation hierfür ist zum Beispiel, wenn unser Partner am Computer sitzt und arbeitet, während wir daraus entnehmen, dass er uns nicht mag.

Veränderte Wahrnehmung

Bei einer veränderten Wahrnehmung haben wir eine übermäßige oder abgestumpfte Wahrnehmung, zum Beispiel von Körperteilen oder Empfindungen. Wir schauen vielleicht in den Spiegel und sehen uns zu dick, auch wenn wir unser Idealgewicht weit unterschritten haben. Eine solche Situation wird in dem Film „What the Bleep do we know?" sehr schön filmisch umgesetzt. Eine extreme Form dieser Trance kann zur Bulimie führen.

Hypnotische Träume

Hypnotische Träume sind Tagträume oder Phantasien, die eine Möglichkeit bieten, dem momentanen Erleben auszuweichen. Eine Sonderform, die auch therapeutisch genutzt wird, ist die posthypnotische Suggestion, bei der während einer induzierten Trance Suggestionen vorgeschlagen werden, die später zu subjektiven Erfahrungen führen: „Und von nun an wirst du mit jedem Atemzug immer glücklicher und entspannter!"

Identitätstrance

An der Wurzel aller Trancen liegt die Identitätstrance. Diese Trance führt zu der Fehlannahme eines separat existierenden „Ichs". Und der Gedanke limitiert das Leben auf fälschliche Weise und erzeugt Leid im Leben. Eine separate Identität ist weder wirklich noch wahr, kostet aber sehr viel Energie und Tun. Die Identitätstrance baut auf unserer Vorstellung von uns selbst auf, wie wir uns einschätzen, uns empfinden und repräsentieren oder was wir besitzen. Es gibt zahlreiche Identitätstrancen, einige sind auf Altersregressionen oder Zukunftstrancen begründet, andere auf Bezugspersonen, Gegenständen, Beruf, Besitz oder Erfahrungen. Dabei ist es im Hinblick auf die Trance selbst vollkommen egal, wie diese Identitätstrance aussieht, ob wir uns als intelligent oder dumm, stark oder schwach, schön oder hässlich, Gewinner oder Verlierer sehen. Es ist und bleibt eine Trance und als solche entbehrt sie jeglicher Realität.

Rollentrance

Basierend auf der Identitätstrance leitet sich die Rollentrance ab, die besonders im zwischenmenschlichen Bereich einsetzt. Wir erkennen sie in der Eltern-Kind-Beziehung oder in der Partnerschaft, zwischen Arbeitskollegen oder unter Freunden. Wer kennt das Rollenspiel nicht, dass Kinder im Haus ihrer Eltern der kleine Junge oder das kleine Mädchen bleiben, auch wenn er oder sie nun schon im Ruhestand sind?

Kontinuitätstrance oder Lebenstrance

Das, was wir die Geschichte unseres Lebens nennen, ist eine Fiktion. Sie könnte mit einer Seifenoper oder einem Fernsehfilm verglichen werden. Wir nennen diese Trance eine Kontinuitätstrance oder Lebenstrance. Sie besteht aus einer Aneinanderreihung von fortlaufenden Geschichten (Trancen), genau wie in einem Film, der aus einer Aneinanderreihung von einzelnen Bildern oder Bildsequenzen besteht. Die einzelnen Geschichten sind die einzelnen Trancen und die Aneinanderreihung, der rote Faden darin ist die Lebenstrance. Meist können wir nicht von ihr ablassen und steigen immer wieder in diese Trance ein, weil wir zutiefst davon überzeugt sind, dass dies unsere „Persönliche Geschichte" ist[24].

In einer Rollentrance siehst du dich und andere
in einer bestimmten, vorgefestigten Rolle.

Spirituelle Trancen

Einen gewissen Sonderfall unter den Trancen bilden meines Erachtens die spirituellen Trancen. Sie verbergen sich unter einem weiteren Deckmantel und überlagern die Identitätstrance. Dies sind besonders hartnäckige Trancen, die von Personen halluziniert werden, die schon über einige spirituelle Erfahrungen verfügen. Der Deckmantel besteht darin, sich gern „freier" und „weiterentwickelt" zu wähnen. Diese Art von Trancen erweckt den Eindruck, in die Freiheit zu führen.

Da diese Personen häufig schon unterschiedlichste Therapien ausprobiert und viele esoterische Methoden studiert und geübt haben, die eine gewisse Erleichterung des Leides oder eine Verbesserung der Lebenssituation gebracht haben, scheint es besonders schwierig, von diesen Trancen abzulassen. Durch die Illusion, auf dem Weg zum Freisein und Glücklichsein zu gehen, scheint keine Notwendigkeit zu bestehen, anzuhalten und den Augenblick direkt zu erleben. Die Idee,

Spirituelle Trancen wie „Chakren reinigen" oder „mit dem inneren Kind arbeiten" erwecken den Eindruck, in die Freiheit zu führen.

einen solchen Weg zur Freiheit gehen zu können, setzt aber voraus, von eben dieser Freiheit getrennt zu sein, und dass es ein „Ich" gibt, das diesen Weg gehen könnte. Und das sind beides Illusionen.

Eine typische spirituelle Trance ist z. B. „die Arbeit mit dem inneren Kind", das geheilt oder getröstet werden muss. Oder die Idee: „Ich reinige und stärke meine Chakren und dann bin ich heilig und rein". Oder „Ich arbeite an meinen inneren Prozessen" und „reinige meine Energien" mit dem Ziel, dadurch frei zu werden. Einer weit verbreiteten esoterischen Ansicht zufolge, beruht dies auf der Vorstellung, dass früher erlebte Emotionen unsere Zellen beschädigt haben und daraus im Laufe der Zeit unser Unglück und unsere Krankheit entstehen.

Wenn es die Gesundheit ist, die dabei im Vordergrund steht, ist all diese Arbeit gut und nützlich und erfüllt ihren Zweck. Dadurch kann unser aller Leben bereichert werden. Aber sie geben uns keine Freiheit und bringen uns kein Glücklichsein, denn sie halten uns weiter in der Trance gefangen, unvollständig, unfertig und ungenügend zu sein. Solange wir das jedoch glauben und uns damit identifizieren, können wir nicht frei und glücklich sein.

Eine weitere typische Trance, die gern und häufig halluziniert wird, ist zum Beispiel die Idee, dass wir ein begrenzter Körper sind, in dem all die Energie und das Wissen steckt und zusammengehalten werden muss. Beliebt ist auch die Trance, dass wir alle eine bestimmte Aufgabe auf dieser Welt zu erfüllen haben. Nur durch diese verleihen wir unserem individuellen Leben einen Sinn. Weitere Trancen sind zum Beispiel Ideen, in einem Prozess zu stecken, zu wachsen, die persönliche Geschichte zu klären und vieles andere.

Diese letztgenannten Trancen werden häufig auch in Therapieverhältnissen gepflegt. Daher kann es sehr nützlich sein, diese als solche zu erkennen. Häufig werden diese Trancen durch Metaphern ausgelöst, wie zum Beispiel „Inneres Kind". Sie können in der Therapie, zum Beispiel beim Verankern von positiven Signalen, durchaus ihren Sinn haben. Sie sind aber nicht mehr von Nutzen, wenn der Wunsch, frei und glücklich zu sein, Priorität erhält, und um direkt zu erleben, wer wir sind. Metaphern beziehen sich auf den eigenen Körper. Sie

In einer Identitätstrance wird geglaubt,
bestimmte Aufgaben auf dieser Welt erfüllen zu müssen,
um dadurch dem eigenen Leben einen Sinn zu verleihen.

können jedoch nicht auf das Bewusstsein angewandt werden. Wenn sie jedoch in diesen Bezug gesetzt werden, dann unterstützen sie nur die Idee von einer separierten Identität, die etwas tun muss, um ein Problem zu lösen.

Als eine Art Wunschgedanke geistert immer wieder eine beliebte Trance herum. Es ist die Idee, dass irgendwann, wenn wir nur diszipliniert genug leben und all die Übungen korrekt ausführen, die Erleuchtung oder Freiheit plötzlich mit einem Schlag eintritt. Ab dann sind wir nur noch glückselig und laufen mit einem Lächeln im Gesicht herum und kein Gedanke kann uns mehr quälen. Das wäre sehr schön, aber meistens ist es anders und wir werden immer wieder in unserer Bereitwilligkeit getestet, den „Ich"-Gedanken, eine separate Person zu sein, nicht mehr anzufassen und dauerhaft aufzugeben. Entsprechend deiner eigenen Vorlieben und deinem eigenen Lebensstil wirst du Gelegenheit haben, deine Bereitwilligkeit dazu zu erproben. Deine Hingabe, dem treu zu sein, was du wirklich willst, ist entscheidend, um nicht dem alten Trott zu verfallen. Es ist wie bei einem Alkoholiker, der, nachdem er entwöhnt ist, keinen Alkohol mehr anrühren darf. Und wie gesagt, all diese Trancen sind sozusagen der vermeintliche Ausweg aus dem Leiden, eine in die Zukunft projizierte Freiheit. Die Freiheit eines „Ichs", das sich selbst an der Wurzel als ungenügend, unvollständig und unfrei erlebt, in allen mögliche Variationen. Solange wir übersehen, dass dies die eigentliche Trance ist, bildet sie den Nährboden für all die anderen Trancen, die vielleicht für eine gewisse Zeit unterdrückt oder verändert, aber nicht beendet werden können.

Trancen von Therapeuten

Gerade in der Arbeit mit Klienten ist es natürlich für den Therapeuten sehr nützlich, neben den Trancen seiner Klienten auch seine eigenen zu erkennen. Häufig gibt es hier einige typische Trancen, die sehr limitierend für Therapeut und Klient sein können und vor allem dem

Mit Trancen ist es wie mit dem Alkohol: Bist du süchtig, rühr sie nicht an.

Anspruch des Klienten an den Therapeuten in keiner Weise gerecht werden. Und auch hier möchte ich mit aller Dringlichkeit klarstellen, dass Trancen weder gut noch schlecht sind. Trancen können sehr bewusst zur Heilung eingesetzt werden. Nur in dem Erkennen, wer wir wirklich sind, erweisen sie sich als hinderlich.

Eine dieser Trancen zeigt sich darin, sich nicht einzulassen oder nicht in wirklichen Kontakt zu gehen. Das betrifft zum einen das hier Geschriebene in dem Glauben, als Therapeut dies alles schon zu kennen. Zum anderen aber betrifft es die Arbeit des Therapeuten mit dem Klienten. Wenn ein Therapeut nicht wirklich in tiefen Kontakt mit dem Patienten und mit dem ist, was passiert, kann er auch nicht wirklich unterstützen. Es ist leider eine typische Trance des Therapeuten zu wissen, was der Patient braucht oder was gut für

Ein Therapeut ist in der Therapeutentrance gefangen, wenn er annimmt, der Klient hätte ein Problem, das gelöst werden muss.

ihn ist, ohne ihn zu fragen. Im direkten Erleben jedoch gibt es keine Identitätstrance, weder für den Patienten noch für den Therapeuten. Stattdessen ist dann lebendige Frische, und das Wunder in jeder einzelnen Selbsterforschung wird offenbar.

Eine weitere klassische Therapeutentrance und große Falle besteht darin anzunehmen, dass der Klient jemand ist, der ein Problem hat und der die Unterstützung des Therapeuten benötigt, dieses zu lösen. Jede Trance engt den Fokus ein und verschleiert dabei sowohl das direkte Erleben dessen, was wir wahrhaft sind, als auch das frische Erkennen dessen, was da ist und was gewollt oder benötigt wird. Die Möglichkeit besteht, den Klienten als Ausdruck des Bewusstseins, der Liebe und des Gewahrseins selbst zu sehen und sich nicht von der Trance des Patienten ablenken und sich selbst in diese einwickeln zu lassen.

Als weitere Variante existiert noch der Wunsch, anderen als Therapeut helfen zu wollen. Diese Anderen werden dann als bedürftig angesehen. Das ist natürlich selbst eine Trance. Wahrhaftige, bedingungslose Hilfe ist frei von Trance und ergibt sich aus der Bereitwilligkeit, die aufsteigenden Trancen in mitfühlendem Herzenskontakt zu untersuchen und zu durchschauen, anstatt diesen zu folgen.

Trancen, die aus dem Lesen dieses Buches entstehen

Um auch in Bezug auf das, was ich schreibe, aufrichtig zu sein, möchte ich gleich noch auf einige weitere Gefahren hinweisen, auf Fallen, die der Verstand stets bereithält. Möglicherweise entsteht die Vorstellung, dass deine Identität, wenn du all den Emotionen begegnest und die Tiefe des schwarzen Loches durchschritten hast, dann schließlich eine erleuchtete Identität sein wird. In dieser Idee ist derjenige, der das glaubt, in Trance. Alles in diesem Buch und besonders in diesem Kapitel soll die Aufmerksamkeit schärfen zu erkennen, wo überall Trancen entstehen und dass jederzeit die Möglichkeit besteht, das, was ist, frisch und neugierig zu untersuchen.

Durch das, was du hier liest und erfährst, könnte die Hoffnung entstehen, dass du nie wieder negativen Emotionen begegnen musst. Wenn du das glaubst, dann ist auch der, der diese Hoffnung hegt, in

Im direkten Erleben wird die Bewertung negativer Emotionen bedeutungslos.
Einmal angenommen, müssen sie nicht mehr vermieden werden.

einer Identitätstrance. Wenn das, was in diesem Buch steht, direkt erlebt und erkannt wird, dann werden negative Emotionen von ihrer Bewertung her bedeutungslos. Es geht dann nicht mehr um etwas, das vermieden oder umgewandelt werden muss. Vielmehr fördert das die Bereitschaft, jede aufsteigende Trance im Bewusstsein als eine Chance zu tieferem Erkennen willkommen zu heißen.

Natürlich kannst du eine schlechte Identitätstrance in eine gute transformieren. Das ist leicht möglich. Aber es ist insofern eine Falle, dass auch diese eine Trance bleibt. Es besteht für dich aber die Möglichkeit und die Einladung, dich jenseits der kraftvollsten oder schönsten Trancen zu erkennen als frei von Trance, als die Quelle des Bewusstseins selbst. Die Idee, du seiest ein Körper in dieser Welt, ist eine Trance. Diese Trance besteht aus Bewusstsein. Und die Quelle, aus der du stammst, ist die gleiche, aus der dein Gewahrsein stammt. Du bist dieses Bewusstsein und du brauchst keine Identitätstrance, die erleuchtet oder heilig werden kann.

Wenn du die eine oder andere Trance in deinem Leben entdeckst und ihnen dann eine Bedeutung in Hinblick darauf gibst, wer du bist, dann ist das ein Weg tiefer in die Trance. Trance ist ein Aspekt des Bewusstseins und du kannst sie nicht vermeiden. Du kannst aber durch die Illusion der Trance hindurchsehen. Du kannst wach bleiben in Bezug auf das, was du bist, unabhängig ob eine Trance im Bewusstsein auftaucht oder nicht. Das ist Freiheit.

> Nimm dir etwas Zeit, um Beispiele für Trancen aus deinem eigenen Leben zu erkennen, zu benennen und aufzuschreiben. Finde für jede der o. g. Trancearten mindestens ein, besser mehrere Beispiele aus deinem Leben. Schreibe auch auf, welche Überzeugungen du im Hinblick auf deine eigene Identität hast und prüfe, wie stark du daran hängst oder ob du sie auch aufgeben könntest. Überprüfe genau und wahrhaftig, ob es sich dabei um eine Trance handelt. Dies kannst du feststellen, indem du untersuchst, ob es sich um etwas handelt, das kommt und geht, mal da ist und mal nicht und sich auch ganz klar von dem Gegenteil dessen abgrenzt. Finde auch das, was nicht kommt und geht, den Ursprung, auf dem alle Trancen aufbauen.

Natürlich kannst du eine „schlechte" Trance in eine „gute" Trance verwandeln – und doch bleibt es Trance.

Vielleicht findest du auch in deinem eigenen Leben Trancen, die du ganz klar als solche erkennst, die aber in meiner Liste als solche nicht aufgeführt sind. Ein leichter und spielerischer Umgang, der die Illusion, dass etwas Wahres an der Trance sein könnte, zerstört, besteht darin, den Trancen eigene Namen zu geben.

> Spiele mit dir und anderen ein Fragespiel, das etwa heißen könnte „Welche Trance ist das?" Gebe dabei den Trancen, die du als solche erkennst, einfache Namen, um diese zu identifizieren, und lass dabei deiner Kreativität freien Lauf.

Wie wir Trancen induzieren

> „Wenn du deinen Teller schön leer isst,
> dann wird morgen das Wetter schön."
>
> *Meine Mutter*

Wir alle induzieren Trancen, bewusst oder unbewusst, gewollt oder ungewollt, bei uns und bei allen Menschen. Und wir alle werden von unseren Mitmenschen ständig in Trance versetzt. Wir werden teils gewollt und teils bewusst manipuliert aus den unterschiedlichsten Motiven, sei es, um damit einen Vorteil zu haben oder aus guter Absicht heraus oder einfach, weil es Bestandteil unserer eigenen Identitätstrance ist.

Es kann sehr hilfreich, klärend und befreiend sein zu erkennen, wie eine Trance induziert wird. Es gibt einfache Mechanismen der Tranceinduktion, die uns meist nur nicht bewusst sind. Daher wollen wir uns jetzt mit einigen der gebräuchlichen Induktionsmuster beschäftigen.

Auch wenn ein Großteil der Kommunikation nonverbal verläuft, so bedienen wir uns gerade im bewussten Teil der mitmenschlichen Kommunikation der Sprache. Wir können bewusst oder unbewusst, gewollt oder ungewollt durch die von uns benutzten Worte, Sätze und Verknüpfungen Trancen induzieren. Wenn wir zum Beispiel die Illusion erzeugen, zu wissen, was ein anderer denkt, nennen wir das **Gedankenlesen:** „Mein Lehrer sucht genau nach der Schwachstelle, wie er mich in der Prüfung fertigmachen kann!" Oder aber wir erzeugen damit die Illusion, dass zwei Erfahrungen oder Ereignisse gleich sind (**Dies bedeutet das**) oder das ein Ereignis die Ursache für ein anderes ist (**Ursache – Wirkung**), nach dem Motto: „Wenn er sich Gedanken darüber macht, dann vertraut er mir nicht. Das macht mich traurig" oder: „Wenn sie weint, habe ich bestimmt etwas verkehrt gemacht" oder: „Wenn er mich nicht grüßt, dann mag er mich nicht".

Dazu hat mir ein Freund eine wahre Geschichte erzählt, wie sie im dänischen Fernsehen zu sehen war: Ein Spaziergänger sieht im Park einen Hund, der am Halsband an einem Ast im Baum aufgehängt anscheinend mit dem Tode ringt. Schließlich bricht dieser Ast und der Hund fällt mitsamt dem Ast zu Boden, wo er erschöpft liegen bleibt. Ein Mann, offenbar der Besitzer des Hundes, sammelt den Hund auf und legt ihn in sein Auto und fährt davon. Der Spaziergänger glaubt seinen Augen nicht trauen zu können und malt sich weitere

Der Illusion zu erliegen, zu wissen, was ein anderer denkt, ist Gedankenlesen.

Misshandlungen dieses Menschen gegenüber seinem Hund aus. Vollkommen erbost über diese Tierquälerei wendet er sich schließlich an die Polizei und zeigt den Mann an, worauf dieser polizeilich gesucht wird. Kurz darauf meldet sich ein Mann bei der Polizei, der von der Suchaktion erfahren hat, und stellt sich als der vermeintlich Gesuchte vor. Er habe einen sehr verrückten Hund, der immer, wenn sie in den Park spazieren gehen, sich wie wild in die Bäume stürzt und dann so lange mit einem Ast kämpft, bis entweder der Ast bricht oder der Hund erschöpft ist und zu Boden fällt. Dann hebt er den Hund auf und bringt ihn mit dem Auto nach Hause. Er hat der Polizei dieses Schauspiel anschließend selbst vorgeführt, damit sie sich von dem Wahrheitsgehalt dieser Geschichte überzeugen konnten.

Mich hat diese Geschichte sehr berührt, da sie mir so klar offenbart hat, wie schnell und leicht auch ich beim Lauschen dieser Geschichte in diese Trance (dies bedeutet das) vom gewissenlosen Tierquäler verfallen bin, der seinen Hund ohne Grund quält. Ich selbst habe mir ausgemalt, welch schreckliche Qualen der Hund erleiden müsse. Wie schnell wird dabei aus dem Gesehenen und Gehörten eine Geschichte, deren Wahrheitsgehalt nicht mehr in Frage gestellt wird. Und wie schön, dann zu erleben, wie aus dem gleichen Gesehenen und Gehörten eine ganz andere Geschichte werden kann, mit einem ganz anderem Ergebnis – ohne Tierquälerei. Ich bin mir sicher, dass du selbst aus deinem Leben und in deinem Leben genügend Beispiele hierfür finden kannst.

Wenn wir die Illusion erzeugen, dass es keine Ausnahme gibt, dass wir eine gesamte Kategorie auf ein Beispiel reduzieren können, sprechen wir von **Universeller** Generalisierung**.** Ein Beispiel hierfür ist die Aussage: „Keiner mag mich", „Alle wollen mich fertig machen" oder „Jeder Mensch kocht sein eigenes Süppchen". Dagegen sprechen wir von einer **Generalisierung der Notwendigkeiten oder Möglichkeiten,** wenn wir die Illusion erzeugen, dass es Regeln und Grenzen gibt, jenseits derer Katastrophen zu erwarten sind. „Ich sollte eigentlich mehr Sport treiben", „Es ist unmöglich, frei zu sein" oder „Ich muss tun, was man mir sagt", „Jeder sollte verpflichtet werden, sich vor allen Gefahren zu schützen".

Weiterhin führen einzelne Phrasen oder Worte wie **Ja, aber** zu den Gedanken und weg vom Erlebten. Ebenso führt die Frage **Warum** weg vom direkten Erleben zurück in die Gedanken. „Ja, aber, das kann doch nicht so einfach sein" oder „Warum muss mir das wieder passieren", „Warum habe ich das nicht früher erkannt?" sind weitere Beispiele.

Welche Macht beim Gebrauch der Sprache schon in einzelnen Worten selbst liegt, zeigt sich sehr klar bei **Grundannahmen**. Diese unterstützen die Illusion, dass das, was als vorausgesetzt angenommen wird, wirklich ist. Dies geschieht zum Beispiel beim Gebrauch von kommentierenden Adverbien oder Adjektiven wie „zum Glück" oder „zum Erschrecken" aller: „Du bist zum Glück nicht davon betroffen" oder „Zum Erschrecken aller tanzt er wieder aus der Reihe". Grundannahmen können auch die Zeit oder die Reihenfolge betreffen: „Während du dich vor den Fernseher setzt, habe ich mich erst einmal um die Prioritäten gekümmert". Ich bin sicher, dass du in deinem Leben genug Beispiele kennst oder findest.

Die Art und Weise, wie mit Sprache Trancen induziert werden können, könnte mindestens ein ganzes Buch füllen. Das aber ist nicht der Zweck dieses Buches. Ganz bewusst werden all diese Sprachmuster in der Therapie benutzt, um Patienten in unterschiedlichen Lebenssituationen zu helfen, mit ihrem Leben besser klarzukommen. Die Frage danach, was du wirklich willst, entscheidet darüber, ob es sich bei der Anwendung dieser Muster um Medizin oder um Gift handelt.

> Nimm dir etwas Zeit, um herauszufinden, wie Trancen in deinem eigenen Leben über die Sprache ausgelöst oder induziert werden. Finde für jede der oben genannten Trancen mindestens ein, besser mehrere Beispiele. Schreibe auf, wie du selbst in Trance versetzt wirst und wie du selbst damit deine Umwelt manipulierst.

Oft werden Trancen über einen **äußeren Auslöser** herbeigeführt. Diese Auslöser, auch Trigger genannt, können neben Worten auch Gesten, Bilder, Berührungen, Gerüche usw. sein. Sie können bei einzelnen Personen unterschiedliche Trancen auslösen, je nachdem, wie diese Trigger intern repräsentiert sind. So erinnert mich zum Beispiel der Geruch von Zimt immer an die Weihnachtszeit und induziert das Gefühl von Ruhe, Freude und gemütlichem Beisammensein. Bei einer meiner Bekannten hingegen stimuliert Zimtgeruch das Brechzentrum und ist damit alles andere als angenehm. Die unterschiedlichen Wirkungen, die Musik in der Auslösung unterschiedlicher Trancen hat, habe ich einmal eindrucksvoll bei einer jungen Frau erlebt, die ihre Probleme mit ihrem Vater lösen wollte. Im Rahmen einer Therapie sollte sie in einer vorgestellten Szene einer traumatischen Erinnerung an ihren Vater diese Szene mit einer entspannenden Musik unterlegen. Dem Hinweis des Therapeuten, die Szene mit Opernmusik zu untermalen, folgte sie bereitwillig, ebenso wie allen anderen Hinweisen. Leider war die Therapie ohne den gewünschten Erfolg. Bei genauerem Nachfragen stellte sich heraus, dass der Vater Opern liebte. Erst als sie die Szene mit Diskomusik erlebte, löste sich die Trance. Der Vater verabscheute diese Diskomusik.

Innere Suggestion, sich etwas einzureden, was nicht wirklich ist, sondern entweder bereits vergangen ist oder zukünftig ansteht, ist ein weiteres Tranceinduktionsmuster. Sich selbst einzureden, eine bevorstehende Prüfung nicht zu schaffen und daraufhin von allen ausgelacht zu werden, ist genauso eine Trance wie sich selbst einzureden, dass es unmenschlich ist, in der Stadt leben zu müssen, weil das den Tod bedeutet. Mein Vater hat mir immer die schöne Geschichte von den zwei Mäusen erzählt, die in den Milchtopf gefallen sind. Die eine Maus sagte: „Das schaffe ich nicht!" und ertrank. Währenddessen strampelte die zweite Maus wie verrückt, bis die Milch zu Butter wurde, so dass sie dann hinausklettern konnte. In dieser Lebensweisheit werden zwei Trancen vorgestellt, wobei die zweite zwar lebenserhaltend ist, aber nichtsdestotrotz eine Trance bleibt. Deshalb noch einmal: „**Trancen sind nicht gut oder schlecht, sondern schlichtweg nicht real!**"

Weitere Trancen werden induziert **durch Ratschläge, bevormunden, jammern, jasagen, neinsagen, projizieren**. Wenn zum Beispiel jemand zu dir sagt: „Wollen wir nicht alle mehr Geld verdienen und erfolgreich sein?" Oder aber der Chef sagt zum Abteilungsleiter: „Sie müssen jetzt aber wirklich mehr auf die Mitarbeiter eingehen, damit sie stärker motiviert sind und mehr Leistung bringen!" Oder deine beste Freundin sagt dir, dass du unbedingt diese neue Therapie machen sollst. Ich bin sicher, du findest in deinem eigenen Leben und Umfeld genügend Beispiele oder wirst diese entdecken, wenn du dafür sensibler wirst[25].

Durch manipulative Techniken wie Gruppensprache, gleiche Kleidung, Ausrichtung, Gleichheit und den Zwang zur Loyalität, Konformität und Gehorsam werden **Gruppentrancen** erzeugt, die ein Gemeinschaftsgefühl erzeugen. Das kann bedeuten, gemeinsam stark zu sein, um zu gewinnen, wie zum Beispiel im Sport. Gruppentrancen werden aber auch erzeugt im nationalen Rahmen, wie sich zum Beispiel zeigt in: „Wir sind Weltmeister!" oder „Wir sind Papst!", um einige harmlose Trancen zu nennen. Es kann aber auch um das Durchsetzen nationaler Interessen gehen und dabei ganze Nationen gegeneinander aufbringen und klare Feindbilder entstehen lassen: „Für Ehre und Vaterland" oder „Gegen den bolschewistischen Feind". In Gruppentrancen in spirituellen oder auch religiösen Gruppen zeigen sich ganz häufig eine eigene gruppeninterne Sprache, gleiche gemeinsame Ausrichtung und der Zwang zur Konformität. Das wird in dem Film „Die Welle" sehr gut dargestellt.

Zu glauben, es wäre notwendig, etwas machen oder reagieren zu müssen, ist eine Tranceinduktion, die als **Aktion – Reaktion** bezeichnet wird. Mir selbst ist es vor einigen Jahren passiert, dass ich einen Mann traf, der barfuß ging, eine zerrissene Hose hatte und ein kaputtes Hemd trug. Da es auf den Herbst zuging, glaubte ich, ihm eine Hose schenken zu müssen. Als ich ihm am nächsten Tag die Hose geben wollte und mich ihm näherte, sagte er bloß, dass er nichts brauche und die Hose nicht wolle. Da stand ich nun mit meinem Geschenk und fühlte mich wirklich richtig blöd, da ich die Bedürfnisse des Mannes überhaupt nicht berücksichtigt hatte.

> Nimm dir etwas Zeit, herauszufinden, welche Induktionsmuster Trancen in deinem Leben erzeugen. Welche benutzt

du oder welchen bist du in deinem eigenen Leben schon öfters erlegen, welchen hast du geglaubt? Finde für jede der oben genannten Trance-Induktionsmuster mindestens ein, besser mehrere Beispiele. Schreibe auf, wie du selbst in Trance versetzt wirst, und wie du selbst damit andere in deinem Umfeld manipulierst.

Und schließlich möchte ich an dieser Stelle darauf hinweisen, dass eine Trance zu induzieren ein sehr mächtiges Werkzeug in der Hand eines gewissenhaften Therapeuten darstellt. Es gibt in der Therapie eine eigene Form, die Trancen einsetzt, um Patienten zu helfen. In meiner eigenen Praxis und in meinen Kursen arbeite ich sehr gern mit Tranceinduktionen, zum Beispiel bei der Arbeit mit Konflikten, Süchten oder Phobien und natürlich zuallererst zum Erkennen deiner eigenen Trance.

In der Homöopathie wird „Gleiches mit Gleichem" behandelt. Es wird zur Behandlung einer Krankheit ein Medikament eingesetzt, das genau die Symptome der Krankheit hervorruft, nur in einer homöopathischen Dosierung. In genau dieser Art und Weise können wir mit einer Trance eine Trance behandeln oder besser ausgedrückt, wir können mit Hilfe einer Trance aus unserer Trance aufwachen.

Eine scheinbar ganz normale Kommunikation

„Wichtig ist nicht, was jemand sagt,
sondern wie ein anderer es versteht."

Paul Watzlawick

Heute habe ich einen Anruf von einer Frau bekommen, die für eine Zeitung akquiriert, die in einer aktuellen Ausgabe auf eine Aktion „Gewalt gegen Kinder" aufmerksam machen will. Mit einer Spezialausgabe in meiner Region möchte sie auch mir die Gelegenheit geben, mich in dieser Ausgabe zu präsentieren. Natürlich bin auch ich gegen Gewalt, und diese stille Zustimmung ist der Beginn zum Verkauf einer Anzeige in diesem Blatt. Mit dem Hinweis, ich könnte diese Aktion mit dem Kauf dieser Anzeige unterstützen, ohne die diese Aktion nicht zustande kommen würde, war die Tür zum Kauf dieser Anzeige weit aufgesperrt. Von nun an ging es nur noch um die Frage, wie hoch meine Beteiligung sein sollte, oder welches Format ich für die Anzeige wählen würde. Diese Frau wird an jeder Anzeige finanziell beteiligt, und sie hat ihren Job gut gemacht und mich in eine „Da-bin-ich-dabei"-Trance versetzt. Egal, ob ich einen Nutzen von einer Anzeige habe oder nicht, fast hätte ich eine gekauft, denn so funktioniert unser Verstand. Wenn wir zweimal etwas zustimmen, dann bereitet das den vertrauensvollen Boden für ein drittes Zustimmen. Und natürlich bin ich gegen Gewalt und natürlich möchte ich die Aktion auch unterstützen. Aber bedeutet das auch, dass ich eine Anzeige kaufen muss, oder wäre ein anderer Einsatz dafür viel zielführender?

Ein anderes Beispiel, diesmal für eine selbst induzierte Trance in dem Versuch, jemand anderen zu manipulieren, habe ich kürzlich bei einem Freund erlebt. Der reagierte verärgert über eine Anfrage eines alten Freundes. Er gab diesem eine Absage mit etwa folgendem Wortlaut: „... dein Angebot klingt verlockend, nur wenn ich meinem Herz lausche, dann vernehme ich eine Dissonanz, die mich verstimmt".

Mein Freund beabsichtigte durch die Folge auditiver Worte seinen alten Freund zum Anrufen zu bewegen. Der aber hat das wohl so nicht verstanden – hätte ich auch nicht – und hat daraufhin nicht telefoniert. Das hat nun wiederum meinen Freund noch mehr verärgert. Von nun an war Funkstille zwischen ihnen.

Es gibt in unser aller Leben viele Beispiele für die Art und Weise, wie wir miteinander zu kommunizieren gewohnt sind und dabei bewusst oder unbewusst, gewollt oder ungewollt, unser Gegenüber manipulieren. Wie oft werden dabei Metaphern oder Bilder benutzt und miteinander in Beziehung gesetzt, die überhaupt nichts miteinander zu tun haben. Dieser Mechanismus funktioniert im Kleinen wie im Großen ebenso wie im Äußeren oder im Inneren. Weil dies die Art ist, wie wir unsere Wahrnehmung von der Welt manipulieren und uns und unser Umfeld damit in Trance versetzen, funktioniert dieser Mechanismus in der Kommunikation so gut. Wenn wir aber für diese Art der Trance sensibel werden und sie leichter in unserem Leben erkennen, dann fällt es uns auch leichter, diesen Mechanismus in unserer alltäglichen Lebenstrance zu erkennen. Wir sehen dann, wie wir uns selbst in diese Trance versetzen.

An dieser Stelle möchte ich dir als kleines Experiment gern einen kurzen Text zum Lesen anbieten. Hierin kannst du die Wirkung und die Vielfalt der Manipulation in der Kommunikation erkennen.

> Die Tatsache, dass du dieses Buch gekauft hast und diese Stelle hier gerade liest, bedeutet, dass du auf dem spirituellen Pfad schon weit fortgeschritten bist, dass du viele Dinge auf der unterbewussten Ebene bereits gelernt hast, die dir jetzt zugute kommen. Das normale Leben macht dich unzufrieden und du erkennst, wie flach das alltägliche Leben ist. Diese Energie bringt dich einfach nur herunter und zerstört letztendlich dein Leben. Dann bist du, wie all die anderen, nur noch auf der Suche nach Geld und glaubst, das würde dich glücklich machen. Wie viel glücklicher könntest du sein, wenn dein Part-

> ner auch diesen spirituellen Weg gehen würde! Wann endlich wird auch dein Partner spiritueller werden? Während du dich spirituell immer weiter entwickelst, läuft er nur seinem Spaß hinterher, immer auf der Suche nach Abwechslung. Das ist das Problem unserer Zeit. Alle wollen immer nur mehr, besser und anders, und niemand macht sich die Mühe, mal tiefer zu schauen. Das war schon immer so und wird sich wohl nie ändern. Zum Glück sind wir anders. Wenn alle Menschen sich spirituell entwickeln würden, hätten wir das Paradies auf Erden, denn jeder, der auf diesem Pfad ist, hat sich zum Positiven verändert. Jeder sollte das Recht haben, so zu leben, wie er möchte. Aber das ist in unserer Gesellschaft unerwünscht. Es wäre vielleicht das Beste, sich in eine Höhle in den Bergen des Himalayas zurückzuziehen. Dann könnten wir uns alle am Besten entfalten …

Dieser Text ist natürlich ein wenig übertrieben, um dir die unterschiedliche Art und Weise bzw. die unterschiedlichen Elemente der Manipulation deutlich zu machen. Ich hoffe, du nimmst diese Zeilen nicht inhaltlich ernst. Wenn du aber eine gewisse Wachheit für diese Art der Kommunikation entwickelst, dann kannst du vielleicht feststellen, dass dies die ganz normale alltägliche Art der Kommunikation ist, egal um welche Inhalte es dabei geht.

Du kannst aber beim Lesen dieses Textes einmal bewusst darauf achten, wie im Text Aussagen miteinander in Beziehung gesetzt werden, die untereinander gar nicht in Beziehung stehen. So werden zum Beispiel Ursachen für eine bestimmte Wirkung erfunden: „Wenn alle Menschen sich spirituell entwickeln würden, hätten wir das Paradies auf Erden". Oder es werden bestimmte Vorraussetzungen gemacht: „Wie viel glücklicher könntest du sein, wenn dein Partner auch diesen spirituellen Weg gehen würde". Oder es wird einfach generalisiert oder verdreht.

Und auch an dieser Stelle möchte ich noch einmal darauf hinweisen, dass es mir nicht darum geht, diese Tranceinduktion anzuprangern oder schlechtzuheißen, ich möchte sie nur als solche entlarven.

Jedes Wort ist eine Tranceinduktion und Trancen sind per se weder gut noch schlecht, sondern einfach nicht real. Nur wie leicht lassen wir uns durch die Kommunikation, durch Worte ablenken und ins Leid führen, nach außen und damit weg vom direkten Erleben des Selbst! Dort – im Außen – werden wir aber nie erkennen, wer wir sind.

> Finde mehrere Beispiele in deinem Leben, in denen du in einer ganz normalen Kommunikation manipulierst wirst, und schreibe diese auf. Oder aber beobachte einmal beim Sehen oder Hören der Nachrichten im Fernsehen, wie du von den Nachrichten in eine Trance gesetzt wirst.

Was lässt die Trance so real erscheinen

> „Das Letzte, was wir sehen wollen,
> ist das Wunder, weil es demütigend ist;
> wir fühlen uns davon immer irgendwie angegriffen.
> Alles im Leben ist dieses Wunder, aber da das Leben, wie es ist,
> uns fast nie in den Kram passt, können wir das Wunder nicht sehen.
> Dann grübeln wir darüber nach, warum es uns schlecht geht.
> Das, was wir aus unserem Leben zu verbannen versuchen,
> ist das, was wir wirklich wollen und brauchen."
>
> *Charlotte Joko Beck*

Ich erinnere mich noch sehr genau, wie ich vor ein paar Jahren in einem Flugzeug saß und gespannt auf den Monitor vor mir schaute. Dort schien nach den vielen Mitteilungen über Flughöhe, Flugzeit und die nicht enden wollende Werbung endlich der Spielfilm anzufangen. Ich sah die Bildsequenzen auf dem Monitor, aber da ich aus dem bereits aufgesetzten Kopfhörer ein Radioprogramm hörte, konnte ich dem Film nicht folgen. Erst als ich endlich mit dem Schalter für das Videoprogramm den passenden Ton zum Bild fand, konnte ich dem Geschehen auf dem Monitor folgen. Dann passte das, was die Akteure sprachen, zu den Lippenbewegungen, und der Film wurde echt. Augenblicklich entstanden bei mir auch die entsprechenden Gefühle und ich war voll drin in diesem Film und konnte all die Höhen und Tiefen, die er vermittelte, die Ängste und die Freude der Schauspieler miterleben.

Die Geschichte dieses Films habe ich längst vergessen, nicht jedoch das Erlebnis und die Umstände, die damit verbunden waren. Denn es dauerte damals eine ganze Zeit, bis ich den Schalter für das Videoprogramm fand. In dieser Zeit konnte ich dem Film weder folgen noch den Inhalt verstehen, denn es waren einfach nur Bildsequenzen. Dass ich dann zuerst in der englischen Audioversion des Filmes gelandet war, hatte zwar schon den Effekt, dass der Film „real" wurde, aber erst in der deutschen Audioversion hatte ich den vollen Effekt, ich konnte ganz einsteigen in den Film und diesen voll genießen.

Für mich war das Faszinierende an diesem Erlebnis die Tatsache, dass der Film erst durch die geschickte Verknüpfung der einzelnen Bestandteile „real" wurde. Weder Bild noch Ton hatten sich verändert, und beide für sich allein genommen ergaben noch keinen zusammenhängenden Film. Erst das Zusammenkommen der beiden Aspekte brachte den Schein der Realität – genau wie im richtigen Leben.

Denn auch in unserem eigenen Leben wird auf mysteriöse Weise durch die Verknüpfung der Wahrnehmung unserer fünf Sinne (auditiv, visuell, kinästhetisch, gustatorisch und olfaktorisch) mit dem physischen, mentalen und emotionalen Körper eine scheinbare „Realität" erzeugt, die wir dann als „Ich" und „mein Leben" bezeichnen. Unsere Augen sehen etwas, die Ohren hören etwas, dazu kommt ein schöner Geruch und wir sind uns vielleicht eines Druckes in der Gesäßmuskulatur gewahr, und schon erleben wir uns als ein hungriger Gast in einem Gasthaus. Es ist schon eine erstaunliche Leistung unseres Gehirns, in welcher Geschwindigkeit diese Verknüpfung der einzelnen Sinneseindrücke zu einem Gesamtbild geschieht und damit der Eindruck der Zusammengehörigkeit entsteht. Aber es erfordert eine Anstrengung von uns, die uns meist nicht einmal bewusst ist. In ihrem Buch „Mit einem Schlag" beschreibt Jill Bolte Taylor eindrucksvoll, wie sie nach ihrem Schlaganfall all diese Verknüpfungen erst wieder lernen musste, bis sie automatisch wurden[26]. So fiel es ihr besonders schwer, das Lesen wieder zu erlernen. Die einzelnen Buchstaben zu Worten und Sätzen zu verknüpfen und ihnen wieder Bedeutung zu geben, kostete sie eine Menge Anstrengung, bis es wieder automatisch ablief. Das gilt für alles, was wir im Leben lernen, bis es im Gehirn als gelernt abgespeichert ist und nicht mehr unsere bewusste Aktivität erfordert. Einmal gelernt, geht die Verarbeitung im Gehirn rasant schnell und automatisch. Es wird uns dann so vertraut, dass wir uns dieses Mechanismus nicht mehr gewahr sind. Wir glauben, es wäre natürlich, real und die Wirklichkeit. Welche

Ehrfurcht gebietende Leistung, Tag für Tag immer aufs Neue all die Informationen bereitzuhalten, um diese Trance lückenlos zu gestalten. Dieses Aufrechterhalten einer persönlichen Geschichte, die einen Zeitraum von siebzig, achtzig oder neunzig Jahren umfasst, inklusive all der Randparameter wie Umgebung, andere Personen etc. lässt mich erstaunen. Das ist wirkliche Magie.

Wenn wir jedoch unsere Wahrnehmung einmal Stück für Stück in kleinste Bestandteile zerlegen, werden wir für uns selbst entdecken, was diese Trance von „mir" so glaubhaft erscheinen lässt. Genauso wie wir in einem Film, wenn wir diesen in Zeitlupe anschauen, Zusammenhänge und Abfolgen erkennen können, die uns in Realzeit entgehen, können wir das auch in unserer alltäglichen Wahrnehmung von uns und der Umwelt. Wir können die Geschwindigkeit, mit der wir gewohnheitsmäßig all die Sinneseindrücke verknüpfen, verlangsamen, um zu erkennen, wie wir diese Trance von uns und unserem Leben erzeugen. Dann können wir erkennen, wie wir immer wieder in der gleichen Trance landen. Wir sehen, wie wir damit für uns und andere unnötiges Leiden erzeugen, aufrechterhalten und immer wiederholen. Und wenn wir erkennen, wie wir das machen, dann können wir auch damit aufhören und dieses Erzeugen von Leid beenden, um frei und glücklich zu sein.

Dabei offenbart sich für jeden von uns auf eine individuelle Weise – und hier mag die Bezeichnung „individuell" sogar angebracht

Jede Trance setzt sich aus einzelnen Schritten zusammen.

sein – eine Struktur des Leidens, eine spezielle Art und Weise, in der die unterschiedlichen Sinneseindrücke zu einem Gesamtbild zusammengesetzt werden. In dieser Struktur zeigt sich eine spezielle Reihenfolge, Priorität und Bedeutung der einzelnen Elemente. Wir sind uns dieser Struktur in unserem Leben in der Regel nicht bewusst. Erst bei genauem Hinsehen und Untersuchen wird diese Struktur so offensichtlich. Es ist ein bisschen so, als wenn wir im Alltag auf Autopilot gestellt wären. So wie beim Autofahren stellt sich mit der Zeit eine gewisse Routine ein und das, was wir mühsam erlernen mussten, geht nach einer Weile automatisch, unbewusst und mechanisch. Und genau wie wir für das Erlernen des Autofahrens nur eine relativ kurze Zeit benötigen, um die vielen Aktionen automatisch zu vollziehen, haben wir diese Art und Weise, mit unserer Wahrnehmung umzugehen, auch in kurzer Zeit erlernt. Wir haben dann unser ganzes Leben Zeit, es automatisch ablaufen zu lassen.

Um diese Struktur erkennen zu können, müssen wir allerdings zuerst einmal unsere Aufmerksamkeit darauf richten, was wir tatsächlich wahrnehmen. Dafür müssen wir den Fokus von der überlagerten Geschichte oder dem daraus resultierenden Problem abwenden. Ich verstehe in diesem Zusammenhang unter „Problem" oder „Geschichte" das Endresultat des oben beschriebenen Verarbeitungsprozesses einzelner Sinneseindrücke zu einer echt erscheinenden Trance. Erst wenn wir den Fokus vom Inhalt der Geschichte abwenden und uns nicht mehr mit dem Inhalt der Geschichte (als deren Opfer oder Täter) identifizieren, haben wir die Möglichkeit, die Struktur zu erkennen. In den folgenden Übungen können wir dies direkt erleben.

> Für diese Übungen benötigst du einen Partner, der dir unterschiedliche Fragen stellt.
>
> Wähle zunächst ein Problem aus, ein Verhalten oder ein Fehlverhalten, das für dich eine emotionale Ladung enthält. Oder nimm eine Geschichte, die dich ständig dazu bringt, dich mit ihr zu beschäftigen. Hierzu stellt der Partner zuerst die Frage: „Warum verhältst du dich so und so?"

Beantworte bitte die Frage und nimm dir für die Antwort Zeit.

Anschließend stellt der Partner in Bezug auf das gleiche Problem, Verhalten oder Fehlverhalten die Frage: „Wie oder was machst du, um dich so zu verhalten?"

Beantworte bitte auch diese Frage und nimm dir für die Antwort Zeit.

Wenn möglich, wechselt die Rollen und wiederholt beide Übungen. Anschließend nehmt euch etwas Zeit, um zu erkennen, welche unterschiedliche Wirkung die beiden Fragen auf euer Empfinden haben.

Normalerweise bewirkt die erste Frage nach dem „Warum", dass sie weiter in die Trance führt, die sich an dem Inhalt der Geschichte orientiert. Der Inhalt dieser Geschichte ist sowohl das Resultat dieser Trance, die sich durch den Inhalt der Geschichte ausdrückt, als auch deren eigene Ursache. Durch ständiges Widerkäuen wird diese Trance am Leben erhalten.

Die zweite Frage nach dem „Wie" hingegen führt eher zu dem Erkennen, wie die Trance sich entfaltet oder wie sie aufgebaut ist. Diese Frage hat das Potential, den sicher geglaubten Boden unseres Lebens ins Schwanken zu bringen und in Frage zu stellen, was wir als Realität angenommen haben. Diese Frage bringt uns dazu, direkt zu erkennen, was wir machen müssen, um uns immer wieder in der Trance von „mir" wiederzufinden.

Wir können die Struktur der Trance, also wie wir diese Trance aufbauen und zusammensetzen, am Besten Stück für Stück untersuchen, indem wir zuerst einmal erkennen, was diese Trance auslöst und was wir dabei sehen, hören oder fühlen. Dann können wir uns vergegenwärtigen, welche sinnesspezifischen Erfahrungen wir im Zusammenhang mit dieser Trance haben. Was erleben wir körperlich, was erfahren wir mental und was passiert emotional in dieser Erfahrung? Ich habe oft erlebt, dass bei dieser Untersuchung die

Unterscheidung zwischen mentalen oder emotionalen oder auch physischen Erfahrungen sehr schwer fällt. Aber es ist bei dieser Untersuchung wichtig, exakt, ehrlich und genau zu sein. Es erleichtert die Untersuchung, wenn wir uns klar werden, was wir genau im Körper spüren, wenn wir etwas erleben. Und diese körperlichen Wahrnehmungen werden auch nur in physischen Parametern erlebt, also in Druck, Temperatur, Kontraktion usw. Ebenso wird auch sehr oft der emotionale mit dem mentalen Aspekt der Erfahrung verwechselt bzw. der emotionale Aspekt mental ausgedrückt. Auf die Frage: „Was fühlst du emotional?" kommt dann eine Antwort wie: „Ich denke, ich fühle ..." Da die Trance als eine Art Gesamtpaket in Erscheinung tritt und wir alle dazu tendieren, dem einen oder anderen Aspekt (physisch-mental-emotional) unser Hauptaugenmerk zu schenken, übersehen wir leicht einige Qualitäten. Wenn wir zum Beispiel bei der Untersuchung eines unerwünschten Gefühles der Wut direkt erleben, dass wir körperlich eventuell nur einen Druck verspüren, der mental im Kopf sofort eine bestimmte Bedeutung erhält wie: „Mein Boss ist total inkompetent", dann vermeiden wir das direkte Erleben, sowohl der Emotion als auch der physischen Erfahrung. Das direkte Erleben der physischen Erfahrung jedoch könnte offenbaren, dass der physische Druck weder die Bedeutung: „Mein Boss ist inkompetent" noch irgendeine andere hat, sondern deine eigene Natur offenbart.

Wenn wir die Trance in ihre Bestandteile zerlegen, dann können wir auch erkennen, dass erst das Zusammenbringen all der einzelnen Bestandteile, dem wir dann eine Bedeutung geben, dieser Trance Leben gibt und ihr den Eindruck der Wirklichkeit verleiht. Individualität ergibt sich in der Art und Weise, in der die einzelnen sensorischen Erfahrungen zusammengesetzt sind und in der Reihenfolge, in der diese erfahren werden.

In der folgenden Übung können wir dies direkt auf spielerische Art erleben.

> Für diese Übungen benötigst du wieder einen Partner. Der Partner stellt sich zur Verfügung, deine Struktur der Trance zu erlernen und sie dir zurückzuspiegeln.

Der Partner beginnt in dieser Übung damit, in einer für dich leidvollen Situation nach dem Auslöser zu fragen, der dich in diesen Zustand gebracht hat. Erzähle dem Partner genau, was du dabei gesehen, gehört oder gefühlt hast. Dann beschreibe dem Partner exakt, welche sinnesspezifischen Erfahrungen dadurch ausgelöst wurden, also was du physisch, mental und emotional erfahren hast. Bringe dem Partner bei, was er machen muss, um genau diese Erfahrung zu machen. Bringe ihm genau bei, wie er sich fühlen muss, was er zu sich selbst sagen muss, was er fühlen soll und lass dir dann die Erfahrung von dem Partner solange vorspielen, bis du das Gefühl hast, er macht genau deine Erfahrung, er ist dein Spiegelbild.

Was ist es, dass du dann erlebst?

Die grundsätzliche Mangelhaftigkeit

„Die Wirklichkeit ist nur der Verlust des Egos. Zerstöre das Ego, indem du nach seiner Identität suchst. Weil das Ego nicht existiert, wird es automatisch verschwinden, und die Wirklichkeit wird aus sich selbst heraus in all ihrer Pracht hervorstrahlen. Das ist die direkte Methode. Auf diesem Weg sind nicht einmal Übungen nötig."

Ramana Maharshi

In unser aller Leben, jedenfalls in dem Leben aller Menschen, mit denen ich darüber ehrlich kommuniziert habe, gibt es etwas in uns, das wir auf keinen Fall öffentlich sichtbar werden lassen wollen. Tief im Keller halten wir es wie etwas Aussätziges versteckt und sorgen dafür, dass es auch niemals ans Licht kommt. So manches im Leben dreht sich nur darum, von der Existenz dieses Aussätzigen abzulenken, so zu tun, als wäre alles in Ordnung, und so zu tun, als würde es gar nicht existieren. Stattdessen spielen wir lieber Theater für uns und alle anderen. Und der Witz ist, dass es auch gar nicht existiert. Und trotzdem tun wir so viel, um die Umwelt und vor allem uns selbst davon zu überzeugen, dass es nicht existiert. Wenn wir aber nicht zutiefst von der Existenz dieses Aussätzigen überzeugt wären, würden wir diese Anstrengung gar nicht erst unternehmen.

Ich schreibe hier von der grundsätzlichen Mangelhaftigkeit, die wir als gegeben annehmen und als Unvollkommensein, Mangelhaftigkeit, Falsch- oder Schlechtsein erleben. Da wir dies nun mal als gegeben annehmen, kommen wir gar nicht erst auf die Idee, es weiter zu untersuchen. Im Gegenteil, meist versuchen wir jeden Kontakt damit und jede Erinnerung daran zu vermeiden. Stattdessen stellen wir uns in der Umwelt lieber als jemand völlig anderen dar. Das allerdings hält das Aussätzige am Leben und verleiht ihm erst Macht über uns und unser Leben.

Dieses Gefühl der grundsätzlichen Mangelhaftigkeit sitzt an der Wurzel eines jeden Egos, eines jeden Gedankens, ein abgetrenntes „Ich" zu sein. Es verdankt seine imaginäre Existenz der Ignoranz und dem Nicht-Hinschauen-Wollen. Es ist so eine Art stille Übereinkunft und Hoffnung, dieses Aussätzige durch Nichtbeachtung in seinem Dauerschlaf zu halten, damit es uns nicht quält. Wenn uns aber nach dem Freisein dürstet, dann dürfen wir auch damit rechnen, dass die angeleinten Hunde im Keller an ihren Leinen und Ketten rasseln und ebenso nach Freiheit rufen. Denn Freiheit bedeutet Eins zu sein. Dieses Einssein beinhaltet alles und schließt nichts aus.

Oft haben wir für dieses Gefühl der grundsätzlichen Mangelhaftigkeit ein Bild, das genau dieses Gefühl visuell ausdrückt. In mir hat

Das Gefühl grundsätzlicher Mangelhaftigkeit sitzt an der Wurzel jedes Egos.

lange Zeit das Bild sein Unwesen getrieben, ein zusammengefallener schlaffer Sack zu sein, wie ein Luftballon, dem man die Luft rausgelassen hat. Im Kern rottet dieser Sack vor sich hin und es ist nur eine Frage der Zeit, wann er ganz verrottet sein wird. Dieses Gefühl des Sackes mit dem verrotteten oder verrottenden Kern hat sich über den gesamten Oberkörper ausgebreitet. Der Boden des Sackes stellt das Becken dar und die Öffnung des Sackes den Hals, an dem die Luft entweicht. Andere berichteten mir, dass sie eher das Bild eines Schleimklumpens haben.

Dieses Bild, dessen ich mir überhaupt erst bewusst wurde, nachdem ich es nach so vielen Jahren an die Oberfläche ließ, hat jahrelang als versteckter Saboteur sein Unwesen in meinem Leben getrieben und so manche Strategie angetrieben. Erst als dies sich durch direktes Erleben als Illusion entpuppte, löste sich dieses Bild auf und verschwand. Bis zu dem Zeitpunkt allerdings hat es dafür gesorgt, dass ich mich als jemanden wahrnahm, der im Grunde mangelhaft, unvollkommen und falsch ist.

Alle Versuche, sich als etwas anderes erleben zu wollen, sind auf der Grundlage dieses nicht untersuchten Gefühls entstanden und daher von Anfang an zum Scheitern verurteilt. Denn wenn wir tief in uns an diesem Bild festhalten, ist alles, was wir zu dessen Besserung unternehmen, lediglich Maniküre und Make-up zur Überdeckung des Bildes. Solange wir diese grundsätzliche Mangelhaftigkeit nicht ehrlich untersuchen und bereit sind, ihren illusionären Charakter direkt zu erleben, solange können wir nicht erleben, wer oder was an dieser Wurzel wirklich ist. Solange werden all die Versuche, all die spirituelle Arbeit (an uns) im Hinblick auf das Erkennen dessen, wer wir sind, absolut unnütz sein. Und wenn wir durch diesen Schleier der Illusion hindurchschauen und direkt erleben, wer oder was wir sind, dann brauchen wir all die Maniküre, all das Make-up nicht mehr und erkennen auch all diese Versuche als absolut unsinnig.

Mit dem folgenden Experiment kannst du diese grundsätzliche Mangelhaftigkeit aufspüren, untersuchen und direkt erleben, was daran wahr und wirklich ist.

Stelle dir für diese Übung bitte folgende Fragen in Bezug auf den Glauben, die Vorstellung oder das Gefühl, dass du tief im Inneren mangelhaft, unvollständig oder falsch bist, und untersuche, was du wirklich direkt erlebst.

Beschreibe dir selbst dieses Gefühl in deinen eigenen Worten und finde ein Bild, das dieses Gefühl am besten für dich ausdrückt. Was ist die damit verbundene Emotion und wie erlebst oder wo empfindest du diese? Was ist es, das du im Körper wahrnimmst, wenn du deine Aufmerksamkeit auf dieses Gefühl richtest? Was nimmst du dann emotional wahr? Was nimmst du in deinen Gedanken wahr? Welche Bedeutung haben diese Wahrnehmungen in Bezug darauf, wer du bist? Was, wenn sie die gegenteilige Bedeutung hätten? Was, wenn all diese Wahrnehmungen keine Bedeutung hätten?

Richte deine Aufmerksamkeit dann bitte ganz und gar auf das, was du direkt erlebst. Was ist es, das du dann erlebst? Was bleibt, wenn sich alles andere verändert hat oder verschwunden ist? Ist diese grundsätzliche Mangelhaftigkeit wirklich oder vorgestellt? Was ist wirklich, was ist es, das nicht kommt und geht?

Wenn wir diese Übung machen, können wir durch die Illusion der grundsätzlichen Mangelhaftigkeit hindurchschauen und direkt unsere eigene Natur erleben. Wir können direkt erleben, wer oder was wir sind, ohne den Ballast des Glaubens oder die Vorstellung der Mangelhaftigkeit.

Es bestehen die Chance und die Möglichkeit, unser Leben im Lichte dieses direkten Erlebens zu leben. Es kann allerdings passieren, dass sich das Ego aus der Erkenntnis des vollständig illusionären Charakters der Mangelhaftigkeit heraus aufzublähen beginnt. Dabei nimmt es die Erfahrung als persönlichen Verdienst und erzeugt damit jemanden, der es geschafft hat, seine wahre Natur zu erkennen. Wir nennen das ein „aufgeblähtes Ego". Es stellt eine weitere Version des Umgangs mit der Mangelhaftigkeit dar. Es ist das Zurückfallen in die Dualität des Verstandes. Das äußert sich in der Polarisierung mangelhaft–aufgebläht. Während wir vielleicht ehemals unter unserer grundsätzlichen Mangelhaftigkeit gelitten haben, haben wir das jetzt überwunden und sind mächtig stolz auf diese Befreiung. Jetzt sind wir jemand, der sich der Fessel der Mangelhaftigkeit entledigt hat. Damit sind wir am anderen Ende der Polarität gelandet. Das Problem mit dem aufgeblähten Ego aber ist, dass das Leiden bei dieser Form des Egos nicht so offensichtlich ist. Wenn wir uns im Kern als grundsätzlich mangelhaft wähnen, sind wir vielleicht eher bereit, das zu ändern. Dann haben wir genug gelitten und in uns wird der Wunsch nach Freisein wach. Wenn wir aus der Überheblichkeit des aufgeblähten Egos heraus uns selbst als jemanden, der es geschafft hat, erleben, dann sehen wir gar keinen Grund, dies in Frage zu stellen. Dann besteht keine Notwendigkeit, das aufgeblähte Ego zu erforschen und wirklich direkt zu erleben, was bleibt, wenn wir uns nicht mehr aufblasen.

In dem folgenden Experiment kannst du beide Pole der Dualität untersuchen und direkt erleben, was beiden zugrunde liegt. Was bleibt und nicht kommt und geht, wenn die Polaritäten verschwunden sind.

> In diesem Experiment kannst du beginnen, dich an die frühesten Erinnerungen deines Lebens zu erinnern, daran, als sich in deinem Ego das erste Mal das Gefühl der Mangelhaftigkeit gezeigt hat und sich in dir alles zusammengezogen hat. Stelle dir vor, du könntest dahin zurückgehen und direkt erleben, wie es sich anfühlt, wenn dein Ego sich zusammenzieht. Was ist es, was du im Körper gefühlt hast? Und wo hast du das gefühlt? Was war da für eine Emotion? Was hast du dabei gedacht und wie hast du darauf reagiert? Was ist es, das du in der Situation gesehen hast? Was hast du dabei empfunden?
>
> Dann nimm dir bitte einen Augenblick Zeit, um all das direkt zu erleben (das, was du damals erlebt hast und jetzt wieder erlebst).

Nun erinnere dich bitte an eine Zeit oder Situation, als du das erste Mal Loblieder auf dich gesungen hast. Stelle dir vor, du könntest dahin zurückgehen und direkt erleben, wie es sich anfühlt, wenn dein Ego sich aufbläst. Was hast du im Körper gefühlt? Und wo hast du das gefühlt? Was war da für eine Emotion? Was hast du dabei gedacht und wie hast du darauf reagiert? Was ist es, das du in der Situation gesehen hast? Was hast du dabei empfunden?

Dann nimm dir bitte einen Augenblick Zeit, um all das direkt zu erleben (das, was du damals erlebt hast und jetzt wieder erlebst).

Dann gehe bitte noch einmal zu dem ersten Gefühl der Mangelhaftigkeit zurück und nimm dir einen Augenblick Zeit, um noch einmal all das direkt zu erleben, was du im Körper gefühlt hast und wo du das gefühlt hast, was da für eine Emotion war und was du dabei gedacht und wie du darauf reagiert hast.

Dann wechsle bitte noch einmal zu dem ersten Gefühl des sich Aufblasens zurück und nimm dir einen Augenblick Zeit, um noch einmal all das direkt zu erleben, was du im Körper gefühlt hast und wo du das gefühlt hast. Was war da für eine Emotion, und was hast du dabei gedacht und wie hast du darauf reagiert?

Wechsle bitte ein paarmal zwischen den beiden Erfahrungen hin und her und nimm dir jedes Mal etwas Zeit, um in dem Gewahrsein zu ruhen, in dem diese Erfahrung stattfindet.

Dann lass bitte beide Erfahrungen in diesem Moment zusammenkommen und nimm dir etwas Zeit, um in dem Gewahrsein zu ruhen, in dem beide Polaritäten gleichzeitig sein können. Gehe mit deiner Aufmerksamkeit in den Raum, in dem beide Erfahrungen stattfinden.

Was ist es, das du dann erlebst? Was ist es, das sich nicht verändert hat, egal ob du dich aufbläst oder zusammenziehst, egal wann und wo du dieses Aufgeblasensein oder Zusammenfallen erlebt hast? Was ist wirklich, was ist es, das nicht kommt und geht? Bist du getrennt von dem, was sich nicht verändert hat? Was bist du in diesem Erleben? Wo bist du in diesem Erleben? Und wer bist du?

Egal, was sich in der äußeren Umgebung vielleicht abspielt, oftmals können wir erleben, dass sich in unserem Leben dieses „sich Aufblasen" und das Gefühl der grundsätzlichen Mangelhaftigkeit abwechseln oder dass wir es im Zusammensein mit unseren Partnern auf diese oder auf die Umwelt projizieren. Beides sind aber nur Polaritäten des Verstandes und werden nur zum Problem, wenn wir uns mit dem einen oder anderen identifizieren, wenn wir das Eine haben wollen und das Andere ausschließen.

Wir sind aber weder der Verstand noch das, was wir beobachten können.

Der unmittelbare spontane Rückholmechanismus

„Was ist zu tun?
Pack deine Koffer, geh ohne sie zum Bahnhof.
Steig in den Zug und lass dein ‚Ich' zurück.
Dies genau: Die einzige Übung – ein einziges Mal."

Wei Wu Wei

Wir alle erleben jeden Tag aufs Neue und immer wieder, was passiert, wenn wir die neurotische Beschäftigung mit uns und unserer Geschichte aufgeben, wenn wir aufhören, uns mit einem von der Umwelt abgetrennten „Ich" zu identifizieren. Jeden Tag, wenn wir uns schlafen legen, müssen wir das Beschäftigtsein mit „mir" und „meinem Leben" aufgeben, um zu schlafen, sonst würden wir nur im Bett liegen und uns von der einen auf die andere Seite wälzen.

Und wir alle wachen auch jeden Morgen wieder auf und sind dann gleich wieder mitten in der Trance, ein individuelles, abgetrenntes „Ich" zu sein. Jeden Morgen wachen wir als die gleiche Person auf, mit der gleichen Geschichte, den gleichen Problemen, den gleichen Zwängen und Ängsten. Das unterstützt und verfestigt den Glauben und die Identifizierung mit dieser Trance von „mir" immer mehr.

Und was ist in der Zeit dazwischen, zwischen Einschlafen und Aufwachen? Wer sind wir, wenn wir nicht gerade mit uns beschäftigt sind? Und was holt uns immer wieder zurück in die gleiche Trance?

Wir alle erleben jederzeit direkt das Selbst. Es ist nicht schwer, das Selbst direkt zu erleben. Im Grunde genommen ist es eigentlich unmöglich, es nicht zu erleben, denn es gibt nur das Selbst. Nur der Glaube an ein abgetrenntes „Ich" und die Identifizierung damit stehen dem direkten Erleben im Weg. Die Anstrengung, die wir unternehmen, liegt nicht darin, das Selbst zu erleben, sondern das direkte Erleben des Selbst zu verschleiern. Sich mit diesem Schleier zu identifizieren und von dort aus zu agieren, um dann zu versuchen, das Selbst zu erreichen, ist nicht nur sehr kräftezehrend, sondern auch absolut unmöglich.

Und trotzdem ist es das, was wir alle im Alltag versuchen und worunter wir alle so leiden. Wie kommt das? Wie kommt es, dass die Tendenz und die Versuchung, sich dem Schleier hinzugeben, so stark ist? Gerade eben haben wir noch die Glückseligkeit des Selbst direkt erlebt und unsere wahre Natur erfahren. Wir haben die Identifizierung als Illusion erkannt. Und im nächsten Augenblick finden wir uns zurückgeholt in die Identifizierung als jemand, der diese Erfahrung gerade hatte und sie nun wieder verloren hat. Natürlich ist die Frage nach dem „Wie kommt es dazu?" nicht unbedingt hilfreich. Sie führt nur dazu, eine mentale Begründung für die Tendenz zu finden, das Ego immer wieder zurückzuholen, immer wieder zurück in die Trance von mir gezogen zu werden. Auch hier ist die Frage vielmehr die nach dem: „Wie machen wir das?"

Zuallererst einmal beginnt dieser Rückholmechanismus mit dem Auftauchen des Gefühls oder der Idee, „Ich" zu sein, diesem Impuls, der gleichzeitig das direkte Erleben begrenzt und das direkt Erlebte zu meiner Erfahrung oder meiner Erinnerung macht. Das erzeugt sofort einen Zwiespalt, der dann, wenn dieses Gefühl weiter ins Bewusstsein kommt und an der Oberfläche auftaucht, sich durch Worte gekleidet in vielen verschiedenen Variationen als mentales Konzept zeigt.

An dieser Stelle möchte ich gern aus meiner eigenen Erfahrung in der Arbeit mit anderen Personen einige typische Versionen dieses Rückholmechanismus vorstellen, wie sich dieser mental zeigt und in Worte kleidet.

Eine typische Version des spontanen Rückholmechanismus ist zum Beispiel die **„Ja,-aber"**-Version. Gerade haben wir das Selbst direkt erlebt, und schon meldet sich der Verstand in Form von kritischen Zweifeln zurück. Das Problem dabei ist nicht das Auftauchen von Zweifeln und das Zurückmelden des Verstandes. Das ist vollkommen natürlich. Nur sich mit diesen Zweifeln zu identifizieren ist

Das Gefühl „Ich" zu sein – und schon bist du aus dem direkten Erleben herausgezogen.

ein Problem. In dem Glauben und in der Hoffnung, dass dieser Zweifel Sicherheit bringt, versucht das Ego die Angst in den Griff zu bekommen, die durch die Abtrennung entstanden ist. Solange die Identifizierung mit dem zweifelnden Ego anhält, wird dieses Ego durch die Angst in Schacht gehalten.

„**Das kann doch nicht so leicht sein**", ist eine weitere typische Version, wie sich dieser Rückholmechanismus zeigt, wenn er an die Oberfläche kommt. Diese Version taucht nach der völligen Überraschung durch das einfache und unmittelbare direkte Erleben des Selbst auf.

„Es gibt kein ‚Ich'! Was fangen wir nun mit dieser Erkenntnis an?" Diese Version finde ich persönlich besonders spannend. Ich habe sie in einem Buch gelesen, in dem ein Überblick und ein Resümee über die Erkenntnisse der Hirnforschung über das „ICH" beschrieben wurde[27]. Nachdem die Autoren über viele Seiten so klar und einfach die Resultate der langjährigen Arbeit der Forschung über das „Ich" zu Papier bringen, ist diese Version des Rückholmechanismus geradezu amüsant. Wie kann denn jemand ernsthaft diese Frage danach stellen, was er mit der Erkenntnis anfangen soll, wenn er gerade eben bewiesen hat, dass sein „Ich" nicht existiert! Auch wenn das verständlich ist, wenn das Bewiesene nur als mentales Konzept verstanden und nicht direkt erlebt wird, so habe ich doch die Erfahrung gemacht, dass der Verstand so trickreich darin ist, das Ego zu recyceln, dass er Gründe und Beweise für alles findet. Es kümmert den Verstand auch nicht einmal, dass er mit den gleichen Argumenten sich selbst vom Gegenteil überzeugen kann.

„Das verstehe ich nicht!" Diese Version zeigt sehr gut die Strategie, die das Ego für sein eigenes Überleben anwendet. Es ist eine Strategie des Egos, sich selbst das Gefühl der Sicherheit zu überleben zu vermitteln, wenn es versteht, was passiert. Das direkte Erleben jedoch hat mit dem Verstehen nichts zu tun. Denn Verstehen ist ein nachgeschalteter mentaler Prozess. Dieser soll dem Ego die Kontrolle sichern, indem es sich selbst und alles, was passiert, als ein Ereignis außerhalb des direkten Erlebens stellt, objektiv nachvollziehbar und unbeeinflusst von subjektiven Beurteilungen.

„Was muss ich jetzt machen?" Dies ist die Reaktion von Identifizierungen, die sich recyceln, indem sie ihrem Drang nach Aktivität folgen und glauben, etwas machen zu müssen. Gleichzeitig wird damit dem Schrecken der Leere begegnet. Im Nachhinein wird die direkte Erfahrung als ein Ergebnis ihrer eigenen Anstrengung und Aktivität begründet. Damit wird der Schrecken, der mit der plötzlichen Lücke in der Kontinuität der Ich-Erfahrung auftritt, sofort relativiert, das direkte Erleben beendet und als Erfahrung des Egos abgespeichert. Wir betrügen uns allerdings damit, denn in der direkten Erfahrung war das „Ich" gar nicht da. Wenn dieser Drang in die Zukunft projiziert wird, dann hören wir Reaktionen etwa wie: „Was mache ich, wenn ...?"

Wenn sich das Ego dadurch recycelt, dass es sich dem Zweifeln hingibt, dann kann das ebenso in die Zukunft projiziert werden und sich in Sätzen zeigen wie: **„Das funktioniert hier, aber funktioniert das auch im Alltag in der Welt?"** oder: **„Wenn ich das zuhause mache, dann klappt das nicht!"** Beide Versionen bewirken und unterstützen die Trance, von der Umwelt getrennt zu sein. Damit wird gleichzeitig das gerade eben Erlebte wiederum lediglich als eine Erfahrung des Egos abgetan, nicht zuletzt um den Wert dieses Egos zu erhöhen.

Ich erinnere mich sehr genau an eine Übung, die ich vor einigen Jahren in einer großen Gruppe gemacht habe. Diese Übung begann mit einer kleinen geführten Meditation und wurde durch Musik untermalt. Im Laufe dieser Übung wurde dann eine Frage gestellt. Nach der Übung haben die einzelnen Teilnehmer ihre Antworten und Einsichten in Kleingruppen ausgetauscht. Erst in dieser Kleingruppe erfuhr ich zum ersten Mal von der Existenz dieser Frage und erschrak. Mein erster Impuls war, nach einer klugen und plausiblen Antwort oder Einsicht zu suchen, während die anderen Teilnehmer einer nach dem anderen an die Reihe kamen. Diese Einsicht wollte ich dann mitteilen, um nur nicht schlecht oder dumm dazustehen. Dann wurde mir sofort die Unsinnigkeit dieses Unterfangens klar. Wen wollte ich denn damit täuschen? Die Wahrheit war, dass in der Tiefe der Meditation kein Ich mehr anwesend war. Stattdessen war da direktes Erleben. Die Frage nach dem: **„Was hast du darin erkannt?"** hat das Ego sofort wieder zurückgeholt, mit all seinen Tricks und Strategien. Variationen hiervon sind: **„Ich habe das erkannt!"** oder: **„Ich habe den Grund erreicht!"** ebenso wie: **„Ich habe schon so viel an mir gearbeitet!"**

> Nimm dir bitte einen Augenblick Zeit, um dir über deine eigenen persönlichen spontanen Rückholmechanismen klarzuwerden.

> Schreibe in einer Liste alles auf, was dich in der Trance von „Mir"
> und „Mein Leben" festhält oder in diese zurückholt.
>
> Was ist es, was du in Bezug auf dich in dieser Frage als gesichert
> annimmst?
>
> Dann werde dir des Gefühles bewusst, das darunter liegt und
> damit verbunden ist und wie du darauf reagierst.
>
> Richte deine Aufmerksamkeit dann bitte ganz und gar auf
> das, was du direkt erlebst, wenn du dich ganz diesem Gefühl
> öffnest? Was ist es, das du dann erlebst? Was bleibt, wenn sich
> alles andere verändert hat oder verschwunden ist? Was ist
> wirklich? Was ist es, das nicht kommt und geht?

Das Festhalten und der Glaube an eine „**persönliche Geschichte**" ist ein weiterer sehr starker spontaner Rückholmechanismus, mit dem das Ego sich selbst recycelt. Als persönliche Geschichte wird die Vergangenheit aus der Sicht der Identifizierung als Person bezeichnet oder anders ausgedrückt: Die persönliche Geschichte ist der Anteil der Vergangenheit, in dem wir uns als eine von der Umwelt abgetrennte Person wahrgenommen haben und an die wir uns als eben solche erinnern. Diese persönliche Geschichte hält uns solange weiter in der Trance von „mir", bis sie durch direktes Erleben von dieser Identifizierung befreit wird. Im Grunde genommen stellt die persönliche Geschichte damit die Grundlage unseres Gefangenseins in der Vergangenheit (Zeit) dar. In dem direkten Erleben, wer wir sind, ist keine Identifizierung. In der Erinnerung an unsere persönliche Geschichte können wir daher sehr genau erkennen, wo und wann wir uns mit der Trance von „mir" identifiziert haben.

Abschließend zu diesem Kapitel möchte ich noch gern zu einem kleinen Experiment einladen.

> Schließ bitte für einen Moment die Augen und erlaube dir einfach, über das, was du in diesem Augenblick erfährst, gewahr

zu sein – was immer es ist – ohne es zu beurteilen oder verändern zu wollen.

Bemerke, wie du dich und deinen Verstand ganz einfach entspannen kannst. Und vielleicht kannst du in dieser Entspannung auch entdecken, dass es sich anfühlt, als wenn du tiefer fallen oder sinken würdest, tiefer als die oberflächliche Ebene der Gedanken. Lass dich fallen und richte dann deine Aufmerksamkeit auf das Gewahrsein selbst, auf das, was sich all dessen gewahr ist …

… was, wenn jetzt aus der Tiefe der Gedanke aufsteigt: „Ja, aber …", wie eine Luftblase vom Grund eines Sees? Was, wenn du diesen Gedanken kurz aufgreifst? Bemerke, was passiert! Und dann kannst du diesen Gedanken wieder loslassen und bemerken, was dann passiert.

Lass den Gedanken ein weiteres Mal aufsteigen, aber diesmal halt ihn fest und beobachte wieder, was sich ändert und wie. Was passiert in dem Augenblick, wenn du diesen Gedanken ganz aufgreifst? Was nimmst du dann wahr? Was fühlst du dann? Wie erlebst du dieses Zurückgeholtwerden?

Wenn die Identifizierung mit dem Ego wieder einsetzt, erleben wir oft eine Art Engerwerden oder Begrenzung. Meistens verfallen wir dann auch spontan in all das, was mit der Identifizierung zusammenhängt. Wir sind dann spontan wieder zurück in unserem Leben und darin gefangen. Wir können aber diesen ersten Impuls als Signal nehmen, die Aufmerksamkeit wieder auf das direkte Erleben zu lenken und dem treu zu bleiben, was wir als wahr erkannt haben, als etwas, das nicht kommt und geht. Wenn es die Freiheit ist, die in unserem Leben Priorität haben soll, dann haben wir genau an diesem Punkt die Wahl. Entweder Leben oder Nebel. Vielleicht ist es die einzige Wahl im Leben, die wir haben.

In jedem Leben gibt es unzählige Möglichkeiten dazu, denn unser aller Leben ist voll von Herausforderungen und Tests. Herausforderungen, unsere Bereitschaft zu testen, dem treu zu bleiben, was wir als wahr erkannt haben und was in unserem Leben Priorität haben soll. Und wir bekommen im Leben immer nur unsere eigenen Tests – Tests, das Sein im Schein direkt zu erleben.

Was aus der Vermeidung des direkten Erlebens resultiert

„Indem man der Welt zustimmt, wie sie ist, mit allem, wie es ist, das ist der große Schritt. Wer dem Tod zustimmen kann, wer der Krankheit zustimmen kann, bei sich und bei anderen und wer dem Ende und dem Vergänglichen zustimmen kann, der hat die Furcht überwunden und gewinnt Klarheit."

Carlos Castaneda

Wenn wir uns von unserer gegenwärtigen Erfahrung abwenden, wie immer diese auch momentan aussehen mag, dann erzeugt das eine Distanz zwischen der unmittelbaren Erfahrung und dem, der wir zu sein glauben. In der Folge fühlen wir uns abgetrennt, unerfüllt, unvollständig, schlecht und gefangen. Dieses Abwenden geschieht auf vielfältige Art und Weise, aber gemeinsam ist allen Mechanismen das Wenden des Blickes nach außen, wo die Geschichte abläuft. Diese gilt es dann zu verändern, zu verbessern oder zu vermeiden, in der Absicht, wieder glücklich zu werden. Das allerdings führt tiefer ins Leid. Im Gegensatz dazu offenbart sich das Selbst im direkten Erleben jedes Augenblicks als bedingungslos, vollständig, frei und erfüllt. Dies ist vollkommen unabhängig von der äußeren gegenwärtigen Erfahrung. Und wir können erkennen, dass dieses bedingungslose, vollständige, freie und erfüllte Selbst unsere eigene Natur ist. Daher können wir sogar die Tendenz des Abwendens als eine Möglichkeit tieferen Aufdeckens willkommen heißen. Selbst in dieser Tendenz können wir uns selbst direkt und unmittelbar erleben.

In der buddhistischen Zen-Tradition gibt es die berühmte Geschichte vom fünften Zen-Patriarchen Hongren, der die Entscheidung, wer sein Nachfolger werden sollte, durch einen Wettbewerb entscheiden lassen wollte. Derjenige, der ihm in einem Gatha (Hymne) den Beweis erbringen könnte, dass er die Essenz erkannt hatte, sollte das Insigne des Würdenträgers als Nachfolger erhalten. Der aussichtsreiche Kandidat Shenxiu schrieb daraufhin sein Gatha an die Wand, und das anonym und mitten in der Nacht, da er selbst unsicher war. Es lautete:

> „Der Körper ist ein Bodhi-Baum
>
> Der Geist ein heller Standspiegel
>
> Du musst ihn allezeit fleißig polieren
>
> und lass keinen Staub darauf landen"

Nachdem Hongren diese Zeilen gelesen hatte, riet er seinen Schülern zwar, nach diesem Gatha zu praktizieren, denn es würde ihnen gut tun. Wenn sie es respektvoll rezitieren würden, könnten sie ihre wahre Natur erkennen. Dem Schüler Shenxiu allerdings sagte er privat, dass er zwar an dem Tor angekommen wäre, es aber nicht durchschritten hätte. Da Shenxiu allerdings nicht zur Essenz des wahren Erkennens vorgedrungen war, gelang es ihm auch nicht, ein anderes Gatha zu komponieren, um eben dieses Erkennen zu demonstrieren.

Ein ungebildeter Arbeiter mit dem Namen Huineng hatte einen der Novizen dieses Gatha rezitieren hören und erkannte sogleich das Fehlen wahren Erkennens darin. Da er selbst des Schreibens unkundig war, bat er jemand anderen, sein eigenes Gatha an die Wand direkt neben das von Shenxiu zu schreiben. Es lautete:

> „Der Körper ist kein Bodhi-Baum
>
> Der Geist kein heller Standspiegel.
>
> Da doch alles ursprünglich leer ist,
>
> wo soll Staub sich niederlassen?"

Hongren gab Huineng daraufhin das Insigne, aber gab nicht bekannt, dass Huineng als sechster Patriarch sein Nachfolger würde. Er unterließ dies in der Befürchtung, dass die älteren und gebildeten Schüler über ihn herfallen würden. Erst später wurde er dann offiziell der sechste Zen-Patriarch.

Die Verse in dieser kleinen und wahren Geschichte zeigen eindrucksvoll, wie direktes Erleben durch das Befolgen scheinbarer Wahrheiten vermieden werden kann. Welche Tragik steckt darin, wenn diese Konzepte dann noch aus vermutlich kenntnisreicher Quelle stammen und in guter Absicht befolgt werden, ohne sie vorher zu prüfen und ihren Wahrheitsgehalt direkt zu erleben. Daher ist es mir auch sehr wichtig, dass auch du nichts von dem, was ich hier schreibe, einfach nur glaubst, sondern dem vertraust, was du selbst als wahr erkannt hast. Unser Verstand ist in der Entwicklung von Konzepten sehr trickreich, und Konzepte sind einfach nur abstrakte Vergangenheit, die bestenfalls als Wegweiser dienen können.

In einem Gespräch berichtete mir eine Klientin von ihrer Hilflosigkeit gegenüber Gerüchen und Geräuschen (einer Heizung), die ihr in der Nacht den Schlaf raubten und sie sich so machtlos fühlen ließen. Auch wenn ihr die Absurdität bewusst sei, leide sie sehr darunter und mache ihre Nachbarin für das Geräusch sowie ihren Vater für die Vererbung ihrer Geräuschempfindlichkeit verantwortlich. Die Lage schien hoffnungslos, und zusätzlich leide sie unter dem Kontrollverlust. Dieser äußerte sich körperlich als Loch im Bauch. Der Kontrollverlust quäle sie total und sie täte alles, um das nicht fühlen zu müssen. Jedoch im direkten Erleben dieses Loches begann es sich als Brennen bis in die Beine zu verändern, um dann ganz zu verschwinden. Zurück blieb eine unbegrenzte Weite, Stille und Leichtigkeit, die grundsätzlicher Natur war. In ihr erlebte sich die Klientin als ungetrennt, vollkommen und frei. Aus diesem direkten Erleben heraus wurde das ursprüngliche Problem selbst weder als Problem noch als vom Selbst getrennt wahrgenommen und zeigte sich als eine wunderbare Möglichkeit, sich genau diesem so erfüllenden direkten Erleben zu öffnen.

Im dann spontan einsetzenden Rückholmechanismus kam die Frage, was denn zu tun wäre, wenn es noch schlimmer werden würde. Aber als sie sich dann der damit verbundenen Angst ebenfalls im direkten Erleben zuwandte, kam sofort das direkte Erleben des bedingungslosen, vollständigen, freien und erfüllten Selbst zum Vorschein.

Im direkten Erleben sind wir wunschlos glücklich. Wünsche entstehen erst durch die Vermeidung des direkten Erlebens. Dann entsteht diese Distanz, in deren Folge das Gefühl aufkommt, dass irgendetwas zu unserem Glücklichsein fehlt. Das Bedürfnis, diesen Mangel auszugleichen, wird Wunsch genannt. Und wir alle kennen gewiss dieses Gefühl, erst wirklich glücklich zu sein oder glücklich sein zu können, wenn wir uns unseren Wunsch erfüllen konnten? Auch wenn dieser Zusammenhang zwischen dem Erfüllen eines Wunsches und dem Gefühl des Glücklichseins offensichtlich scheint und normalerweise auch nicht in Frage gestellt wird, wage ich dennoch zu behaupten, dass wir nicht deshalb glücklich sind, weil ein Wunsch erfüllt wurde, sondern deshalb, weil dieser Wunsch wie ein Schleier (weg)fällt und uns dadurch einen Blick auf unsere wahre Natur ermöglicht. Denn unsere Natur ist Glücklichsein. Wir sind im wahrsten Sinne des Wortes – wunschlos glücklich. Der Wunsch hält uns nur davon ab, dieses zu erkennen. Unser naturgegebenes Glücklichsein wird sozusagen durch den Wunsch imitiert, verschleiert und an Bedingungen geknüpft, die uns in eine scheinbare Abhängigkeit bringen, die vollkommen selbst gewählt bzw. anerzogen wurde.

Es ist, als wenn wir uns eine schwere Last aufladen und versuchen diese wieder loszuwerden, um frei, leicht, unbeschwert und glücklich zu sein. Das Ablegen der Last bedeutet nicht, dass wir diese Leichtigkeit erreicht haben, die vorher nicht da war, sondern nur, dass wir zu unserer eigentlichen Natur zurückgekehrt sind, dahin, wo wir waren, bevor wir uns diese Last auferlegt haben.

Bitte prüfe es selbst nach. Die Erfüllung des Wunsches gibt dir nichts, was du nicht längst in dir hast. Versetze dich einmal in die Lage, wie du dich fühlen würdest, wenn sich dein Wunsch erfüllt hat. Woher kommt dieses Gefühl? Hat die Wunscherfüllung irgendetwas mit dem zu tun, was du dann fühlst, oder ist diese Erfüllung vielmehr so etwas wie eine Erlaubnis, sich jetzt so fühlen zu dürfen?

Ich möchte sogar noch einen Schritt weiter gehen. Nach meiner Erfahrung wirst du dieses wunschlose Glücklichsein immer erleben, wenn du dich dem direkten Erleben im Hier und Jetzt hingibst.

Wir alle kennen auch die Geschichte vom Teufel, der uns drei Wünsche erfüllt und als Gegenleistung dafür unsere Seele will. Scheint verlockend, zumal so etwas wie die Seele ohnehin nicht sehr greifbar ist. Warum sollten wir also nicht im Austausch für etwas, das wir uns so dringend wünschen, etwas geben, von dem wir sowieso nicht wissen, was es ist?

Das Problem dabei ist, dass das, was immer wir uns auch wünschen, erst wünschenswert erscheint, wenn es im Licht der Seele erscheint. Ist dieses fort, verliert auch das Wünschenswerte seinen Glanz. Aber bitte überprüfe es selbst – erlebe es direkt.

Das Vermeiden des direkten Erlebens führt immer ins Leid und ins Leiden, und entsprechend der hier im ersten Teil dieses Buches vorgestellten energetischen reaktiven Tendenzen äußert sich dieses Leiden entweder in Form der Gegenanbewegung, der Wegbewegung oder der Hinbewegung. Diese Reaktionen sind konditioniert und angelernt und zeigen sich in der westlichen Psychologie als Konflikt, Phobie oder Sucht. Im Buddhismus entsprechen sie dem Verlangen, der Abneigung und der Ignoranz.

Süchte müssen nicht unbedingt mit Alkohol oder Drogen zu tun haben. Wir können ebenso süchtig danach sein, Kontrolle zu haben, das Opfer zu sein, hilfreich zu sein, oder auch nach Angst oder Wünschen. Es macht kaum einen Unterschied, ob wir vom Alkohol abhängig sind, von dem Zwang zu denken oder davon, eine bestimmte Person mit bestimmten Eigenschaften zu sein. Oftmals beneiden wir Personen, die nach dem süchtig sind, was wir eine „gute Trance" nennen, wie zum Beispiel Spaß zu haben. Und wir verachten solche, die sich an offensichtlich schlechten Trancen (zum Beispiel Erfolglosigkeit, negativ sehen) orientieren. Aber der Mechanismus ist immer der gleiche und die wahre Natur eines jeden Süchtigen ist das Selbst – vollständig, vollkommen, frei und in jedem Augenblick erfüllt. Und es ist lediglich ein Mechanismus und nicht die Folge eines tiefen psychologischen Problems. Dies zu glauben erzeugt und unterstützt nur die Trance, eine abgetrennte, unvollständige, gefangene und unerfüllte Person zu sein. Diesen konditionierten Mechanismus können wir erkennen. Dann können wir direkt erleben, dass das, wonach wir wirklich verlangen, das Überfließen unserer eigenen Urnatur ist.

Ich möchte nicht verleugnen, dass sich so mancher durch seine Sucht zu Grunde richtet und das Aufgeben einer Sucht unter Umständen extreme Probleme verursachen kann. Andererseits habe ich selbst erlebt, wie sich ein Nikotinabhängiger nach nur einem Treffen aus den Fängen seiner jahrelangen Sucht befreite, indem er sowohl diesen konditionierten Mechanismus erkannte als auch sah, wonach er wirklich verlangte, und sich selbst als die Quelle all dessen im direkten Erleben erkannte.

> Mache dir bitte eine Liste mit mehreren Spalten (mindestens drei) und schreibe in die linke Spalte, was du dir wünschst oder haben willst, ohne das vorher zu bewerten.
>
> Dann schreibe bitte in die Spalte rechts daneben jeweils, was dir die Erfüllung dieses Wunsches geben würde.
>
> In die nächste Spalte rechts daneben schreibe dann, was es dir geben würde, wenn du das hättest oder wärest, was dir die Erfüllung dieses Wunsches geben würde.
>
> Fahre weiter fort danach zu fragen, was dir die Erfüllung geben würde, bis du zu einem essentiellen Zustand kommst.
>
> Wo findest du das, was wirklich essentiell ist?

Im Unterschied zur Sucht als eine konditionierte Reaktion, die aus der reaktiven Hinbewegung resultiert, bezeichnen wir als Phobien oder Angstreaktionen eine konditionierte Reaktion, die aus der reaktiven Wegbewegung resultiert. Zum Teil fallen darunter sogar auch Allergien. Um eine solche konditionierte Reaktion zu etablieren, benötigen wir oft nur eine einzige intensive Erfahrung mit einem Auslöser. Einmal erlernt, läuft diese Reaktion dann automatisch, sozusagen auf Autopilot. Wenn dann der Auslöser betätigt wird, erleben wir die damit verbundenen negativen Erfahrungen wieder und wieder. Eine solche Reaktion ist zum Beispiel die Phobie vor

Schlangen oder Spinnen, oder auch die Angst, durch einen Tunnel zu fahren. Auch hier ist es keine Frage von Ursache und Wirkung, die zu dieser konditionierten Reaktion geführt hat. So kann ein und derselbe Auslöser zu unterschiedlichen Reaktionen führen. Das zeigt sich zum Beispiel ganz klar in dem Fall einer alkoholabhängigen Frau, die zwei Kinder (Zwillinge) hat. Eines dieser Kinder entwickelt im Laufe des Lebens ebenfalls eine Alkoholsucht, das andere nicht. Als diese Kinder nach dem Grund gefragt wurden, was zu ihrer Lebenssituation geführt hat, gaben beide als Begründung ihrer Situation zur Antwort: „Weil meine Mutter Alkoholikerin war".

Zwar lässt sich erfreulicherweise eine konditionierte Reaktion, die auf der Reaktion einer einzigen intensiven Erfahrung beruht, auch durch eine einzige Erfahrung wieder austauschen oder umlernen, aber im direkten Erleben können wir selbst diese Reaktion willkommen heißen, um die Quelle selbst zu erkennen. Wir können in der Quelle all dessen unsere wahre Natur direkt erleben, nicht als konditionierte Reaktion, sondern frisch und jeweils neu als das Selbst – frei, vollständig, vollkommen und in jedem Augenblick erfüllt. Vor kurzem

Direkt erleben oder direkt vermeiden? Du hast die Wahl!

kam eine ältere Frau in Begleitung ihres Mannes in meine Praxis. Sie wurde von starken Angstattacken geplagt und hatte daher ihr Haus seit Jahren nur noch in Begleitung ihres Mannes verlassen. Diese Angst hatte auch die Beziehung selbst schwer belastet. Nachdem diese Frau sich auf das direkte Erleben dieser Angst einließ, begannen ihr sofort Tränen der Freude zu fliessen. „Ich bin glücklich", war ihre spontane Äußerung.

Eine weitere konditionierte Reaktion stellt der Konflikt dar. Natürlich kann ein Konflikt sehr nützlich sein und viel Veränderung hervorbringen, aber wenn Konflikt die einzige Möglichkeit der Reaktion ist und als konditionierte Reaktion der Gegenbewegung dient, dann hat das mit Freiheit nichts zu tun. Konflikt als einzige Reaktion kann ein Instrument sein, um zum Beispiel die Kontrolle zu behalten, Recht zu haben oder andere zu manipulieren. Aber haben wir wirklich die Kontrolle, wenn wir keine andere Wahl haben, als in den Konflikt zu gehen? Wer hat dann worüber die Kontrolle? In diesem Fall reagieren wir nur auf eine Trance und verpassen vielleicht die Möglichkeit, direkt zu erleben, was die Quelle all dessen ist. Aufzuhören, diese konditionierte Reaktion des Gegenangehens auszuleben und die Kontrolle aufzugeben, bedeutet nicht, sich der Kontrolle des anderen zu überlassen oder seinen Interessen hinzugeben. Es bietet die Möglichkeit, direkt zu erleben, wer oder was die Quelle all dessen ist und wie durch das Aufrechterhalten der Kontrolle der tieferen Erforschung des Selbst widerstanden wird.

Was unter dieser konditionierten Reaktion liegt, konnte ich sehr schön bei einer jungen Frau miterleben, die wegen ganz anderer Probleme kam und in dem Prozess des direkten Erlebens auf diesen Mechanismus stieß. Sie konnte erleben, dass unter ihrer Wut eine ungeheure Menge Energie zu finden war, die sie aus einem Impuls heraus glaubte kontrollieren zu müssen. Als sie in ihrem Bemühen, diese Energie handhabbar zu machen, diesen Kontrollimpuls erkannte und direkt erlebte, dass diesem Impuls die Annahme zugrunde lag, ein zu begrenzter Körper zu sein, um diese Energie halten zu können, brach sie in schallendes Gelächter aus. Das direkte Erleben dieser Energie beschrieb sie als „Supernova expandierender Freude".

Im Gegensatz dazu sind wir alle durch das Vermeiden des direkten Erlebens extrem anfällig für Manipulationen. In der täglichen Werbung durch die Medien, der wir ausgeliefert sind, oder in den Nachrichten können wir das tagtäglich selbst erleben. Auch wenn wir meist entweder durch unsere Angst oder unsere Bedürfnisse manipuliert werden, so funktioniert diese Manipulation im Prinzip mit jeder Emotion.

Und wenn wir diese Emotionen nicht direkt erleben und sie immer nur vermeiden, bilden sie den Grund für erfolgreiche Manipulation und das beginnt schon im Kindesalter in der ganz normalen Erziehung. So haben wir schon in unserer Kindheit gelernt, dass wir unseren Wunsch erfüllt bekommen, wenn wir gut und artig sind. Ein erfüllter Wunsch ist so eine Art Belohnung für unser Gutsein. Und das geht so weiter und funktioniert bei Erwachsenen ganz genauso. Es geht sogar so weit, dass Bedürfnisse künstlich erzeugt werden, indem sie mit Grundbedürfnissen verknüpft werden, die mit dem angepriesenen Produkt rein gar nichts zu tun haben. Wenn ein tolles schönes Modell sich in begehrenswerter Pose zeigt und dann seine Schönheit und das Begehrenswerte mit dem Hinweis auf ein Produkt verbunden wird, dann wollen wir das Produkt. Auch wenn das, was wir eigentlich haben wollen, das ist, was durch das Schönsein und das Begehren ausgedrückt wird.

Auch über Ängste wird in den Medien munter manipuliert. Kürzlich wurde zum Beispiel im Fernsehen vom ersten deutschen Schweinegrippetoten berichtet – einem Risikopatienten mit mehreren lebensbedrohlichen Risiken –, um gleich darauf die Massenimpfung für Schweinegrippe anzukündigen. Verschwiegen wurde dabei natürlich, wie viele Personen an der ganz „normalen" Grippe sterben, allein in der Zeit, in der diese Nachrichten verlesen werden.

In einem Katalog sah ich gerade gestern einen Sensorschalter, den man zwischen Lampenfassung und Glühlampe schrauben kann und der das Licht einschaltet, sobald es dunkel wird. Sehr praktisch, wenn man so was braucht. Unmittelbar neben der Anzeige war ein Wärmelichtbild von einer Person vor einer Hausfassade und darunter der folgende Text: „Die Zahl der in Deutschland verübten Diebstähle und schweren Einbrüche steigt beinahe täglich." Übrigens, der Schalter kostet nur 25,95 Euro.

> Nimm dir einen Augenblick Zeit, um dir darüber bewusst zu werden, wo und wann du in deinem Leben überall der Manipulation ausgesetzt bist oder warst. Vielleicht magst du das auch aufschreiben. Dann schreibe dir bitte genau daneben, was es war oder ist, das den Auslöser dazu gab. Welche Verknüpfung mit Angst oder Bedürfnissen wurde gemacht? Was, wenn du jetzt – in diesem Augenblick – deine Aufmerksamkeit genau darauf (Angst – Bedürfnis) richtest, womit es verknüpft ist? Was, wenn du deine Aufmerksamkeit direkt darauf richtest und direkt erlebst, was dann ist? Wo findest du das, was wirklich essentiell ist?
>
> Benötigst du dafür irgendetwas?

Es kommt mir bei all diesen Beispielen überhaupt nicht darauf an, dich vom Gegenteil oder einer anderen Ansicht zu überzeugen, sondern nur darauf, die Sensibilität dafür zu erhöhen, wie wir alle jeden Tag immer wieder manipuliert werden. Da die Mechanismen genau die gleichen sind, wie wir uns selbst jeden Tag manipulieren, sind sie so effektiv. Und da sie in unserer Umwelt so leicht zu erkennen sind, können wir uns dieser Mechanismen bewusst werden und sie in ihrem Wirken in allen Bereichen unseres Lebens als solche erkennen. Und dann können wir auch erkennen, wie wir uns selbst manipulieren, wie wir zum Beispiel bei der Angst, anstatt diese direkt zu erleben, lieber eine Geschichte davon pflegen, warum wir diese Angst haben. Und ob wir diese Angst ausdrücken oder unterdrücken, spielt überhaupt keine Rolle im Hinblick darauf, wie sie uns fesselt und quält. Wenn es Freiheit ist, wonach wir uns sehnen, dann können wir diese genau dort direkt erleben, wo wir sie am wenigsten vermuten – im direkten Erleben.

3
Direktes Erleben – der Weg in die Freiheit

Der Weg in die Freiheit

„Du bist das Selbst, das unbegrenzte Sein,
unveränderliches Bewusstsein, was alles durchdringt.
Deine Natur ist Glückseligkeit und dein Ruhm ohne Makel.
Weil du dich selbst mit dem ‚Ich' identifizierst,
bist du zu Geburt und Tod gezwungen.
Deine Fesseln haben keine andere Ursache."

Shankara

Wir sind frei und unbegrenzt und es gibt nichts, was davon ausgenommen ist, kein Innen oder Außen. Wie können wir da einen Weg in die Freiheit gehen? Wer geht da wo hin? Wo soll diese Freiheit sein, wenn wir all das sind und alles durchdringen?

Erst wenn wir uns mit der Vorstellung identifizieren, ein separiertes „Ich" zu sein, das von der Umwelt durch seine Individualität getrennt ist, und uns in dieser Vorstellung durch unsere Wahrnehmung entsprechend bestätigt sehen, sind wir einer imaginären Krankheit erlegen, die wir durch eine imaginäre Medizin heilen können.

Auf einer oberflächlicheren Ebene können wir die Symptome, die mit dieser Krankheit verbunden sind, behandeln. Dadurch können wir eine relative Verbesserung des Gesamtzustandes herbeiführen. Wir können mehr Erfolg und mehr Vertrauen bekommen und uns darin entspannen. Wir können auch unsere Wahrnehmung unserer Umwelt mitsamt den Ereignissen, Umständen und Mitmenschen verändern oder verbessern. Damit können wir diese Trance, diesen Traum, ein individueller Spieler in dieser Welt zu sein, zu einem relativ guten Traum machen.

Wenn es aber nicht mehr darum gehen soll, diesen Traum zu verändern oder zu verbessern, sondern durch den Traum hindurch das Selbst zu erfahren, dann ist direktes Erleben die Medizin, die diese Krankheit der fehlgeleiteten Identifizierung mit dem separierten

„Ich" heilt. Direktes Erleben ist ein Heilmittel, das die mit der Vorstellung verbundene Anstrengung, Innen und Außen getrennt halten zu müssen, entspannt. Im direkten Erleben kommen Inneres und Äußeres zusammen. Zurück bleibt Einssein, das Alles mit einschließt. Das betrifft auch oder gerade das, was wir so sehr im Äußeren halten wollen, was wir vermeiden, verändern oder verbessern wollen. Durch das direkte Erleben erkennen wir das Selbst sogar in unserem dunkelsten Keller. Direktes Erleben ist eine lebendige Möglichkeit, einen Schritt hinaus ins Unbekannte zu machen, um die Wahrheit dessen, der wir wirklich sind, zu erkennen. Und dieser erste Schritt beginnt damit zu wissen, worum es in diesem Leben gehen soll – was ist es, das du wirklich willst?

Das Ego ist der Versuch, Innen und Außen zu trennen.
Im direkten Erleben ist das untrennbar.

Was willst du wirklich?

> „Ein Mensch erhofft sich fromm und still,
> dass er einst das kriegt, was er will.
> Bis er dann doch dem Wahn erliegt
> und schließlich das will, was er kriegt."
>
> *Eugen Roth*

Um zu erreichen, was wir wollen, müssen wir zuerst einmal wissen, was es ist, das wir von ganzem Herzen wollen. Denn wenn wir nicht wirklich wissen, was wir wollen, sondern nur, was wir nicht wollen, laufen wir Gefahr, genau das zu kriegen, was wir nicht wollen. Wie können wir dann erwarten, dass wir erhalten, was wir wirklich wollen? Dann sollten wir uns auch nicht wundern, wenn wir darüber frustriert sind.

Es ist dabei vollkommen egal, worum es geht. Wenn wir in den Urlaub fahren und einfach nur ziellos starten, ohne uns vorher klar zu sein, wohin wir reisen wollen, werden wir irgendwo landen. Dann können wir uns nur noch mit dem Ergebnis arrangieren, wir können nur noch reagieren. Sollten wir dann am Meer landen, mag das schön und gut sein, besonders wenn wir gern am Meer sind. Wenn wir aber das Meer nicht mögen, werden wir unzufrieden sein. Und wenn wir eigentlich in die Alpen wollten, haben wir unser Ziel völlig verfehlt. Sind wir uns aber im Klaren darüber, dass wir zum Skilaufen in die Alpen wollen, dann können und werden wir direkt dorthin fahren und auch nicht am Meer landen.

In dem, was in unserem Leben wirklich wichtig ist – worum es in diesem Leben wirklich gehen soll –, benötigen wir eben diese Klarheit. Denn erst, wenn wir wirklich wissen, was wir wollen und worum es in unserem Leben gehen soll, können wir unserem Leben diese Richtung geben. Erst dann können wir uns diesem Ziel hingeben. Dies ist wahrhaftig der erste und entscheidende Schritt.

Ich habe in Kursen und Einzeltreffen mit Personen immer wieder erlebt, wie sie unklar waren in dem, was sie wirklich wollen. Das zeigt sich zum einen in der absoluten Unkenntnis oder dem Verdrängen des eigenen Wunsches. Diese Unklarheit kann sich auch in der Behauptung zeigen, dass ja sowieso alle das Gleiche wollen, nämlich Glücklichsein, was immer jeder Einzelne auch darunter verstehen mag. Dies betrifft nach meinen eigenen Beobachtungen sowohl Therapeuten als auch deren Klienten und schließt tragischerweise häufig sogar die Art mit ein, mit der wir diesen Wunsch zu erfüllen suchen. Wie kann ein Therapeut wirklich einem Patienten helfen, wenn er gar nicht weiß, was dieser wirklich will? Und wie können wir andererseits von irgendjemandem Hilfe bekommen, wenn wir selbst nicht einmal wissen, was wir wirklich wollen? Wenn in diesem Punkt nicht vollkommene Klarheit und Ehrlichkeit herrscht, können wir entweder vollkommen aneinander vorbei kommunizieren oder aber auch etwas bekommen, was wir gar nicht wollen. Ich selbst habe diese Erfahrung sehr schmerzlich gerade in spirituellen Gruppen gemacht. Im Gewahrsein meines eigenen Verlangens nach

Was willst du wirklich? Nur wenn du das weißt, wirst du deinem Leben diese Richtung geben.

Freiheit hatte ich dieses bei allen anderen ebenso vorausgesetzt. Erst beim intensiven Nachfragen und Beobachten wurde mir klar, dass die einzelnen Teilnehmer aus ganz unterschiedlichen Gründen und Erwartungen kamen und obendrein ganz unterschiedliche Ziele und Wünsche hatten. Für viele ging es darum, dabei zu sein. Andere wiederum wollten nur zu Füßen eines verehrten Lehrers sitzen.

Daher beginnt unser Streben zuerst einmal mit dem ersten Schritt, mit der Frage: „Was will ich wirklich?"

Dabei geht es bei diesem ersten Schritt nicht darum zu wissen, wie wir unser Ziel erreichen können. Es geht nicht darum zu wissen, was wir machen müssen, um das Ziel zu erreichen, sondern nur um das Ziel selbst. Aber leider ist das Nichtwissen, wie das Ziel zu erreichen ist, eines der Hindernisse oder Hinderungsgründe, die immer wieder auftreten und zur Begründung dienen, diesen ersten Schritt zu unterlassen.

Es geht dabei wirklich darum, absolut ehrlich zu sein. Wirklich ehrlich und wahrhaftig zu sein in der Frage: „Was will ich wirklich?" ist die Voraussetzung für die Erfüllung unseres Wunsches. Es geht nicht darum, wie gut dieser klingt oder ob dieser im Trend ist oder allgemein akzeptiert wird. Stattdessen können wir diesen Wunsch von einer eher oberflächlichen Sicht auf eine wirklich essentielle Ebene bringen und dann diesen Wunsch im Herzen erkennen und wirken lassen.

Die gleiche Ehrlichkeit unseren Wünschen gegenüber kann uns auch die Wirkung der Erfüllung dieser Wünsche erkennen lassen. Auf der oberflächlichen Ebene können sie dazu führen, das Ego so weit zu heilen, dass wir erkennen, dass ein gesundes Ego nicht ausreicht, um wahrhaft glücklich zu sein. Wenn du zum Beispiel unter ständigen Schmerzen leidest, dann kann das Erlangen des körperlichen Wohlbefindens dir vielleicht erst den Zugang zu essentielleren Bedürfnissen ermöglichen. Vielleicht kannst du erst dann deiner momentanen Situation ins Gesicht schauen und erkennen, dass das, was du wirklich willst, Freiheit und Liebe ist. Direktes Erleben der momentanen Situation im Leben, wie immer diese auch aussehen mag, ist eine Möglichkeit, von hier aus einen Schritt hinaus ins

Unbekannte zu wagen und zu erkennen, wer oder was wir wirklich sind. Das setzt natürlich erstens voraus, dass es das ist, was du wirklich willst, und zweitens deine Bereitwilligkeit, dein Leben dieser Erforschung zu widmen.

> Gehe bitte noch einmal zurück zu der Übung im letzten Kapitel. Dort hast du eine Liste davon erstellt, was du dir wünschst, und bist der Frage nachgegangen, was dir die Erfüllung dieses Wunsches geben würde, bis hin zum essentiellen Zustand!
>
> Stelle dir jetzt in Bezug auf diese Liste wiederholt die folgenden Fragen und schreibe die Antworten auf, ohne diese vorher zu beurteilen.
>
> „Wo habe ich nach dem gesucht, was ich wirklich will?"
>
> „Worauf ist meine Aufmerksamkeit gerichtet?"
>
> „Womit verbringe ich meine Zeit?"
>
> „Was hält mich davon ab, das zu erreichen?"
>
> „Wo – glaube ich – das schlussendlich zu finden?"

Im Zusammenhang mit dieser Übung mag dir vielleicht das eine oder andere klargeworden sein, was dich von dem Erreichen deines Zieles abgehalten hat. Wenn das allerdings die Tendenz in dir unterstützen sollte, dich mangelhaft, unvollständig oder in irgendeiner Weise falsch zu fühlen, da du dein Ziel noch nicht erreicht hast, dann möchte ich an dieser Stelle auf etwas hinweisen, das ein vollkommen anderes Licht auf diese Entdeckungen werfen kann. Was immer wir tun, um unsere Wünsche zu verwirklichen oder unsere Ziele zu erreichen, selbst wenn es nicht zum Erfolg führt, ist von einer positiven Absicht geprägt, einer Absicht, die uns dem, was wir wirklich wollen, näher bringt. Diese positive Absicht zu finden und anzuerkennen, kann selbst schon sehr viel Frieden bringen und den Kampf und die Suche beenden. Und dann können wir uns entspannen und erkennen, dass wir bereits frei sind und dass wir nichts tun müssen, um frei zu sein. Wir können erkennen, dass es nur die Identifizierung mit dem imaginären „Ich" ist, die die Illusion der Unfreiheit und Unvollkommenheit erzeugt. So ist zum Beispiel das Zweifeln auf den ersten Blick eine Leidenschaft, die – wie der Name schon sagt – Leiden schafft und nicht direkt zielführend ist. Die positive Absicht darin ist vermutlich jedoch die Suche nach Sicherheit. Und in dieser Sicherheit wird die Möglichkeit, frei zu sein, vermutet. Diese positive Absicht zu erkennen, beendet auch die Notwendigkeit, das Zweifeln zu bekämpfen. Denn Zweifeln zu bekämpfen ist absolut unsinnig, da Zweifeln einen inneren Kampf darstellt. Erst die positive Absicht darin zu erkennen, lässt diese Tendenz zur Ruhe kommen.

Abschließend zu diesem Kapitel möchte ich ein kleines Experiment vorstellen, in dem wir unsere wahre Natur in dem, was wir wirklich wollen, direkt erleben können.

Was willst du wirklich?

Schließe bitte deine Augen und mach es dir im Sitzen oder Liegen bequem. Worüber bist du dir gewahr? Was immer das sein sollte, lass dies ein Signal sein, noch tiefer zu fallen. Und wenn sich alles entspannt und du noch tiefer fällst, kannst du von hier aus dem bewussten Verstand die Frage stellen: „Was will ich wirklich?" Und dann bemerke auch die Antwort des bewussten Verstandes!

Und wenn du dann noch tiefer aus dem Kopf in den emotionalen Körper – in dein Herz – fällst, dann stelle auch hier die Frage: „Was will ich wirklich?" Und achte auch hier auf die Reaktion, die dein Herz zeigt!

Und dann kannst du noch tiefer als der emotionale Körper in den physischen Körper hineinfallen, und auch hier die Frage an den physischen Körper stellen: „Was will ich wirklich?" Und auch hier kannst du die Reaktion bemerken, die der physische Körper zeigt!

Und wenn du dann noch tiefer in einen weiten Raum sinkst und die Frage in den weiten unendlichen Raum wirfst und dich auf dieser tiefsten Ebene fragst: „Was will ich wirklich?", achte auch hier auf die Antwort und Reaktion aus der Tiefe des weiten Raumes!

Und wenn du jetzt hier aus dem tiefsten Empfinden heraus eine Bitte oder einen Herzenswunsch für dein Leben stellen würdest, worum würdest du bitten? Worum soll es in deinem Leben gehen?

Wenn du für die Erfüllung dieser Bitte etwas geben würdest, etwas, das du zu geben oder aufzugeben bereit bist, was wäre das? Was bist du bereit, dafür zu geben oder aufzugeben?

Und wenn du jetzt deine Bitte gesprochen und dafür etwas gegeben hast, dann halte still und gib die Kontrolle auf. Gib die Kontrolle auf und gib dein Leben an das, was diese Bitte beantwortet!

Entdecke, wie tief die Stille ist und wie weit die Stille ist, wie zufrieden und glücklich! Wenn du dir des endlosen Raumes über und unter dir gewahr bist, links von dir und rechts von dir und vor und hinter dir, ist überall nur endloser Raum, Stille, Weite und Glück, und dann stell dir in diesem direkten unmittelbaren Erleben die Fragen: „Wie groß bin ich? Woraus bin ich gemacht? Was, wenn ich nicht getrennt wäre von diesem Raum und von dieser Stille und diesem Glück? Was, wenn ich dieser Raum, diese Weite und diese Stille bin?" Und was, wenn du dir jetzt, in deinem unmittelbaren, direkten Erleben gewahr bist, dass du diese Stille, diese Weite und dieser Raum bist?

Und dann kannst du, ohne dass du irgendetwas tun musst oder sich irgendetwas ändern muss, deine Augen öffnen. Und was, wenn du dann weiter in dieser Stille, dieser Weite und dieser Glückseligkeit bleiben kannst?

Der wahre Freund –
Kommunikation von Herz zu Herz

„Es ist sehr leicht, in der Theorie zu lieben;
das wirkliche Problem tritt in der Praxis auf.
Und denke daran, solange du Menschen nicht liebst –
konkrete, wirkliche Menschen –,
ist all deine Liebe zu Bäumen und Vögeln Schwindel,
reiner Hokuspokus."

Osho

Ein wahrer Freund ist Medizin für die Welt und für das Leiden in dieser Welt. Da wir die Ursache des Leidens genauso wie die des Glücks nahezu immer im Äußeren vermuten, suchen wir die Antwort auf die Frage, wie das Leiden gestoppt werden soll, zumeist auch bei „den Anderen".

Dass Annahmen wie „wenn nur mein Gegenüber so und so wäre, dann wäre ich glücklich" oder „wenn nur Saddam Hussein oder Bin Laden nicht wären, dann wäre die Welt friedlich" nicht zu einem friedlicheren Leben führen, wird bei einem nüchternen Blick auf unsere Umwelt jedem schnell klar. Der Wahnsinn in und um uns herum kann nur an der Basis gestoppt werden und die Basis stellen wir dar, jeder Einzelne von uns.

Wie wäre es, wenn wir einfach so sein könnten, wie wir sind, ohne irgendetwas darstellen zu müssen, ohne uns rechtfertigen zu müssen, ohne rechthaben zu müssen. Wie schön war doch das Leben als Kleinkind für die meisten von uns. Was immer wir taten, die Liebe unserer Umwelt war uns sicher. Solange wir nur klein genug waren, hatte niemand Erwartungen an uns, wurde unser Tun nicht sofort als gut oder schlecht beurteilt.

Und heute? Haben wir nicht alle Erwartungen an uns und unser Gegenüber? Und wie schnell mögen wir uns und unsere Mitmenschen be- und verurteilen! Und ist nicht gerade dieser Blick auf uns und unsere Mitmenschen die Ursache für den Wahnsinn in unserer Welt?

Wir haben gelernt, die Welt aus einer „vernünftigen" Perspektive zu beurteilen. Doch psychologische Untersuchungen belegen, dass nach den ersten fünf Jahren eines Menschenlebens kaum noch neue Daten gespeichert werden und alles Neue mit dem schon Bekannten verglichen wird. Aus diesem Vergleich machen wir uns ein Bild, um zu einem Urteil zu kommen. Wir schleppen also bei jedem Blick auf unsere Welt eine Altlast mit, die überhaupt nichts mit dem Tatsächlichen zu tun hat. Wir kommen zu Urteilen über unsere Mitmenschen, die mit den Mitmenschen in diesem Moment überhaupt nichts zu tun haben, sondern nur widerspiegeln, was in uns vorgeht. So zwängen wir Menschen in eine Schublade und gehen nicht unvoreingenommen in eine neue Situation. Jeder lebt in seiner eigenen Welt, seiner eigenen Trance und glaubt an die Realität dieser Trance, die gegen andere Trancen als „richtiger" verteidigt, behauptet und bestätigt wird. Das ist der ganz normale Wahnsinn dieser Welt mit allen seinen Auswirkungen im Kleinen und im Großen.

Unsere ganze Konditionierung in der Kindheit und unsere gesamte Ausbildung zielen darauf ab, Wissen zu erlangen. Seit unserem Babydasein wurden wir belohnt, etwas zu wissen. Zu wissen, wie wir heißen, zu wissen, wann wir reden sollen, zu wissen, wann wir aufs Töpfchen müssen. Wissen, wann man Fragen stellen darf, wissen, wie die Antwort zu lauten hat. Alles drehte sich nur um eines: zu wissen.

In der Arbeit mit Menschen habe ich immer wieder erlebt, wie diese versucht haben, die „richtige" Antwort auf meine Fragen zu geben. Sie nahmen an, dass diese „richtige" Antwort objektiv wäre, messbar, unabhängig von ihnen und irgendwo da draußen. Und mit der „richtigen" Antwort hätten sie ihre Aufgabe perfekt erfüllt und würden belohnt. In unserer heutigen Welt sind das die Spielregeln, mit denen wir alle erzogen worden sind. In der Schule ist diese Vorgehensweise auch angebracht. Dort werden Fertigkeiten und Qualitäten belohnt, die sich auf die äußerlichen Bereiche unserer

Erfahrung beziehen, und dem Entdecken und Erleben der inneren Tiefe wird wenig Wertschätzung entgegengebracht. Für unseren Erfolg im Außen mag es vielleicht von Nutzen sein, unser Nichtwissen oder das Gefühl von Unzulänglichkeit zu verbergen. Aber es geht hier um denjenigen, der das zu verbergen sucht. Und da ist Nichtwissen ein direktes Eingangstor. Es geht nicht um die „richtige" Antwort, sondern darum, direkt zu erleben. Dann ist es möglich, unsere wahre Natur noch tiefer aufzudecken. Und sobald wir einmal erkannt haben, dass die Auffassung, „jemand zu sein, der die richtige Antwort kennt" nur eine Trance, eine Illusion ist, die die Realität über unsere Natur verschleiert, dann können wir durch diese Illusion hindurchschauen und direkt erleben, wer wir sind. Sobald wir einmal erkannt haben, wer wir sind, werden wir auch die wahre Identität eines jeden, dem wir begegnen, erkennen.

Wenn wir uns erlauben, nicht zu wissen, nicht zu vergleichen, nicht mit uns selber zu reden, dann haben wir die Chance echter

Ein wahrer Freund hört mit offenem Herzen
und mit unvoreingenommenem Verstand.

Kommunikation. Dann können wir unseren Mitmenschen mit einem offenen Herzen zuhören und unsere Aufmerksamkeit der Umwelt und den Mitmenschen schenken. Wir sind dann ein wahrhaft „wahrer Freund", mit einem offenen Herzen und ohne Urteil (Vergleich, Beurteilung, Verurteilung, Besserwissen usw.) Wenn wir in diesem Gewahrsein und dieser Offenheit leben, dann sind wir natürlicherweise allen, denen wir begegnen, ein wahrer Freund. In einer Welt, in der laut Umfrage Ärzte ihren Patienten nach nur 20 Sekunden ins Wort fallen (müssen), ist dieser wahre Freund ein Heilmittel. Aus meiner eigenen Erfahrung dürfen wir als wahrer Freund staunend erleben, wie sich das Leben vollkommen natürlich entfaltet, und das nicht nur in der Therapie, sondern vor allem im Umgang mit unseren Mitmenschen und uns selbst.

Gerade unter Therapeuten und Ärzten ist der Glaube weit verbreitet, dass der Therapeut etwas hätte oder wüsste, was uns fehlt und was er uns geben kann. Vielleicht kann das auf der oberflächlichen Ebene auch so sein. Jedoch der Glaube, er könne uns etwas Fehlendes geben, wird genährt von der Idee unserer eigenen Mangelhaftigkeit und Unvollständigkeit. Das untermauert die Vorstellung, eine von der Umwelt abgetrennte, ungenügende Identität zu sein, die eine andere, fähigere Identität benötigt, um frei zu sein. Das aber ist eine Form von Gefangenschaft, sowohl für den Patienten als auch für den Arzt oder Therapeuten. Denn der Therapeut ist dann mittlerweile in die Trance/Geschichte des Patienten eingestiegen und geht von dessen Mangelhaftigkeit aus. Es besteht aber in der Therapie die Möglichkeit, dem Patienten mit einem offenen Herzen ohne Beurteilung und eigenem Plan als wahrer Freund zur Verfügung zu stehen. Was, wenn der Therapeut sich nicht in die Trance des Patienten hineinziehen lässt, sondern sie als Ausdruck des Selbst erkennt, als unbegrenzte Liebe, Präsenz, Stille? Dann kann in dieser Begegnung jederzeit und ausnahmslos allem, was gesagt oder ausgedrückt wird, direkt begegnet werden, ohne Beurteilung, ohne Verurteilung und ohne Vermeidung. Das ist die eigentliche Hilfe, dann kann Heilung geschehen.

Wir können auch für uns selbst ein wahrer Freund sein. Dann können wir direkt erleben, dass alles, was wir uns zu sein vorstellen, vollkommen illusorisch ist. Wir erleben ebenso, dass die Auffassung „Jemand zu sein, der etwas braucht" eine Trance ist. Wir erkennen, dass es sich um eine selbst erzeugte Trance handelt, die die Realität vernebelt oder maskiert. Wenn wir das erkannt haben, führt das automatisch zu heiterer Gelassenheit. Und sobald wir erkannt haben, wer wir sind, werden wir auch die wahre Identität eines jeden, dem wir begegnen, erkennen. Dann können wir der ganzen Welt ein wahrer Freund sein. Was, wenn wir allem und jedem als wahrer Freund begegnen würden?

> Für dieses Experiment benötigst du einen Partner, der dir einmal als ein „wahrer Freund" und ein anders Mal als „Besserwisser" gegenübersitzt. Der „wahre Freund" wird in der Übung dem Partner mit offenem Herzen und ruhigem Verstand zuhören, ohne eigene Be- oder Verurteilung dessen, was er hört. Er reagiert also nicht in Form von Ratschlägen, Besserwissen oder Lösungsvorschlägen darauf. Dann schlüpft der „wahre Freund" in die Rolle des „Besserwissers", der jetzt dem Partner zuhört und mit eigener Meinung, Vorschlägen, Beurteilungen nicht zurückhält.
>
> Erzähle jetzt dem „wahren Freund" eine Geschichte aus deinem Leben, die für dich eine emotionale Ladung enthält. Bemerke, was die Präsenz eines „wahren Freundes" bewirkt.
>
> Erzähle die gleiche Geschichte (oder deren Fortsetzung) deinem Gegenüber, jetzt ist er aber der „Besserwisser", und bemerke auch jetzt, was die Anwesenheit des „Besserwissers" mit dir und deiner Geschichte macht.
>
> Dann fahre mit der Geschichte fort, jetzt aber ist dein Gegenüber wieder der „wahre Freund".
>
> Was ändert sich jedes Mal, wie hast du dich gefühlt?

Wie denkst du?

> "Wirf deine Gedanken wie Herbstblätter in einen blauen Fluss,
> schau zu, wie sie hineinfallen und davontreiben,
> und dann vergiss sie."
>
> *Zen-Weisheit*

Als mir zum ersten Mal die Frage gestellt wurde „Wie denkst du?", war ich total überrascht, denn ich hatte meinen Fokus noch nie auf die Frage „Wie" gerichtet. Stattdessen war ich immer nur damit beschäftigt, „worüber" ich denke oder nachdenke. Für mich war Denken immer ein von der Natur vorgegebenes Werkzeug zur Problemlösung, das sich leider manchmal verselbstständigt und dann kein Ende findet. Das geht dann so weit, dass wir uns Gedanken über das Denken selbst machen, ohne dass das Denken selbst überhaupt in Frage gestellt wird.

In der Wissenschaft stellt das Denken eine Zusammenfassung aller Vorgänge dar. Diese bestehen aus einer inneren Beschäftigung mit Vorstellungen, Erinnerungen und Begriffen und versuchen eine Erkenntnis zu formen mit dem Ziel, damit brauchbare Handlungsanweisungen zur Meisterung von Lebenssituationen zu gewinnen[28]. Darüber wird in der Wissenschaft viel mit den dabei typischen Methoden der Objektivität geforscht. Was so viel bedeutet wie „von außen betrachtet, wobei der Beobachter von dem Gegenstand der Forschung getrennt ist".

Denken findet nun mal aber (leider) nicht außerhalb von uns, beziehungsweise dem Beobachter statt. Wenn du die Definition der Wissenschaft über das Denken liest, dann wirst du gewiss ganz hellhörig. Da geht es um innere Beschäftigung, Vorstellungen und Erinnerungen, alles Kriterien einer Trance. In den Yoga-Sutren schreibt Patanjali unter anderem, dass es fünferlei seelisch-geistige Zustände gibt[29]. Wenn diese „zur Ruhe kommen", ruhen wir in unserer

Wesensidentität. Diese fünf seelisch-geistigen Zustände sind unter anderem Vorstellung und Erinnerung. Es heißt dort: „Vorstellung ist eine Erkenntnis, die bloß auf Worten beruht, die bar jeder Wirklichkeit sind" und: „Die Erinnerung ist das Nicht-Abhandenkommen von früher erfahrenen Sinnesgegenständen". Das Beschäftigtsein mit diesen seelisch-geistigen Vorgängen verhindert das Ruhen in der Wesensidentität. Denken stellt nach der Definition der Wissenschaft eine Beschäftigung mit einer Kombination dieser seelisch-geistigen Zustände dar. Es heißt aber in allen spirituellen und religiösen Traditionen, dass das Einstellen des Denkens, oder das Anhalten des Inneren Dialogs, den Beginn allen spirituellen Wachstums darstellt. Wie aber wollen wir das Denken aufgeben, wenn wir nicht einmal wissen, wie wir denken oder wie das Denken abläuft?

Die westliche Wissenschaft strebt an, Wissen über das Denken zu schaffen. Übrigens gehört gültiges Wissen auch zu den seelisch-geistigen Zuständen und besteht nach Patanjali aus direkter Wahrnehmung, Schlussfolgerung und Überlieferung.

Etwas sehr Wertvolles, das die westliche Wissenschaft hervorgebracht hat, ist der Begriff der Objektivität. Wenn wir diese Objektivität – ich würde es lieber Nüchternheit statt Objektivität nennen – zur Untersuchung der inneren Vorgänge nutzen, dann kann dies das Erkennen unserer eigenen Natur sehr unterstützen. Wenn wir dann noch die Trennung zwischen Beobachter und dem Beobachteten aufgeben, wenn wir damit aufhören, uns von dem Gesehenen zu dissoziieren, wird es kein Gesehenes geben, weil beides in dem Akt des direkten Erlebens verschmilzt und Eins wird, und dann offenbart sich unsere ureigenste Natur direkt. Dann kann auch die Frage nach dem „Wie denken wir?" unsere Augen öffnen, sowohl zum Erkennen unserer eigenen Natur als auch dafür, wie wir diese verschleiern.

Dafür müssen wir nur den Blick von außen nach innen wenden. Damit können wir gleichzeitig erkennen, wie wir (zumeist unbewusst) diese Trennung von außen und innen überhaupt erst entstehen lassen und damit einen Mechanismus in Gange gesetzt haben und aufrecht erhalten, der uns dann zu einer spezifischen Reaktion veranlasst. Wenn wir uns dann nur noch auf unser Reagieren fokussieren, vergessen wir leider, was wir vorher bereits getan haben, um diese Trennung zu erzeugen. Wir vergessen, wie wir bereits agiert haben, um uns in die Situation zu manövrieren, dass wir nur noch reagieren können. Und mit diesen Reaktionen identifizieren wir uns dann und glauben, das wäre, wer wir sind und was wir sind. Wir sind damit am Ende einer Kette von Reaktionskaskaden und Fehlidentifikationen angelangt, die mit der ersten Abtrennung durch die Identifizierung mit dem „Ich" beginnt. Sie endet unweigerlich in dem Gefängnis des Reagierenmüssens. Dann geht es nur noch um „mich, aus meiner Sicht" und wer mir was angetan hat und was richtigzustellen ist. Dann hat sich der Beobachter mit dem, was er beobachtet, identifiziert. Das ist genauso, als wenn wir uns beim Fernsehen mit einer der Personen, die wir im Film sehen, identifizieren und glauben, derjenige zu sein. Wahrscheinlich ist es auch genau diese unsere Fähigkeit, die die Faszination des Films ausmacht. Es ist genau wie im Leben.

Indem wir den Blick von dem Inhalt unserer Gedanken, dem „worüber" oder „woran" wir denken, hin zur Frage nach dem „wie" wir denken wenden, werden wir auch erkennen, dass wir selbst für unsere Gedanken verantwortlich sind. Und da die Gedanken zudem auch zu einem erheblichen Teil dazu beitragen, wie wir etwas wahrnehmen, erkennen wir auch unsere direkte und unmittelbare Verantwortung für unsere Wahrnehmung selbst. Es ist niemand anderer da, der für unsere Gedanken verantwortlich ist, es ist ohnehin niemand da. Das entblößt den dissoziierten Standpunkt als vollkommen illusorisch und bringt Innen und Außen, Opfer und Täter, Beobachter und Beobachtetes im direkten Erleben augenblicklich zusammen.

> Untersuche hierzu einen Gedanken, der für dich eine Bedeutung im Leben hat oder eine gewisse Ladung für dich enthält. Das kann ein Gedanke an eine Person oder an ein Ereignis sein.
>
> Bemerke, was du tun musst, um diesen Gedanken zu denken!

Was ist es genau, das du in deinem Körper fühlst?

Siehst du Bilder vor deinen Augen und wenn ja, wie sind diese beschaffen? Sind die Bilder bewegt, wie in einem Film, oder unbewegt, wie auf einem Dia? Bist du in dem Bild oder der Szene oder befindest du dich außerhalb? Ist es schwarz-weiß oder farbig?

Was hörst du innerlich in deinem Kopf? Ist es deine eigene Stimme, die zu dir spricht, oder eine fremde? Woher weißt du, dass es deine Stimme ist? Was macht es zu deiner Stimme?

Was löst den ganzen Gedanken überhaupt erst aus? Gibt es einen spezifischen Auslöser?

Wie ist die Reihenfolge, in der die einzelnen Komponenten zusammengesetzt sind? Was, wenn diese Reihenfolge verändert wäre?

Welche Bedeutung hat dieser Gedanke für dich? Was, wenn er die gegenteilige Bedeutung hätte? Was, wenn dieser Gedanke überhaupt keine Bedeutung hätte? Was macht diesen Gedanken überhaupt erst zu **deinem** Gedanken?

Wenn wir uns, wie in diesem Experiment, eines Gedankens annehmen in der Absicht, ihn zu untersuchen, können wir diesen Gedanken in seine einzelnen Bestandteile aufteilen. Normalerweise kommt der Gedanke als eine Art Gesamtpaket daher, ohne Absender und mit deiner Zieladresse. Du öffnest das Paket, um dich mit dem Inhalt zu beschäftigen. Wenn du aber die einzelnen Anteile einzeln und unabhängig voneinander untersuchst, wirst du wahrscheinlich erleben, dass erst das Gesamtpaket den Eindruck erweckt, real zu sein – wenn wir denn bei Gedanken von real überhaupt sprechen können. Ich meine damit, dass dieser Gedanke dann als „mein Gedanke" akzeptiert und wirksam wird. In die einzelnen Bestandteile zerlegt, hat dieser Gedanke wahrscheinlich gar nicht diese Wirkung auf dich. Du würdest dich gar nicht mit diesem Gedanken identifizieren. Wenn du auch nur einen einzigen Parameter im Gesamtpaket änderst, wird der Gesamteindruck so verändert, dass dieser Gedanke nicht mehr als real oder als „mein Gedanke" wirken würde, und damit verliert er sofort seine Wirkung auf dich. Wenn du zum Beispiel die Tonlage der Stimme veränderst, die das Bild, was du siehst, kommentiert, dann ergibt sich ein ganz anderer Eindruck. Vielleicht ist es dann nicht mehr deine Stimme und damit verliert der Kommentar seine Intensität? Mit den anderen Parametern kannst du ebenso verfahren. Oder du änderst die Reihenfolge, in der die Einzelkomponenten zusammengesetzt sind. Jedes Mal ergibt sich ein anderer Gesamteindruck. Und mit jedem veränderten Gesamteindruck erhöht sich die Wahrscheinlichkeit, den illusionären Charakter der Gedanken zu erkennen, ebenso wie den Part, der es zu „meinem Gedanken" macht. Ein Gedanke, mit dem ich mich nicht mehr identifiziere, der kommt und geht. Er ist wie ein entferntes Geräusch, das du hörst und mit dem du dich ja auch nicht immerzu identifizierst. Oder sagst du etwa zu dem Zug, dessen entferntes Signal du hörst: „Das bin ich?"

Und wenn du dann erkennst, dass das für alle Gedanken zutrifft, dass Gedanken kommen und gehen und erst die Identifizierung damit zum Problem wird, dann eröffnet das ganz natürlich und unmittelbar

Wie denkst du? Aus welchen Bestandteilen bestehen deine Gedanken?

die Weite des Raumes, in dem alles stattfindet und von dem du nicht getrennt bist. Darin wird deine wahre Natur offenbar.

Ich sehe auf der einen Seite die Fähigkeit des Verstandes, voneinander unabhängige Bestandteile zu einem Ganzen zusammenzufügen und als real erscheinen zu lassen, als eine überaus bemerkenswerte Leistung an, die uns jeden einzelnen Tag das Überleben sichert. Es ist wahrhaftig Magie, die wir jeden Tag betreiben, indem wir dem, was wir wahrnehmen, immer wieder die gleiche Bedeutung geben. Damit geben wir uns und der Umwelt eine Realität, die sie per se gar nicht haben, um uns als imaginäre Person in einer imaginären Welt zurechtzufinden, die wir ständig selbst erzeugen und zu deren Sklaven wir geworden sind.

Auf der anderen Seite aber, wenn wir dieses Gefängnis verlassen wollen und uns das Verlangen nach Freiheit antreibt, dann kann das Erkennen, wie wir denken, ein Weg oder ein Tor dahin sein.

> Nimm bitte noch einmal den Gedanken, den du in der vorangegangenen Übung untersucht hast, der für dich eine Bedeutung im Leben darstellt oder eine gewisse Ladung enthält.
>
> Wenn du dir der visuellen Parameter und deren Beschaffenheit sowie der Wirkung auf dich gewahr bist, kannst du jetzt mit diesen Parametern spielen, indem du sie veränderst. Du kannst zum Beispiel Schwarz-Weiß-Szenen farbig machen, Standbilder in Bewegung setzen usw. Bemerke, was passiert und wie sich der Gesamteindruck insgesamt sowie die Wirkung, die das auf dich hat, verändert.
>
> Wenn du dir der akustischen Parameter und deren Beschaffenheit und Wirkung auf dich bewusst bist, dann verändere auch diese in spielerischer Art und Weise. Bemerke auch in der unterschiedlichen Anpassung der akustischen Parameter, was passiert und wie sich der Gesamteindruck insgesamt sowie die Wirkung, die das auf dich hat, verändert.

Nimm dir alle Bestandteile in dieser Weise vor und spiele mit ihnen. Verändere die einzelnen Komponenten und setze sie neu zusammen.

Was ändert sich jeweils und in welcher Art und Weise nimmst du das damit entstandene Gesamtergebnis wahr? Welche Wirkung hat das auf dich?

Wenn du alles verändert hast, was bleibt dann? Was ist es, das nicht verändert wird? Was ist der Raum oder das Gewahrsein, in dem alle Veränderungen stattfinden, das aber selbst nicht kommt und geht?

Von der Geschichte zur Struktur

„Es gibt nur ein einziges Interesse an der Welt, das es sich zu haben lohnt: die Fähigkeit, vollkommen frei erschaffen zu können, in vollem Gewahrsein dessen, wie die Erschaffung der Wirklichkeit funktioniert."

Deepak Chopra

Vor kurzem berichtete mir eine Frau von einem Konflikt mit ihrer Freundin. Diese Freundin erzählte ihr von den Problemen, die sie mit ihrem Schwiegersohn hätte. Er sei ein schlechter Mensch und sie müsse sich nun um das Wohl ihrer Tochter kümmern. Zur Missstimmung zwischen dieser Frau und ihrer Freundin kam es, als sie ihrer Freundin signalisierte, dass sie, da sie den Schwiegersohn nicht kenne, weder über diesen und deswegen auch nichts zu den Problemen sagen könne. Das wiederum bedeutete für die Freundin, dass sie nicht die erhoffte Unterstützung von der Frau bekam. Zum Konflikt letztendlich führte dann der wohlgemeinte Hinweis, dass sie da ganz offensichtlich selbst an ein altes Problem mit ihrem eigenen Exmann erinnert würde, das sie bis heute wohl noch nicht verarbeitet hätte.

Diese kleine Episode ist ein typisches Beispiel dafür, wie wir in unserem Leben immer wieder Leid erzeugen. Wir erwarten von unseren Freunden, dass sie unsere Geschichte, in der wir selbst so gefangen sind, unterstützen, egal wie immer diese auch aussehen mag. Wir erwarten von Freunden, dass sie den Täter verurteilen und uns als Opfer sehen und somit in jeder Hinsicht unterstützen. Und wenn sie das nicht tun und unsere Geschichte nicht unterstützen, dann sind sie auch nicht mehr unsere Freunde. Das ist leider eine weit verbreitete Ansicht. Ein Freund oder eine Freundin ist nämlich jemand, der bereit ist, uns in unsere selbst gewählte Trance zu folgen und diese durch Bestätigung zu vertiefen. Dazu bedauert er uns, tröstet oder hilft uns, unser Opfersein erträglicher zu machen, wie immer das auch aussieht oder welche Bedingungen daran geknüpft werden.

Dieses Spiel nennen wir Hypnose oder Tranceinduktion, und es gibt bei diesem Spiel nur Verlierer und keine Gewinner, auch wenn wir uns etwas anderes erhoffen. Das ist die ganz normale alltägliche Taktik, wie sie in allen möglichen Varianten und quer durch alle Schichten der Gesellschaft stattfindet. In diesem Spiel werden alle Beteiligten immer tiefer in Trance versetzt. Und nun kommt in unserer kleinen Episode noch eine weitere Variante hinzu, denn jetzt hat die Freundin zusätzlich zu ihrem Problem mit dem Schwiegersohn ein weiteres Problem mit der Frau, die ihr die Aufmerksamkeit in der von ihr gewünschten Form verweigert. Und die Frau, die mir das alles erzählte, hat jetzt plötzlich in dem Rahmen, in dem sie sich mit derjenigen identifiziert, die sich nicht in die Probleme der Freundin hineinziehen lässt, auch ein Problem, das sie beschäftigt. Und so geht das dann weiter und weiter. Der Preis, den wir dafür zahlen, ist hoch und wiegt den Nutzen, ein bisschen Trost und Aufmerksamkeit zu bekommen, nicht auf. Wir bezahlen dann mit unserer ureigensten Lebensenergie auf Kosten unserer Freiheit. Ist es das wirklich wert?

Denn egal, wie wir in Bezug auf ein wie auch immer geartetes Problem oder eine Geschichte reagieren, ob wir beipflichten oder

Oft erwartest du von „Freunden",
deiner Trance zu folgen und sie zu unterstützen.

nicht, gegenan gehen oder uns zurückziehen, die damit verbundenen Gefühle ausdrücken oder unterdrücken, in jedem Fall ist unsere Reaktion bereits das Kennzeichen, dass wir in tiefe Trance gefallen sind. Diese ist gekennzeichnet dadurch, dass wir eine Distanz zwischen das direkte Erleben des Selbst und unsere Erfahrung bringen. Das machen wir, indem wir es benennen, beurteilen, eine Bedeutung geben und emotional darauf reagieren und dann eine persönliche Geschichte darum erschaffen. In dieser Distanz fühlen wir uns abgetrennt, unvollständig und gefangen.

Direktes Erleben ist ein Medikament gegen diese Trance. Die Bezeichnung Medikament kommt aus dem lateinischen „medica mente" und bedeutet: „Heile durch den Geist!" Und in diesem Sinne können wir von der ursprünglichen Geschichte die Leiter der Tranceentwicklung zu ihrem Ursprung zurückgehen, indem wir untersuchen, wie wir diese Trance aufbauen. Indem wir die Struktur dieser Trance erkennen, kommen wir vom Inhalt der Geschichte zur Struktur. Anstatt die Geschichte zu hegen und zu pflegen, können wir lieber herausfinden, was wir wirklich an spezifischen Sinneserfahrungen haben, was wir direkt erleben. Indem wir unsere Aufmerksamkeit von der Geschichte abwenden, können wir entdecken, was wir im physischen Körper wahrnehmen, wenn wir an die entsprechende Geschichte denken. Weiterhin können wir unterscheiden, wo genau wir das im Körper wahrnehmen und dem unsere ungeteilte Aufmerksamkeit schenken. Und natürlich können wir unser Gewahrsein auch auf den emotionalen Körper richten und die Emotion dort direkt wahrnehmen, ohne sie zu vermeiden, indem wir eine persönliche Geschichte dazu erschaffen. Und schließlich können wir unsere Aufmerksamkeit auf den mentalen Körper lenken und die Vorgänge dort erkennen.

Mir ist aufgefallen, dass vielen Menschen die Unterscheidung zwischen Empfindungen und Sensationen im physischen, mentalen und emotionalen Körper schwer fällt. Häufig kommt dann auf die Frage nach der auftretenden Emotion, die wahrgenommen wird, als Antwort etwas, das auf mentale oder physische Erfahrungen hinweist, wie: „Ich denke, ich fühle" oder „Ich fühle mich verwirrt" oder auch

„Ich fühle Wärme". Das ist auch nicht weiter verwunderlich, wenn wir ein Leben lang immer wieder direktes Erleben mit einem Namen, mit Attributen und mit Bedeutungen und Geschichten gleichgesetzt haben. Wenn wir deren illusorischen Charakter in Frage stellen und die Aufmerksamkeit dahin lenken, was die Geschichte antreibt und sie am Leben erhält, dann ist dies sogar ein direkter Torweg zum Selbst. So wird in der kleinen Episode mit der Frau und der Freundin die fortgesetzte Geschichte mit dem bösen Schwiegersohn von einer Emotion und einem körperlichen Empfinden angetrieben und in Gange gehalten. Dies findet seinen Ausdruck in der Geschichte und wird mit dieser gleichgesetzt. Dieser Emotion ist sich die Freundin sicher insofern gewahr, dass dort irgendetwas ist, das diese Gedankenkette immer wieder antreibt. Nicht jedoch ist sie sich offenbar der Chance zu Freiheit und Glück gewahr, die in dem direkten Erleben dieser Emotion steckt. Stattdessen identifiziert sie sich mit der Person, die auf diese Emotion reagiert, sich davon dissoziiert, in die Umwelt (auf den Schwiegersohn) projiziert und damit dieser Emotion einen Ausdruck verleiht. Damit wird es zu einem Problem im Außen. Was immer auf dieser Ebene auch passiert, ob sie die Unterstützung der Frau bekommt oder nicht, ob der Schwiegersohn plötzlich zum Heiligen wird oder nicht, nichts wird das, was das Problem antreibt – die Emotion – überhaupt berühren. Wenn dann das Problem im Äußeren sogar gelöst wird, verschwindet sogar noch die Chance, das Einssein in dieser Emotion direkt zu erleben. Damit wird die Gefängnismauer nur noch höher. Im direkten Erleben dessen hingegen, was wir tatsächlich wahrnehmen, haben wir die Möglichkeit, durch den Schleier dieser ganzen Geschichte, durch den Schleier dieses Traumes, dieser Trance direkt auf den Urgrund des Seins zu schauen, auf die Natur dieser Existenz. Wir müssen dazu nur bereitwillig sein, auf das zu schauen, was wir wahrnehmen. Wohl deshalb heißt es ja „wahr"nehmen!

> Rufe dir bitte eine Situation in dein Gedächtnis zurück, die für
> dich eine gewisse Ladung enthält, die du vielleicht für leid-

voll oder schmerzhaft hältst, aber auf jeden Fall eine, die dich wirklich betrifft.

Auf einem Blatt Papier mit drei Spalten, beschreibe bitte in der ersten Spalte mit einigen Stichworten diese Situation.

In die zweite Spalte schreibe alle Empfindungen auf, die du bezüglich dieser Situation hast. Schreibe sowohl auf, welche Sinneswahrnehmung du im Körper hast, als auch, welcher Emotionen du dir dabei bewusst bist.

In die dritte Spalte schreibe bitte, wie du auf die Empfindungen in der zweiten Spalte reagierst. (Diese Reaktion ist normalerweise das, womit wir uns im Leben identifizieren, die Basis unserer weiteren Trance).

Gehe jetzt bitte mit deiner gesamten Aufmerksamkeit zu einer der Empfindungen, die du in der zweiten Spalte niedergeschrieben hast. Lass die Situation und die Geschichte, die damit verbunden ist, für diesen Augenblick beiseite und erlebe ganz direkt dieses Empfinden, indem du dich ganz ins Zentrum dessen begibst – so, als wenn du in einen See steigst, in einen See dieser Empfindung. Steige direkt hinein und nicht, indem du dich siehst, wie du hineinsteigst. Derjenige, der das beobachtet, soll da hinein. Sei ganz diese Empfindung. Was ist es, das du dann erlebst?

Geh bitte mit deiner gesamten Aufmerksamkeit in das Zentrum aller Empfindungen, die auftauchen, bis nichts anderes mehr auftaucht und das, was du erlebst, unbegrenzt ist.

Was ist es, das du erlebst? Wer bist du? Kann das, was du bist, verschwinden? Bist du getrennt von dem, was du direkt erlebst? Benötigt das, was du erlebst, irgendetwas?

Was, wenn du von hier auf dein ursprüngliches Problem zurückschaust?

In der kleinen Episode mit der Frau und ihrer Freundin entstand zwischen beiden ein Konflikt. Weil sie die Geschichte der Freundin nicht unterstützen wollte, blieb die Frau angeblich den Beweis der Freundschaft schuldig.

Was, wenn wir alle aufhören, die Geschichten unserer Freunde, Bekannten und Mitmenschen zu unterstützen und stattdessen unterstützen, was sie wirklich sind, was immer da ist, was nicht kommt und geht?

Das ist wahre Freundschaft! Und überhaupt: Muss sich dann irgendetwas ändern, damit wir frei und glücklich sind?

Der physische Körper – Torweg der Empfindungen

„Das wahre Selbst des Menschen ist ewig, doch er denkt:
Ich bin dieser Körper und werde bald sterben.
Wenn wir keinen Körper haben,
welches Unheil kann uns heimsuchen?"

Laotse

Es ist in unserer Welt allgemein üblich, sich zuerst auf den physischen Körper zu beziehen, wenn wir von „Ich" reden. Wir erkennen uns sogar auf alten Photos wieder, sehen eine Figur auf einem Stück Papier und sagen, das bin ich vor 30 Jahren gewesen. Und wenn wir dann die Spuren, die die Zeit in und an unserem Körper hinterlassen hat, in die Zukunft projizieren, dann ist die Vergänglichkeit plötzlich ganz offenbar. Dieser Körper wird sterben, er ist seit seiner Geburt auf dem Weg zum Friedhof. Und spätestens dann wird die Identifizierung mit dem physischen Körper beendet sein. Das ist die schlechte Nachricht – die gute ist, dass du nicht der Körper bist. Und da du die Identifizierung mit diesem physischen Körper ohnehin aufgeben musst, kannst du dich der Fessel dieser Identifizierung auch schon zu Lebzeiten entledigen und dein Freisein direkt erleben, unabhängig von der Situation und Beschaffenheit des Körpers. Und du kannst dein weiteres Leben dieser Freiheit hingeben und diese in allen Bereichen deines Lebens erforschen.

Unser Körper stellt allerdings auch einen direkten Torweg zum Selbst dar. In einer Zeit der Hochkonjunktur des Yogas, in der unter Yoga meist Hatha Yoga verstanden wird, geht der eigentliche Zweck gerade dieser Form des Yogas oft verloren. Denn die Ausrichtung des Yogas ist, das Erkennen und das Ruhen in der eigenen Wesensidentität zu ermöglichen. Eine Form des Yogas stellt das Hatha Yoga dar, in dem dies über Körperstellungen erreicht werden soll. Diese sind dabei nur ein Hilfsmittel, die anerkanntermaßen zu positiven Auswirkungen auf das Wohlbefinden führen, denn das ist Ausdruck des Ruhens in der Wesensidentität. Aber ein Reduzieren auf bloßes Wohlbefinden wird dem Yoga in keiner Weise gerecht, denn es geht beim Yoga um mehr – viel mehr.

Der physische Körper erlaubt uns das Erkennen und das direkte Erleben unserer eigenen Urnatur. Erst unsere Bewertung verschleiert diese, indem sie dieses direkte Erleben an Bedingungen knüpft und in Beziehungen setzt. Der bekannte indische Lehrer Punjaji wurde einmal gefragt, was es mit dem Sex auf sich hätte. Seine Antwort lautete: „Kinder zu zeugen". Auf die Frage, warum sich das so gut anfühle, antwortete er: „Damit du es machst"[30]. Und das ist genau der Punkt. Im Orgasmus erleben wir das Überfließen unserer eigenen Natur, unserer eigenen Energie. Das fühlt sich so gut an. In der tiefen Entspannung, dem Loslassen aller Anspannung, erleben wir direkt das Aufgehen in der Weite des Augenblicks, das mit dem Verschwinden des Egos einhergeht. Dies ist der Augenblick, in dem alles Begehren und Verlangen, das das direkte Erleben des Selbst verschleiert, verschwindet, und der unsere wahre Natur offenlegt als Sein – Bewusstsein – Glückseligkeit. Das ist es, wonach wir alle uns sehnen. Die Natur bedient sich eines kleinen Tricks, indem sie

Der physische Körper kann auch als Torweg zum direkten Erleben dienen.

dieses Verlangen mit dem Fortpflanzungstrieb verbindet und so das Fortbestehen der menschlichen Spezies sichert. Gleichzeitig macht sie uns glauben, dass wir erst in der Vereinigung mit dem Anderen unser Glück finden und dass wir dieses Glück außerhalb von uns finden. Belohnt werden wir dann beim Befolgen dieses Tricks mit einem Augenblick direkten Erlebens unserer eigenen Urnatur, nur um gleich danach wieder in die Trance zu fallen, der begehrte Partner wäre unser Glück. Im täglichen Leben und Umgang miteinander kann daraus in vielerlei Hinsicht viel Leid für uns selbst und auch für die Mitmenschen entstehen.

Welche Möglichkeiten allerdings der physische Körper mit seiner Fähigkeit zum Empfinden als Eingangstor zur Freiheit bietet, kannst du in den nun folgenden Experimenten selbst direkt erleben.

> Untersuche bitte einmal eine Situation, die für dich eine Bedeutung im Leben hat, ungeklärt ist oder eine gewisse Ladung enthält. Auf jeden Fall soll diese Situation wirklich dich betreffen. Wenn sie die entsprechende Ladung hat, wirst du schon bei dem Gedanken daran ganz in die Situation versetzt, diese wieder zu erleben.
>
> Richte deine Aufmerksamkeit darauf, was du in dieser Situation in deinem physischen Körper wahrnimmst. Was ist es genau, das du wahrnimmst? Sei dabei bitte exakt in dem, was es ist, und lass alle Bedeutung, die du dem gibst, weg. Ist es zum Beispiel ein Druck oder ein Brennen? Ganz gewiss aber kannst du im physischen Körper keine Verwirrung oder Verzweiflung spüren, denn das sind mentale bzw. emotionale Zustände.
>
> Dann richte bitte deine Aufmerksamkeit darauf, wo genau im physischen Körper du das wahrnimmst.
>
> Gehe dann ganz in das Zentrum dieser Empfindung und bleib ganz bei dieser. Lass die Situation und die Umstände für diesen Augenblick beiseite. Gehe ganz hinein in das Zentrum dieser Empfindung, sei ganz diese Empfindung, so als wenn

> du in einen See hineintauchst, der nur aus dieser Empfindung besteht.
>
> Was ist es, das du hier wahrnimmst? Was immer sich verändert hat, bleib jetzt im Zentrum dieses Empfindens.
>
> Vielleicht zeigt sich im direkten Erleben dieser Augenblick schon als unbegrenzt, frei und vollständig oder wie immer du es mit deinen Worten zu beschreiben versuchst. Falls nicht, bleib im Zentrum dessen, was du jetzt empfindest, solange, bis dein direktes Erleben unbegrenzt ist.
>
> Diese Unbegrenztheit ist deine eigene Natur.

Ich habe in der Arbeit mit Menschen in Gruppen oder auch in Einzeltreffen immer wieder erlebt, dass diese bei der Aufforderung, ganz in das Empfinden hineinzugehen, ein Bild davon sehen, wie sie sich in diese Empfindung hineinbegeben. Das ist allerdings keinesfalls das direkte Erleben. Dieses erfordert das Aufgeben des dissoziierten Standpunktes des Beobachtens, des Bildes von irgendwo außerhalb. Sei also derjenige, der sich in das Empfinden hineinbegibt, und nicht derjenige, der es beobachtet.

Das Einzigartige im direkten Erleben ist die Möglichkeit, jeden Aspekt und jede Situation unseres Lebens zu nutzen, unsere wahre Natur zu erkennen. Dadurch schauen wir durch den Schleier, der diese Natur verdeckt, hindurch und das gerade in Situationen, in denen wir dies am wenigsten für möglich halten. So sind die Empfindungen des physischen Körpers ein Torweg zur Freiheit.

Eine generellere Möglichkeit, die wahre Natur zu entdecken, ist das nun folgende Experiment von Eckhart Tolle.

> Richte deine Aufmerksamkeit auf die Empfindungen des inneren physischen Körpers. Wenn du diesen inneren Körper nicht spüren kannst, dann beginne, indem du deine Hände spürst. Halte deine Hände vor dich, die Handflächen zeigen zum Gesicht, und stelle sicher, dass die Hände nichts berüh-

ren oder auf irgendetwas ruhen. Möglicherweise magst du deine Ellbogen auf den Knien oder auf einem Kissen oder auf dem Tisch ruhen lassen. Dann schließe bitte die Augen und frage dich: „Wie weiß ich, dass ich Hände habe?" Fühle deine Aufmerksamkeit, wie sie in die Hände wandert. Du magst ein leichtes Prickeln, Wärme, Dumpfheit oder Lebendigkeit spüren – was und wie immer du dies spürst oder bezeichnest, es ist die Lebenskraft. Diese Lebenskraft zu spüren ist die Verbindung zur Stille.

Nun lass sich deine Aufmerksamkeit in andere Bereiche deines Körpers bewegen (Arme, Beine, Füße, Hüften, Torso, Nacken und Kopf), bis du alle Teile deines Körpers gespürt hast, und bemerke, ob du deinen ganzen Körper als Energiefeld spüren kannst und halte deine Aufmerksamkeit über die nächsten 5 – 10 Minuten auf diesem Energiefeld und erfreue dich an deiner Meditation.

– Das ist, wer du bist –

Eine weitere Möglichkeit, die Empfindungen des physischen Körpers als Torweg zur Freiheit zu nutzen, stammt von Douglas Harding, einem englischen Wahrheitssucher, der sich der Frage: „Wer ist hier und nimmt alles wahr?" mit einer Reihe von verblüffend einfachen Experimenten zuwendet[31]. Diese Experimente sind Anleitungen zum direkten Erleben. Hier nun ein abgewandeltes sehr schönes Experiment zum direkten Erleben des physischen Körpers als Torweg zum Jetzt.

Erforsche dich mit geschlossenen Augen, indem du folgende Fragen beantwortest.

Aufgrund deines eigenen, gegenwärtigen Erlebens, nicht aufgrund von Erinnerungswissen, Hörensagen oder Vorstellungen: Wie groß bist du? Welche Form hast du? Könntest du fast jede beliebige Form haben? Hast du Grenzen? Gibt es einen Bereich, wo du aufhörst und die Welt anfängt? Oder gibt es nichts, was dich von der Welt trennt?

Du kannst wahrscheinlich eine Vielzahl von Geräuschen wahrnehmen, von entfernten bis zu nahen? Aber hörst du auch ein Geräusch dort, wo du bist? Ist dort, wo du bist, nicht eine Stille, in der die Geräusche entstehen und vergehen?

Unterschiedliche Empfindungen von Wärme, Unbehagen usw. tauchen auf. Machen diese aus dir im Zentrum ein „Etwas", dinghaft und begrenzt? Oder entstehen und vergehen diese Empfindungen im leeren Bewusstsein, genauso wie Gedanken, Gefühle und Geräusche? Welche Ausdehnung hat der Schmerz eines Kopfschmerzes?

Unbefleckte, zeitlose, reine Bewusstheit liegt unter all den verschiedenen Dingen, mit denen du dich identifizierst, und sie beinhalten diese Dinge. Obwohl sie kein Ding ist, ist sie absolut real und immer gegenwärtig. Sie ist das, was du wirklich bist.

Strecke nun deinen Finger aus und berühre damit irgendeinen Gegenstand oder irgendeine Oberfläche in deiner Nähe. Es kann irgendetwas beliebiges sein – ein Stuhl, der Teppich, deine Kleidung, was auch immer.

Was ist es, was du wahrnimmst? Ist es eine Empfindung deines Fingers und des berührten Objekts, oder ist es vielmehr nur eine Empfindung, die des gegebenen Objekts, die Beschaffenheit des Stoffes oder die Glätte des Holzes? Ist es nicht richtig zu sagen, dass sich deine Fingerspitze auf magische Weise in den Gegenstand verwandelt, den du berührst? Deine Fingerspitze ist dieser Gegenstand! Deine Fingerspitze muss von sich aus leer sein, so dass sie die Beschaffenheit des Gegenstandes annehmen kann. Tatsächlich gilt das Gleiche für die gesamte Haut deines Körpers, und natürlich für alle deine Sinne.

Dieses und andere Experimente von Douglas Harding können eine andere einfache Möglichkeit sein, uns unsere tatsächliche und wahre Natur zu zeigen: Eine Leere, in der die Welt geschieht!

Der mentale Körper – Torweg der Gedanken

> „Die Gewohnheit zu denken
> legt manchmal das Gefühl für das Wirkliche lahm,
> macht dagegen immun und lässt es nur allenfalls
> noch als etwas nur Gedachtes erscheinen."
>
> *Marcel Proust*

Vielleicht erscheint die oben genannte Überschrift über diesem Kapitel auf den ersten Blick widersprüchlich. Setzen wir uns doch gerade durch den ständigen Singsang unserer Gedanken in einen hypnotischen Schlaf, aus dem wir ja gerade aufzuwachen versuchen. Wie sollen da gerade Gedanken die Möglichkeit des „Torwegs in die Freiheit" darstellen?

Und doch, gerade weil sie so machtvoll sind, können wir sie auch nutzen. Wir können uns einerseits eben dieser illusorischen Macht bewusst werden und andererseits durch einen kleinen Perspektivenwandel, eine kleine Änderung im Blickwinkel unserer Aufmerksamkeit eine vollkommen andere Wirkung erzielen.

Der indische Weise Ramana Maharshi antwortete einmal auf die Frage, ob er nie Gedanken hätte, dass auch in seinem Kopf Gedanken ablaufen, er sich jedoch nicht mit diesen identifiziere[32]. Das Auftreten von Gedanken ist nicht das Problem, denn diese kommen und gehen. Zum Problem oder zum Ärgernis werden sie erst, wenn wir ihnen den Stempel „Mein Gedanke" aufdrücken und sie dann wie eine Kuh wiederkäuen und mit ihnen davongaloppieren.

Es existieren viele unterschiedliche Konzepte, Meinungen und Methoden darüber, wie wir mit den Gedanken umgehen sollen. Sie haben sicher alle ihren Nutzen in Bezug auf das, was wir wollen. Wenn wir unter der Qualität unserer Gedanken leiden und ständig negative Gedanken haben, können wir stattdessen positive Gedanken erzeugen. Sicher ist es besser, mit einem positiven inneren Dialog über uns und unser Leben zu leben als mit einem negativen. Daher können wir uns dem positiven Denken zuwenden und nur noch positive Gedanken denken. Wir können uns jeden Morgen unsere Tafel mit den positiven Affirmationen für unser Leben vornehmen und diese dann entsprechend unseres vorgegebenen Trainingsprogrammes solange rezitieren, bis der erhoffte Erfolg einsetzt. Das Problem bei diesem Vorgehen aber ist, dass wir diese Affirmationen meist nur anwenden, weil wir zutiefst von etwas anderem überzeugt sind und hoffen, durch deren Anwendung trotz unserer Überzeugung zu genau jenem Ziel zu gelangen, das durch die Affirmation angestrebt wird. Wenn es klappt, ist es schön und gut, aber es bleibt der erfolgreiche Affirmator zurück, jetzt sogar noch um den Stolz des Erfolges gestärkt und in dem Glauben, das Denken kontrollieren zu können. Dieser Erfolg stärkt ebenso unsere Identifikation, ein getrenntes Ego zu sein, und macht uns noch abhängiger, noch unfreier. In dem Glauben, dass

Solange du dem Inhalt deiner Gedanken folgst, bist du gefangen.

der Gedanke unabhängig und verschieden vom Denker sei, entsteht jedoch erst die schicksalhafte Trennung zwischen dem Denker und dem Gedanken und in der Folge das Leid.

Oder aber wir machen uns an die Arbeit, die Stress und Leid erzeugenden Gedanken zu identifizieren und dann zu hinterfragen. Wir können unsere Reaktion auf die Gedanken untersuchen und erkennen, welches Leid sie in unserem Leben erzeugen. Wenn wir uns der Auswirkung dieser Gedanken auf unser Leben bewusst sind und erkennen, wie viel einfacher unser Leben ohne diesen Gedanken wäre, dann können wir sogar den ursprünglichen Gedanken umkehren und auch dessen Gültigkeit in unserem Leben erkennen, jetzt aber mit positivem Effekt auf unser Leben. Byron Katie hat sich selbst mit dieser von ihr entwickelten Methode aus schweren Depressionen herausmanövriert und vielen Menschen bei der Klärung der Funktionsweise ihres Verstandes geholfen[33]. Das ist eine wundervolle Arbeit, die da ansetzt, wo die Probleme entstehen. Es hält uns aber immer noch in der Polarität des Verstandes gefangen.

Wenn es die Freiheit ist, nach der du dürstest, dann führt das direkte Erleben einen entscheidenden Schritt weiter. Es bietet eine einfache Möglichkeit für den Schritt hinaus ins Unbekannte, die Wahrheit dessen zu erkennen, wer du wirklich bist.

Wenn du deine Aufmerksamkeit direkt auf die Gedanken selbst richtest, ohne mit diesen irgendetwas machen zu wollen, ohne sie unterdrücken, kontrollieren oder verändern zu wollen, können sie ein direkter Torweg zur Freiheit sein. Und anstatt dabei dein Augenmerk auf den Inhalt der Gedanken zu richten, kannst du den Ursprung oder die Quelle des Gedanken untersuchen. Wenn du untersuchst, woher der Gedanke kommt, wirst du direkt erleben, dass dort nichts ist. Zumindest erkennst du, dass da niemand ist, der diesen Gedanken denkt. Wie kannst du in dieses Nichts hineinfallen und direkt erleben, dass es nicht von dir getrennt ist oder jemals war, dass alles diesem Nichts entspringt und dass es deine eigene Natur ist? Dann erlebst du uneingeschränkte Freiheit ohne Urteil, ohne Bedingung und ohne Grenzen. In dem folgenden Experiment kannst du dazu deine eigene Erfahrung machen.

Nimm dir einen beliebigen Gedanken (möglichst kurz) und richte deine Aufmerksamkeit darauf, woher dieser Gedanke kommt, anstatt auf den Inhalt oder die Geschichte dieses Gedankens zu achten. Stelle dir vielleicht vor, der Gedanke sei ein Postpaket und du seiest der Postbote und es gäbe so etwas wie ein Postgeheimnis. Du bist nur dafür verantwortlich, diese Post vom Absender zum Adressaten zu befördern.

Woher kommt der Gedanke? Und wohin verschwindet der Gedanke? Verfolge diesen Gedanken zurück an seinen Ursprung! Wo oder was ist dieser Ursprung? Was ist dort? Was kannst du wirklich darüber sagen?

Wohin geht dieser Gedanke? Verfolge diesen Gedanken bis dahin, wo er verschwindet! Wo ist das? Was ist dort? Was kannst du wirklich darüber sagen?

Geh ganz direkt dahin, wo der Gedanke herkommt und wohin er geht! Was ist es, was du dort erlebst? Worüber bist du dir dort gewahr?

– Das, was du dort erlebst, das bist du –

Dieses Experiment kann uns so einfach und unmittelbar direkt erleben lassen, dass Gedanken auf magische Weise aus dem Nichts auftauchen und auch wieder dorthin verschwinden, dort, wo wir unser „Ich" vermuten und einfach „Nichts" zu finden ist. Viele Traditionen kennen die Meditation, in der die Aufmerksamkeit auf dieses Nichts zwischen den Gedanken gelegt wird, die Lücke, die entsteht, wenn ein Gedanke verschwindet und bevor der nächste auftaucht. Wenn diese Lücken auftauchen, sind wir nicht mit dem Verstand beschäftigt und fühlen in uns stattdessen Stille und Frieden.

In der Art und Weise der letzten Übung können wir auch den ersten Gedanken überhaupt untersuchen, den Gedanken „Ich bin", und direkt erleben, was wir dort finden.

> Nimm dir bitte jetzt den Gedanke „Ich bin ..." und richte deine ganze Aufmerksamkeit darauf, woher dieser Gedanke kommt! Verfolge diesen Gedanken zurück an seinen Ursprung! Wo ist dieser Ursprung? Was ist dort? Was kannst du wirklich darüber sagen?
>
> Geh ganz direkt dahin, wo der Gedanke herkommt! Was erlebst du dort im Ursprung dieses Gedanken? Worüber bist du dir dort gewahr?

In unserer heutigen Welt gehen wir im Allgemeinen davon aus, dass derjenige, der wir zu sein glauben, im Zentrum unserer Gedanken ist und von dort aus immer wieder Gedanken erzeugt. Wir gehen davon aus, der Denker unserer Gedanken zu sein. In diesem Experiment aber kannst du erkennen, dass dort tatsächlich niemand ist, der diese Gedanken erzeugt. Im Gegensatz dazu kannst du dabei direkt erleben, dass gerade dieser Gedanke ein „Ich" erschafft, das im direkten Erleben gar nicht existiert. In diesem Erleben endet die Identifikation und damit der vergebliche Versuch, das Leben und alle Probleme in den Griff zu bekommen. Stattdessen ist das der Beginn einer nicht zu ergründenden Freiheit.

Der emotionale Körper – Torweg der Emotionen

„Die Liebe beginnt da, wo das Denken aufhört.
Wir brauchen aber die Liebe von Gott nicht zu erbitten,
sondern wir müssen uns für sie nur bereit halten."

Meister Eckhart

Über Emotionen wird in unserer Welt meist nur indirekt gesprochen. Wenn ich nach der vorherrschenden Emotion frage, erhalte ich als Antwort häufig mentale oder physische Beschreibungen von Zustände oder Empfindungen. Antworten wie: „Ich denke, ich fühle ..." oder „Da ist Wärme" sind ein Hinweis darauf, dass wir uns der Emotionen oft gar nicht gewahr sind, obwohl diese Emotionen die nachfolgende Gedankenmaschinerie antreiben und stets in Gange halten. Vielleicht wissen wir gar nicht mehr, was Emotionen sind. Ich habe mit einem Klienten erlebt, wie dieser auf die Frage nach der gerade vorherrschenden Emotion als Antwort gab: „Da ist so etwas, das mit Tränen zusammenhängt". Auf meine Nachfrage, ob es sich um Trauer handeln könne, antwortete er mit: „Ja, ich glaube". Zwar war er sich der körperlichen Empfindung, die Tränen in seine Augen schießen lassen, gewahr, nicht aber der Emotion selbst.

Oder aber wir vermeiden bewusst die Emotionen. Schon der Kontakt mit Emotionen ist uns insgeheim vielleicht unheimlich, weil wir diese nicht kontrollieren können. Die Gründe dafür sind letztendlich egal. Sicherlich kennen wir das Phänomen aus Filmen, dass in bestimmten Szenen schon durch das Hinzuspielen von Musik plötzlich eine emotionale Welle in uns aufsteigt und unsere Augen feucht werden lässt. Bei einer anderen Musik zieht sich vielleicht alles in uns zusammen und wir kriegen Angst.

Mir fällt auf, dass sogar in vielen spirituellen Traditionen, Gruppen oder Gemeinschaften die Emotionen total aus dem Blickfeld des Betrachtens gestrichen werden – warum auch immer. Selbst in einem sonst sehr guten NLP-Buch, das ich kürzlich in der Hand hatte, fiel mir auf, dass auch dort Emotionen nur in Form von physischen Empfindungen beschrieben werden.

Emotionen werden in unserem Gehirn in tieferen Schichten als die Gedanken und die körperlichen Empfindungen verarbeitet, nämlich im Stammhirn. Im Gegensatz dazu haben Gedanken ihren Sitz im Großhirn. Daher entziehen sich die Emotionen auch der Kontrollmechanismen des Großhirns, das wie eine Mütze über dem restlichen Gehirn sitzt. Es kontrolliert und kommentiert alle Aktivitäten und vertritt sie nach außen hin. Wenn wir aber direkt erleben wollen, wer wir sind, dann müssen wir uns auch der Emotion direkt zuwenden. Wir können dann nicht im Großhirn danach suchen, was dort

Und wenn du alles in dein Herz lässt?

durch sorgfältige Auslese und Zensur gefiltert und dann durch das Sprachzentrum nach außen gebracht wird. Da das „Ich" aber gerade eine Erfindung des Großhirns ist, wird es seine Kreation natürlich in jeder Hinsicht unterstützen. Daher ist es im Zusammenhang mit der Beantwortung der Frage nach dem, wer wir sind, sehr befangen und wenig vertrauenswürdig. Stattdessen können wir tief in unser Herz fallen und dort Freude und Liebe direkt erleben, die in jeder Hinsicht grundlos sind und uns im direkten Erleben viel näher als unser physisches Herz.

Mir selbst wurde dieses Erleben zum ersten Mal vor vielen Jahren zuteil. Ich erinnere mich noch sehr genau, wie eine Welle von ganz unterschiedlichen Emotionen in großer Intensität und Plötzlichkeit über mich hereinbrach. Meine Überraschung und Neugier bewirkten meine Unfähigkeit, mich mit den Emotionen zu identifizieren. Ich konnte beobachten, wie sie sich ständig und unmittelbar umwandelten. Zu meiner völligen Überraschung wandelte sich eine Welle von Trauer unmittelbar in Freude, anschließend in eine bedingungslose Liebe, die keinen Grund hatte. Jegliche Identität mit „mir" war verschwunden und es blieb das Wissen, dass diese Liebe die Antwort auf eine Frage war, die ich noch gar nicht bewusst gestellt hatte. Auf die nicht gestellte Frage danach, wer ich bin, brach die Antwort wie eine Welle hervor, als: „Da ist nur Liebe". Es gab kein „Ich", dafür war gar kein Platz. Diese Liebe überschwemmte den physischen Körper und durchströmte jede Zelle, grundlos, frei, unbegrenzt. Das ist das Geheimnis unter der Oberfläche des Alltäglichen. Es gibt kein Grund, dieses zu vermeiden. Diese Erfahrung erlebt und beschreibt jeder anders und sie zeigt sich jedes Mal anders und frisch.

Ich wage zu behaupten, dass wir nicht die Emotionen an sich meiden wollen, sondern dass wir die Art und Weise, wie wir auf Emotionen reagieren, nicht mögen. Wir versuchen deshalb diese Reaktion zu meiden, anstatt die Emotion direkt zu erleben, in dem Glauben, dass die Emotion nichts Gutes bedeutet. Mit dem Vermeiden ist es aber so eine Sache, denn natürlich können wir uns kurzfristig eine vermeintliche Erleichterung verschaffen, wenn wir einen vermeidlichen Verursacher oder einen Grund für diese Emotionen finden. Dann vermeiden wir den Kontakt erst einmal, aber die Emotion bleibt und treibt unsere Vermeidung weiter an. Sie bleibt sogar, wenn der Verursacher verschwindet oder nicht mehr zur Verfügung steht, denn die Emotion findet nun mal nicht außerhalb statt. Wenn Emotionen aufsteigen und wir nicht die Intention haben, sie zu vermeiden, davor wegzulaufen, besorgt darüber zu sein, oder uns vor ihnen zu fürchten, könnten wir beginnen, die Wahrheit darüber zu sagen und ihre Gegenwart anerkennend zu bemerken. Wir können zum Beispiel, wenn Trauer aufsteigt, es sofort bemerken wie: „Trauer ist gerade in mir aufgestiegen", ohne darüber in einen inneren Dialog zu verfallen. Wenn die Traurigkeit bleibt, können wir auch das anerkennend bemerken. Wenn ein körperliches Empfinden oder Gedanken aufsteigen, können wir es in derselben Weise bemerken. Es ist essentiell, keine Gedanken, Emotionen und körperlichen Empfindungen aufsteigen zu lassen, ohne sie achtsam zu bemerken, wie eine Palastgarde, die jedes Gesicht bemerkt, das durch die Eingangstür geht. Wenn keine Gedanken oder körperliche Empfindungen anwesend sind, dann können wir ebenso bemerken, dass dort keine Gedanken und körperliche Empfindungen anwesend sind. Das ist der erste Schritt.

Wenn wir uns der Emotion gewahr geworden sind, dann können wir uns ihr auch direkt zuwenden, ohne sie auszudrücken oder sie unterdrücken zu müssen. Wenn wir uns ihr ganz offen und neugierig zuwenden, ohne ihr weitere Stempel, Etiketten oder Geschichten hinzuzufügen, dann können wir sie durch den Schleier der Trance hindurch direkt erleben. Dann werden Emotionen ein direkter Torweg zum Selbst. Wenn wir die Emotionen vollkommen von allem entblößen und ihnen dann sogar noch das Etikett oder den Namen, den wir dieser Emotion geben, weglassen, dann werden wir erleben, dass Emotionen pure Energie sind.

> Untersuche bitte eine Situation, die für dich eine Bedeutung im Leben hat, ungeklärt ist oder eine gewisse Ladung enthält. Auf jeden Fall soll diese Situation wirklich dich betreffen. Wenn sie die entsprechende Ladung hat, wirst du schon bei

dem Gedanken daran ganz in die Erinnerung versetzt, diese wieder zu erleben.

Richte deine Aufmerksamkeit darauf, was du in dieser Situation in deinem emotionalen Körper wahrnimmst. Was ist es genau, das du wahrnimmst? Vielleicht ist es auch ein Mangel an etwas oder etwas, von dem du glaubst, dass du es erfahren solltest. Und sei dir bitte klar, dass es sich um eine Emotion handelt und nicht um Gedanken oder physisches Empfinden. So kannst du zum Beispiel im emotionalen Körper keine Verwirrung oder Prickeln spüren, denn das sind mentale bzw. physische Zustände. Hilfreich ist es, ins Herz hineinzuspüren.

Gehe dann ganz in das Zentrum dieser Emotion und bleib ganz bei ihr und lass die Situation und die Umstände für diesen Augenblick beiseite. Gehe ganz in das Zentrum der Emotion hinein, sei ganz diese Emotion, so als wenn du in einen See hineinsteigst, der nur aus dieser Emotion besteht. Lass dann bitte auch den Namen oder die Bezeichnung weg, den du dieser Emotion gegeben hast.

Was ist es, das du hier wahrnimmst? Was immer sich verändert hat, bleib jetzt im Zentrum dessen, was du wahrnimmst.

Vielleicht zeigt sich dieser Augenblick im direkten Erleben schon als unbegrenzt, frei, vollständig, glücklich, freudig oder wie immer du es mit deinen Worten zu beschreiben versuchst. Falls nicht, bleib im Zentrum dessen, was du jetzt empfindest – solange, bis das direkte Erleben als Glück und Freude unbegrenzt ist. Diese Unbegrenztheit ist deine eigene Natur.

In diesem Experiment zeigt sich ganz häufig eine Schichtung von Emotionen. Das ist ganz natürlich. Wenn du deine Aufmerksamkeit ganz auf die momentane Emotion richtest und diese direkt erlebst, verschwindet sie oder löst sich auf und es taucht eine andere Emotion auf. Wenn du auch dieser Emotion deine ungeteilte Aufmerksamkeit schenkst – und nur der Emotion, nicht der Geschichte darum – dann löst auch diese sich auf. Es können dann Emotionen wie Angst oder Verzweiflung auftauchen.

Das ist ein bestätigendes Zeichen, dass du an die Wurzel der Ego-Identifizierung kommst. Das ist kein Grund zur Unruhe. Bleibe dabei, auch diesen Emotionen deine ungeteilte Aufmerksamkeit zukommen zu lassen, um diese Emotion direkt zu erleben, bis nur noch bleibt, was wir als „Essenz" bezeichnen. Dies ist eine Qualität des Seins und du weißt aus tiefstem Herzen, wenn du in dieser Essenz bist bzw. wenn dort nur noch Essenz ist, dann ist dort kein „Ich" mehr. In dieser Essenz ist alles Eins, ist Liebe.

Von hier aus kannst du alles willkommen heißen, alles einladen, jeden einzelnen Aspekt deines Lebens, ohne irgendetwas davon ausschließen zu müssen oder dich vor irgendetwas schützen zu müssen, rechtfertigen zu müssen oder verteidigen zu müssen. Es ist ein endloses Nach-Hause-Kommen. Alles kann zur Ruhe kommen und die Suche ist beendet. Alle Wunden werden geheilt und Vergebung ist möglich, wenn auch nicht einmal nötig.

Im direkten Erleben der Emotionen lösen sich diese Schicht um Schicht auf, bis nur noch reines Sein ist.

Torweg der Stille

"Was nicht geschehen soll, wird niemals geschehen,
wie sehr man sich auch darum bemüht.
Und was geschehen soll, wird bestimmt geschehen,
wie sehr man sich auch anstrengt, es zu verhindern.
Das ist gewiss. Weise zu sein bedeutet daher, still zu bleiben."

Ramana Maharshi

„Sei still" war die Anweisung, die der indische Weisheitslehrer Poonjaji[34], genau wie schon sein Lehrer Ramana Maharshi[35] seinen Schülern gegeben hat, wenn diese nach einem Weg fragten, das Selbst zu erreichen. Die Anweisung ist eindeutig und klar. In der Stille offenbart sich das Selbst. Und es offenbart sich von selbst, wer wir wirklich sind. Solange wir der Stimme in unserem Kopf und dem Singsang unseres Verstandes lauschen, der uns in jedem Augenblick sagt, wer wir sind, können wir dieser Stille nicht lauschen. Dann können wir die Stille nicht hören. Wer aber sind wir, wenn diese Stimme uns nicht mehr ständig sagt, wer wir sind? Würden wir denn vergessen, wer wir sind? Vermutlich würden wir das! Bräuchten wir denn überhaupt diese Stimme, wenn wir wirklich wissen würden, wer wir sind? Keinesfalls, denn dann wäre es vollkommen sinnlos und lächerlich, dass wir das immer wieder hören müssten. Nein, diese Stimme mag vielleicht ganz nützlich sein, wenn es darum geht, sich in der Trance des Alltags zurechtzufinden. Wenn wir uns aber auf sie stützen müssten, um unsere Identität zu erkennen, dann wären wir verloren. Diese Stimme ist unsere Gefängnismauer, eine magische Formel zu der Form der Selbsthypnose, die uns unsere scheinbare Identität gibt.

In der Stille offenbart sich das Selbst ganz von allein, dann bleibt zurück, was nicht kommt und geht und durch Selbsthypnose in der Trance erzeugt wird. Stille ist ein Torweg zum Selbst.

Diese Stille ist der Urgrund oder der Ursprung, aus dem alles andere entsteht. Ich selbst war jahrelang dem Irrtum erlegen, diese Stille erzeugen zu müssen. Dabei habe ich in dem Irrglauben schwere innere Kämpfe gegen den von mir erzeugten Lärm im Kopf gefochten. Das waren natürlich Kämpfe gegen Windmühlen, wie sie nur ein verwirrter Geist anstrengt, denn das hat den Lärmpegel im Kopf nur noch erhöht. Mit Stille aber hatte das ganz gewiss nichts zu tun. Stille kann nicht erzeugt werden, denn dann wäre sie das Resultat von einer Aktivität eines Akteurs. Es ist viel einfacher. Die Stille ist bereits da – jeden Augenblick –, doch sie wird meist überhört, weil sie eben still ist und unser Verstand eher den Lärm und die Aktivität sucht. Die Stille ist hinter oder unter jedem Geräusch. Sie stellt den Raum für das Geräusch zur Verfügung, ohne den das Geräusch gar nicht wahrnehmbar wäre. Das nun folgende Experiment stellt eine wunderbare Möglichkeit dar, diese Stille direkt zu erleben, um das Geschriebene zu verifizieren.

> Beginne dieses Experiment, indem du die Aufmerksamkeit auf die Stille richtest, die bereits hier ist, und nicht auf die Geräusche. Nimm die Stille wahr, aus der die Geräusche entstehen und in die die Geräusche wieder verschwinden.
>
> Dann nimm dir bitte ein beliebiges Geräusch und lausche diesem Geräusch sehr aufmerksam. Es erleichtert diese Übung sehr, wenn du mit einem einzelnen klaren Geräusch beginnst, das langsam verklingt, wie der Klang einer Glocke oder eines Tones auf dem Klavier. Lausche intensiv diesem Klang und verfolge diesen so weit du kannst in die Stille. Was findest du dort? Was ist es, das du dort erlebst? Wie groß ist diese Stille? Woraus bist du gemacht?

In dem Augenblick der Stille sind keine Gedanken da und der Verstand hat nichts zu tun bzw. weiß nicht, was er tun soll. Das ist der Augenblick, in dem sich der Raum auf eine eigentümliche Art und Weise weitet. Wenn du sehr aufmerksam bist, dann kannst du dort, wo der Klang verschwindet (oder auch ein Gedanke verschwindet), so etwas wie eine Art Abdruck vorfinden, in den sich das Ego als Gedanke wieder hineinkristallisiert und recycelt. Du kannst aber gerade im Erkennen dieser Tendenz des Verstands wach bleiben und es als Signal nutzen, um dich wieder dieser Stille zuzuwenden.

Diese Stille kannst du immer und überall direkt erleben, unabhängig von den äußeren Umständen und Gegebenheiten. Gewiss mag die äußere Stille hilfreich sein, um Stille direkt zu erleben. Viele Klöster nutzen dies, indem sie eine solche Atmosphäre erzeugen. Aber was nützt eine äußere Stille, wenn der Singsang im Kopf alle Stille übertönt? Poonjaji ging deshalb mit seinen Schülern auf die belebten Märkte seiner indischen Heimatstadt, um ihnen zu zeigen, dass Stille keine äußeren Bedingungen braucht und selbst inmitten der Hektik des betriebsamen Marktgeschehens direkt erlebt werden kann. Wenn du dich selbst erlebst als von dieser Stille ungetrennt, wenn du in heiterer Gelassenheit erkennst, dass du diese Stille bist, dann kannst du dies überall auf der Welt erleben. Wenn du diese Stille jedoch erreichen willst und dich davon getrennt glaubst, dann kannst du bis ans Ende der Welt fahren und die stillsten Orte besu-

Stille ist keine Frage von äußeren Bedingungen.

chen und wirst doch nur den Lärm des Verstands hören, der dir in jedem Augenblick sagt, wer du bist.

Ich treffe in meiner Praxis und in Kursen immer wieder Menschen, die sehr empfindlich Geräuschen gegenüber sind und sich nichts sehnlicher als Stille wünschen. Meistens ziehen sich diese Menschen von allen äußeren Geräuschen zurück, geben ihnen eine spezifische Bedeutung und bekämpfen sie auf ihre Art und Weise. Dann geht es nicht mehr um das Geräusch selbst, sondern nur noch um ihre Reaktion darauf. Oder sie beschäftigen sich mit der Bedeutung, die den Verstand in Aktivität hält und die Identifizierung mit einer unter den Geräuschen leidenden Person betrifft und in Gange hält. Im direkten Erleben des Geräusches, ohne dass diesem eine Bedeutung gegeben wird, liegt die Chance, nicht nur die Abhängigkeit den Geräuschen bzw. der Abwesenheit der Geräusche gegenüber aufzugeben, sondern auch des direkten Erlebens unserer eigenen Natur. Damit werden diese Geräusche zum Torweg zum Selbst und eine lebendige Möglichkeit, dieses direkt zu erleben.

Das nun folgende Experiment kann eine solche Möglichkeit sein.

> Beantworte dir selbst mit geschlossenen Augen aus deinem eigenen, gegenwärtigen Erleben heraus, nicht aufgrund von Erinnerungswissen, Hörensagen oder Vorstellungen, die folgenden Fragen.
>
> Du kannst wahrscheinlich eine Vielzahl von Geräuschen wahrnehmen, von entfernten bis zu nahen? Aber hörst du auch ein Geräusch dort, wo du bist? Was hörst du im Zentrum dessen, wo du bist?
>
> Wenn du jetzt ganz in diesem Zentrum bist und von dort aus wahrnimmst, was ist es, das du dann erlebst? Gibt es einen Bereich, wo du aufhörst und die Umwelt anfängt? Oder gibt es nichts, was dich von der Welt trennt? Wer oder was bist du wirklich?

> Geschiehst du in der Welt oder bist du die Leere, in der die Welt geschieht?
>
> Angepasst aus „The headless way" von Douglas E. Harding[36].

„Sei still" war die Anweisung von Poonjaji und Ramana an ihre Schüler. In dieser Stille offenbart sich das Selbst und damit deine wahre Natur ganz von selbst. Egal ob der gegenwärtige Augenblick von Stille oder von Geräuschen geprägt ist, du kannst dich jeden Augenblick dem zuwenden, was hier und jetzt ist, und dies bedingungslos direkt erleben. Im direkten Erleben erfährst du unbegrenzte Stille, Weite und Glück, das an keine Bedingungen geknüpft und grundlos ist. Und dann erlebst du ganz direkt, ohne dass du daran glauben musst oder es beweisen musst, sondern weil du es in deinem Herzen und jeder Zelle erlebst: „Du bist diese Stille".

Torweg der Hingabe

„Der Glaube daran, dass ‚Ich' das Leben steuere,
zeigt sich in einer chronischen Verteidigungshandlung:
In dem Versuch, Teile des Erlebens abzuwehren oder zu forcieren.
Ohne diesen Glauben bleibt nur Offenheit für alles was kommt
(und geht), in der Erkenntnis, dass das Leben keinen Führer braucht
und die Lage keinen Herrn."

Dittmar Kruse

Hingabe ist ein Wort, das in unserem Wortschatz meist gar nicht vorkommt und eher im religiösen Bereich angesiedelt ist. In diesem Sinne war mir Hingabe immer suspekt, weil ich diesem Wort insgeheim immer eine Bedeutung gegeben hatte, die zwischen Aufgabe der Kontrolle und Abgeben der Verantwortung lag. Und das ist ganz gewiss nicht, was ich je wollte. Das ist auch nicht, was Hingabe wirklich bedeutet.

Hingeben können wir uns nur etwas, das größer ist als wir, an etwas, das sich unserer Kontrolle entzieht. Solange wir aber glauben, von einem imaginären Zentrum aus zu denken und zu handeln, und uns mit diesem imaginären Zentrum identifizieren als der, der wir sind, und das „Ich" nennen, solange können wir uns nicht hingeben. Denn das „Ich" wird selbst die Hingabe in seinen Kontrollmechanismus mit einbeziehen. Wenn wir aber direkt erlebt haben, dass in diesem imaginären Zentrum niemand ist, wer soll dann die Kontrolle über was haben? Und wenn in dem Bewusstsein, dass da zwar niemand ist, aber das, was da ist, als voller Lebendigkeit und Freude, unbegrenzt und vollkommen erlebt wird, so unermesslich viel größer als die Idee von „Ich" ist, dann ist Hingabe an dieses Größere eine ganz natürliche Folge. Dann ist es auch nicht mehr ein persönliches „Ich", das sich hingibt, sondern dann ist Hingabe ein lebendiger Ausdruck des Lebens, der sich seiner ganzen Weite,

Unbegrenztheit, dem Einssein und der Lebendigkeit bewusst ist und sich selbst dem hingibt.

Wenn die Entscheidung zur Hingabe erst einmal getroffen ist, dann stellt sich die Frage weiteren Abwägens nicht mehr. Wir können dem Leben dann ganz entspannt mit einer grenzenlosen Offenheit begegnen, ganz gleich was kommt. Das bedeutet natürlich nicht Selbstaufgabe – im Gegenteil, das Selbst kann gar nicht aufgegeben werden, denn derjenige, der es aufgeben wollte, existiert nur in der Illusion. Wir können dann sogar unsere normale Tendenz erkennen, auf das zu reagieren, was passiert, ohne dem folgen zu müssen. Diese Tendenz zu bemerken und nicht unmittelbar zu reagieren, öffnet uns gleich eine Vielzahl von Möglichkeiten des direkten Erlebens, die wir in dem nächsten Experiment genauer beleuchten werden.

> Untersuche in diesem Experiment eine Situation, die für dich eine Bedeutung im Leben hat, die für dich ungeklärt ist oder eine gewisse Ladung enthält. Auf jeden Fall soll diese Situation wirklich dich betreffen. Wenn sie die entsprechende Ladung hat, wirst du schon bei dem Gedanken daran ganz in die Situation zurückversetzt.
>
> Welche Gefühle und Emotionen lösen diese Situation bei dir aus? Was, wenn du im Zentrum dieses Gefühls oder dieser Emotion bist? Was erlebst du dort direkt?
>
> Wie reagierst du normalerweise auf diese Gefühle und Emotionen? Wirst du wütend, oder ziehst du dich zurück, oder tust du so, als ob die Gefühle nicht da wären?
>
> Was, wenn du dir dieser Tendenz bewusst wirst und dieser nicht nachgibst? Was erlebst du, wenn du im Zentrum dessen verharrst, was du in genau diesem Moment empfindest? Was ist es, das du da direkt erlebst?
>
> Was, wenn du dich jetzt der Situation selbst wieder in großer Offenheit zuwendest und diese selbst direkt erlebst? Was erlebst du dann?

Dieses Experiment kann uns verdeutlichen, dass wir jeden Punkt unserer Wahrnehmung nutzen können, um direkt unsere eigene Natur zu erleben. Es ist nur eine Frage der Bereitwilligkeit. Wir können die Gefühle und Emotionen direkt erleben, ohne diese durch unsere spezifische Reaktion vermeiden zu müssen. Oder wir können diese Tendenz selbst untersuchen. Es macht allerdings keinen wirklichen Unterschied aus, an welcher Stelle wir diese Trance unterbrechen. Wenn wir uns im direkten Erleben dem Bewusstsein selbst zuwenden, das all diesen Phänomenen seine Lebendigkeit verleiht, erleben wir unsere ureigene Natur. Das ist Hingabe. Wenn wir alles annehmen und willkommen heißen, ohne es verändern, verbessern, vermeiden oder sonstwie kontrollieren zu müssen. Was, wenn wir unser Leben in dieser Offenheit allem gegenüber, was kommt, leben würden? Dieses unendliche Jasagen zu allem, was uns begegnet, führt gleichzeitig zu einer unglaublichen Freiheit.

Hingabe und Offenheit heißt keineswegs, dass wir alles, was auf dieser Welt passiert, befürworten oder für gut heißen, noch uns in eine Lethargie eines Dämmerschlafs der Teilnahmslosigkeit begeben. Das wäre Unsinn, denn es gibt auf dieser Welt so viel Leid, Ungerechtigkeit, Elend und Verbrechen. Direktes Erleben ist gerade das Gegenteil von Lethargie. Direktes Erleben ist gekennzeichnet durch gesteigerte Wachheit und vibrierende Lebendigkeit. Und natürlich wäre es töricht, wenn wir Leiden für uns und andere beenden können und dies nicht tun. Gerade deswegen ist es so essentiell, dies an der Quelle zu beenden – da wo es wahrgenommen wird –, bei uns selbst. Wenn wir direkt erleben, wie wir das Leiden erschaffen, und es beenden, dann gibt es einen Punkt der Leidensgeschichte weniger auf dieser Welt. Das kann ein Leuchtfeuer der Freude und Lebendigkeit für andere sein.

Unser eigenes Leben bietet uns die besten und vielfältigsten Möglichkeiten dazu. Wenn wir aufhören, uns von unseren Erfahrungen zu dissoziieren und uns mit dieser Dissoziation zu identifizieren als der, der wir zu sein glauben, dann bleibt eine Leere zurück, in der Frieden und Liebe existieren. Dann können wir bedingungslos alles einladen und in großer Offenheit willkommen heißen und uns dem Leben selbst hingeben. Wir können alle physischen, mentalen oder emotionalen Aspekte annehmen, ebenso wie unsere Reaktionen darauf, ohne diese beurteilen oder verurteilen, verändern oder loswerden zu müssen. Wenn wir direkt erleben, dass unser „Ich" eine reine Illusion, ein bloßer Gedanke ist, dann muss auch nichts mehr kontrolliert oder verteidigt werden, dann kann alles in diesem Augenblick hier sein, dann ist alles ein Ausdruck des Bewusstseins selbst. Dann ruht der Sehende im Gewahrsein selbst, als Gewahrsein im Gewahrsein, in der Quelle. Seher und Gesehenes verschmelzen zu Einem.

> Erlaube dir zuerst einmal darüber gewahr zu sein, was du jetzt gerade erfährst, was immer es ist, ohne es zu beurteilen.
>
> Wenn du dann deine Aufmerksamkeit auf den physischen Körper richtest, kannst du gewiss eine Stelle im Körper finden, wo du dich unwohl oder unfrei fühlst. Sei dir dieser Stelle gewahr und bemerke auch deine Reaktion auf das „Unwohlsein". Ebenso kannst du auch eine Stelle in deinem Körper finden, die sich frei und wohl anfühlt. Sei dir auch dieser Stelle gewahr und bemerke auch diesmal deine Reaktion auf dieses Wohlsein. Erlaube sowohl der Empfindung des „Wohlseins" als auch des „Unwohlseins" und den Reaktionen darauf, hier zu sein.
>
> Dann bring deine Aufmerksamkeit auf den mentalen Körper, im Bereich deines Kopfes. Was ist es, das du hier erfährst? Bemerke auch deine Reaktion darauf. Bemerke, dass du alles willkommen heißen kannst – die Erfahrung und die Reaktion auf diese Erfahrung.
>
> Werde dir nun deines emotionalen Zentrums bewusst. Worüber bist du dir hier gewahr? Vielleicht ist es auch ein Mangel an etwas oder etwas, von dem du glaubst, dass du es erfahren solltest. Bemerke auch das und jede Reaktion darauf, ebenso was du fühlst oder nicht fühlst.

Lass alles hier und jetzt sein. Erlaube allem hier zu sein, ohne es verändern zu müssen. Dann bring deine Aufmerksamkeit zu dem Gewahrsein selbst und bemerke, was du erfährst, wenn du diesem Gewahrsein erlaubst zu ruhen – und die Reaktion darauf. Erlaube dir, in diesem Gewahrsein zu ruhen – als Gewahrsein im Gewahrsein, in der Quelle.

Lade alles ein, alle physischen, mentalen und emotionalen Empfindungen, und alle Reaktionen darauf, bewusst oder unbewusst. Lass sie sich entfalten und heiße sie willkommen, ohne sie beurteilen oder verurteilen zu müssen, ohne sie verändern oder loswerden zu müssen. Sag einfach „Ja" zu ihnen.

Das „Ja" zu allem, was dir begegnet, ist unendliche Freiheit.

Torweg der Polaritäten

*„Wenn du dir wünschst, die Wahrheit zu kennen,
dann halte an keiner Einstellung für oder gegen irgendetwas fest.
Das, was du magst, gegen das, was du nicht magst, zu setzen,
ist die Krankheit des Geistes."*

Seng-Ts'an 3. Zen-Patriach

In einem Augenblick direkten Erlebens ruhen wir in unserer Wesensidentität und erkennen unsere wahre Natur, als das, was wir sind und wer wir sind. In diesem direkten Erleben erfahren wir uns als Einssein, in dem Inneres und Äußeres, Beobachtetes und Beobachter im Akt des Beobachtens verschmelzen. In diesem Augenblick verschwindet die Identifikation mit einem illusionären „Ich". Gleichzeitig mit dem „Ich" verschwindet auch dessen Suche nach Glück, Wahrheit, Erwachen oder was immer das Ziel der Suche war. Wir erkennen, dass wir das sind, was wir so sehnlich gesucht haben, und erleben uns sozusagen als heimgekommen. Wenn wir uns und alles als Eins erleben, wohin sollten wir dann noch, wohin könnten wir, wer sucht dann was? Der Verstand ist friedlich und still.

Auf mysteriöse Weise erscheint dann aus dem Nichts heraus, sozusagen als Test, der „Ich"-Gedanke. Dieses „Ich" versucht sich jetzt als derjenige hinzustellen, der es geschafft hat, seine wahre Natur zu entdecken. Er ist mächtig stolz über diesen Erfolg. Wenn wir diesen Gedanken aufgreifen, dann sind wir unmittelbar raus aus dem Paradies und in der Dualität des Verstandes gelandet. Und da die wesentliche Eigenschaft des Verstands darin besteht zu polarisieren, wird gleichzeitig mit der Idee des Erfolges auch die des Misserfolges entstehen. Das „Ich", das in dem direkten Erleben überhaupt nicht existiert, erklärt nun im Nachhinein dieses direkte Erleben als eine spezielle Erfahrung oder einen speziellen Zustand. Es identifiziert sich selbst als denjenigen, der diese Erfahrung gemacht hat. Damit wird das direkte Erleben zu einer Idee und wir haben uns ganz subtil schon wieder als jemand, der von der Umwelt getrennt ist, identifiziert, mit all seinen leidvollen Folgen. Denn in der Dualität des Verstands wird daraus gleichzeitig mit dem Auftauchen der Person, die es geschafft hat, auch eine, die es nicht geschafft hat. Und dann besteht auch die Gefahr, diesen Zustand wieder zu verlieren. Damit entwickelt sich der Versuch, diesen Zustand zu erhalten, zu verteidigen oder wieder zu erlangen. Und selbst, wenn wir all die Aktivitäten zu stoppen versuchen, um die Stille zu erlangen, erfüllt uns gerade dieses Bemühen wieder mit Aktivität und mit einer weiteren Identifizierung. So sind wir plötzlich einen Wimpernschlag entfernt vom direkten Erleben zurück in der Dualität des Verstands.

Wir haben aber auch nicht die Wahl, diesen Gedanken nicht aufzugreifen, denn derjenige, der diesen Gedanken zurückweist, ist ja gerade das „Ich".

Erst im direkten Erleben der vollkommen illusorischen Natur dieses „Ichs" offenbart sich unsere wahre Natur ganz von selbst. Und gerade die Polarität bietet eine wunderbare Möglichkeit des direkten Erlebens. Sie stellt einen direkten Torweg zum Selbst dar. Denn beide Polaritäten werden erst im Licht des einen Bewusstseins sichtbar, genauso wie alles andere, was wir als unser Leben bezeichnen. Wenn wir uns aber mit dem Schein identifizieren, der von diesem Bewusstsein zum Leuchten gebracht wird, trennen wir uns von eben diesem Bewusstsein (scheinbar) ab. Da wir nun aber nicht von diesem Bewusstsein getrennt sind, sondern dieses unsere wahre Natur ist, können wir das Selbst in beiden Polaritäten erleben. Dann, wenn unser Gewahrsein in diesem Bewusstsein selbst ruht, können wir selbst und gerade in unseren Defiziten unsere wahre Natur entdecken. Damit schenken wir auch der Seite unseres Lebens unsere Aufmerksamkeit, die uns auf unserem Weg zur Freiheit gern von unserer Unfreiheit überzeugt sein lässt. Freiheit ist uneingeschränkt. Wenn wir frei sein wollen, dann dürfen wir uns nicht wundern, wenn auch die im Keller gefesselten Hunde an ihren Ketten rasseln.

In der christlichen Mythologie schickt Gott seinen Lieblingsengel Luzifer zu den Menschen, um ihnen zu helfen, ihre dunkle Seite ins Licht zu bringen. Die Liebe zu den Menschen veranlasst Luzifer, diese schwere Aufgabe zu übernehmen. Daher wird er auch der Lichtbringer genannt. Bezeichnenderweise wird er aber häufig Teufel oder Satan genannt und als Gottes Gegenspieler und Verkörperung des Bösen angesehen. Dies ist nur ein Ausdruck des Umgangs mit unseren vermeintlichen Defiziten. Es ist ein Ausdruck vollkommener Unkenntnis, dass gerade diese Defizite einen Torweg zum Selbst darstellen. Damit halten wir uns in unserem selbstgebauten Gefängnis gefangen.

In dem nun folgenden Experiment kannst du direkt erleben, wie du in dem Gewahrsein ruhen kannst, das sich beider Polaritäten gewahr ist und sich nicht verändert.

> Richte deine Aufmerksamkeit auf den physischen Körper und werde dir einer gewissen Schwere dort gewahr. Wo empfindest du diese Schwere? Dann finde Leichtigkeit irgendwo im Körper. Wo bist du dir dieser Leichtigkeit gewahr? Integriere jetzt das Gefühl der Leichtigkeit in die Schwere und umgekehrt. Sei dir des Gewahrseins gewahr, das sich nicht verändert hat.
>
> Stelle dir vor, dass irgendetwas falsch ist, und bemerke, wie sich das in deinem Körper anfühlt und was in deinem Verstand passiert. Dann stelle dir vor, dass alles in Ordnung ist. Erlebe auch das in deinem Körper. Nun erlebe beides gleichzeitig und nimm dir etwas Zeit, um in dem Gewahrsein zu ruhen, in dem beide Gedanken wahrgenommen werden.
>
> Stelle dir vor, dass etwas fehlt, und bemerke, wie du das erlebst. Dann stelle dir vor, dass alles da ist – mehr als genug, und erlebe auch dies in deinem Körper. Bringe auch diese beiden Gedanken zusammen und nimm dir etwas Zeit, um in dem Gewahrsein zu ruhen, in dem beide Gedanken wahrgenommen werden.
>
> Richte nun die Aufmerksamkeit darauf, dass du etwas tun musst, und erlebe die Energie, die dahinter steckt. Dann richte

deine Aufmerksamkeit darauf, dass du nichts tun musst, und werde dir auch jetzt der Energie gewahr, die dahinter steckt. Dann lass beide Gedanken (Impulse) gleichzeitig da sein und nimm dir etwas Zeit, um in dem Gewahrsein zu ruhen, in dem beide Gedanken (Impulse) wahrgenommen werden.

Richte nun deine Aufmerksamkeit darauf, dass du etwas wissen musst, und fühle die Energie – das Empfinden in diesem Gedanken. Richte anschließend deine Aufmerksamkeit darauf, dass du nichts wissen musst, und fühle auch hier die Energie. Dann bringe beide Gedanken zusammen und nimm dir etwas Zeit, um in dem Gewahrsein zu ruhen, in dem beide Gedanken wahrgenommen werden.

Erlaube deiner Aufmerksamkeit, in dem Raum zu ruhen, in dem beide Polaritäten stattfinden, und nimm dir etwas Zeit, um das zu erfahren, was du Einsicht nennst – tief in dir selbst. Integriere alles, was du siehst, hörst und fühlst. Lade Innen und Außen ein, sich in diesem Augenblick zu treffen.

Wenn du entdeckst, dass du jederzeit beide Polaritäten wahrnehmen kannst, dann wird schnell klar, dass du nicht diese Polaritäten sein kannst. Dann zeichnet sich auch sehr klar ab, dass in beiden Polaritäten ein Gewahrsein diese unterschiedlichen Extreme wahrnimmt, das durch den Akt des Wahrnehmens selbst nicht verändert wird. Dies zu entdecken und direkt zu erleben, dass du davon nicht getrennt bist, dass du dieses Gewahrsein selbst bist, ist der Augenblick, in dem du den Unterschied zwischen Schein und Sein erkennst und deiner wahren Natur gewahr wirst.

Im folgenden Experiment ist es sehr hilfreich, einen Partner zu haben, der dir als wahrer Freund mit einem offenen Herzen und ohne eigene Absicht zur Verfügung steht und das Gesagte weder beurteilt noch kommentiert. Du kannst dieses Experiment aber auch alleine durchführen.

Suche dir für dieses Experiment eine Polarität (z. B. Freude – Leiden), die dich beschäftigt und die du gern untersuchen möchtest, die in deinem Leben Bedeutung hat, ungeklärt ist und für dich eine Ladung enthält. Auf jeden Fall soll diese Polarität wirklich dich betreffen. Wenn sie die entsprechende Ladung hat, wirst du schon bei dem Gedanken daran ganz in die Erinnerung versetzt, diese wieder zu erleben.

Wende deine Aufmerksamkeit zuerst ganz dem einen Teil der Polarität zu (z. B. Freude). Beginne damit, dass du dir darüber klar wirst, was du in der Situation wirklich erfährst. Was ist es, dass du physisch, mental und emotional tatsächlich wahrnimmst? Wie erfährst du das? Wo erfährst du das? Und wie geht es dir damit? Mache das bitte auch für die andere Seite der Polarität (Leiden).

Dann gehe mit deiner Aufmerksamkeit ganz direkt in die Erfahrung der einen Seite der Polarität (Freude). Lade diese Erfahrung direkt ein und sei ganz diese Erfahrung, erlebe alles, was du dir gewahr bist – mental, physisch und emotional.

Dann gehe mit deiner Aufmerksamkeit ganz direkt in die Erfahrung der anderen Seite der Polarität (Leiden). Lade diese Erfahrung direkt ein und sei ganz diese Erfahrung, erlebe alles, was du dir gewahr bist – mental, physisch und emotional.

Wechsle zwischen beiden Polaritäten drei- bis viermal hin und her. Dann lass beide Erfahrungen in diesem Moment zusammenkommen. Sei dir des Raumes gewahr, in dem beide Polaritäten stattfinden und der sich nicht verändert hat. Bring deine Aufmerksamkeit zu dem Gewahrsein selbst. Bemerke, was du erfährst, wenn du diesem Gewahrsein erlaubst zu ruhen – als Gewahrsein im Gewahrsein, in der Quelle. Was ist es, das du in diesem Gewahrsein erlebst? Wer bist du?

Wenn du direkt erlebst, dass du deine wahre Natur in allem noch so Gegensätzlichen und sogar im Leid erkennen kannst, dann kannst du alles als eine Gelegenheit willkommen heißen zu erkennen, wer du bist. Dann kannst du direkt erleben, dass du all das bist.

Der Verstand erzeugt die Gegensätze.
Das Selbst wird im direkten Erleben – in allem – erkannt.

Schlussbetrachtung

„Für mich gibt es nur das Gehen auf Wegen, die Herz haben, auf jedem Weg gehe ich, der vielleicht ein Weg ist, der Herz hat. Dort gehe ich, und die einzige lohnende Herausforderung ist, seine ganze Länge zu gehen. Und dort gehe ich und sehe und sehe atemlos."

Don Juan

Um einfach nur zu sein – wer oder was du bist –, kannst und brauchst du nichts zu tun, denn Sein ist deine Natur und alles, was du tust, um du Selbst zu sein, bringt dich (scheinbar) weg von dem, was du bist. Und es ist so einfach, direkt zu erleben, dass dieses Sein bedingungslos, vollständig, frei, glücklich und erfüllt ist.

Das sind die Worte, mit denen dieses Buch beginnt. Aber so wie jedes einzelne Wort eine Trance induziert, so kann direktes Erleben etwas offenbaren, das mit Worten nicht beschrieben werden kann. Worte können nur ein Wegweiser sein, ein Wegweiser ins Nichts. Und wenn wir dann unser direktes Erleben mitteilen wollen, bedienen wir uns wieder der Worte als natürliche Werkzeuge des Verstands.

Und genauso wie in der Quantenphysik entscheidet nur ein Wechsel der Perspektive darüber, ob du etwas als Welle oder als Teilchen wahrnimmst. So entscheidet auch die Ausrichtung des Verstands, ob es Schein oder Sein, Nebel oder Leben ist, was du wahrnimmst. So können wir alle unser Leben damit verbringen, das direkte Erleben zu vermeiden und alles zu kontrollieren, um den Schein zu erwecken, etwas anderes zu sein. Oder wir können direkt erleben, wie sich das Sein in allem von selbst offenbart, ohne dass wir dazu irgendetwas glauben, etwas voraussetzen, uns überzeugen oder kontrollieren müssten. In diesem direkten Erleben wird klar, dass wir im Grunde genommen nichts tun können, um nicht zu sein, und dass dieses Sein bedingungslos und frei ist. Direktes Erleben lässt uns unmittelbar die Einheit von Beobachtetem und Beobachter erleben, das Einssein in und hinter allem, ungetrennt von dem Beobachter. Dieses Einssein ist allumfassend und schließt alle Gegensätze wie Sein oder Schein, „Ich" oder „nicht Ich" und Einheit oder Dualität mit ein. Ansonsten wäre es ja kein Einssein. Daher offenbart sich im direkten Erleben des Seins deine wahre Natur sogar im Schein. Du kannst daher alles nutzen, um direkt zu erleben, wer du bist, denn es gibt nichts in deiner Wahrnehmung, was nicht vor dem Licht des Selbst erscheint und von diesem zum Leuchten gebracht wird – selbst der Schatten. Was für eine unglaubliche Erleichterung, nicht mehr wählen und beurteilen zu müssen. Das führt ganz natürlich zu einem unendlichen Jasagen zu allem, was dir begegnet, und gleichzeitig zu einer unglaublichen Freiheit. Das ist nicht gleichbedeutend mit Selbstaufgabe, im Gegenteil, das Selbst kann gar nicht aufgegeben werden. Denn derjenige, der es aufgeben wollte, existiert nur in der Illusion. Daher ist es eher ein Aufgeben des Egos. Ebenso wenig bedeutet es, dass du dich Angriffen gegenüber nicht zur Wehr setzen darfst. Nein, es ist eine Freiheit, die weit über das bloße Wählenkönnen und Wählenmüssen hinausgeht. Es ist dies das Ende der lebenslangen Suche. Denn da in dem direkten Erleben das „Ich", das nur durch Gedanken erzeugt wird, nicht existiert, erübrigt sich auch der Versuch dieses „Ichs", das Leben in den Griff zu kriegen oder nach einer besseren Variante dieses „Ichs" zu suchen.

Dieses Ende der Suche aber ist gleichzeitig der Anfang einer unendlichen zeitlosen Reise; einer Reise, auf der noch nie ein Mensch von einem Ende berichtet hat. Nichts ist mehr, wie es war, und viel mehr als das. Es ist der Beginn einer Reise in ein unendliches Universum, eine magische Reise ins Unbekannte mit der Entfaltung einer Welt, die all deine kühnsten Träume in den Schatten stellt, die keine Worte kennt und die du ein Leben lang vermieden hast. Das Eintrittstor dazu ist dieser jetzige Augenblick, und der Schlüssel dafür ist direktes Erleben.

Dies ist der Wendepunkt für den Verstand an sich, den Verstand, der mit seiner Tendenz zum Vergleichen und Polarisieren zur Ruhe gekommen ist und sich nach innen gewandt hat. Nun wendet sich der Verstand nicht mehr zeitlich und räumlich von Innen nach Außen

Das Ende der Suche nach dem „Wer bist du?" ist der Beginn einer grenzenlosen, zeitlosen Reise ins Leben.

und zurück. Er hört auf damit, gestern mit morgen oder mich mit dir zu vergleichen. Stattdessen ruht der Verstand in sich und fällt auf sich selbst zurück. Nun beginnt er sich seiner eigenen Tiefe zuzuwenden. Damit fällt Innen und Außen zusammen.

Es ist unmöglich zu sagen, was dann passiert. Das, was passiert, ist jenseits der Beschreibungen durch unsere Worte. Es ist jenseits von Wissen, von Machen oder Tun. Denn jedes Tun basiert auf der Vorstellung eines von der Umwelt separaten „Ichs". Nicht-Tun dagegen ist Tun ohne „Ich" – ist direktes Erleben. Und es ist noch nicht einmal jenseits von irgendetwas, wenn wir als Jenseits etwas von einem Diesseits Getrenntes verstehen.

Es ist dies der Beginn des Lebens, alles andere hat uns genau zu diesem Augenblick geführt. Es ist das Wunder und der Schrecken des Lebens, das sich in jedem Augenblick offenbart. Und wie Don Juan[37] eingangs zitiert sagt:

„Und dort gehe ich und sehe, und sehe atemlos."

„Es geht in diesem Leben wirklich um dich.
Da ist nichts, was du tun oder erreichen musst, um vollständig,
erfüllt und frei zu sein. Direkt zu erleben, was du bist
und wer du bist, ist unermesslich, unfassbar und unbeschreiblich.
Jeder Augenblick deines Lebens bietet die Möglichkeit,
dies direkt zu erleben."

Danksagung

Ohne das Drängen und den Ansporn meiner Frau Doris, die ganzen Erfahrungen, die ich bei den Treffen mit einzelnen Personen und Gruppen in der Erforschung der Trancen und bei der Unterstützung im direkten Erleben gesammelt habe, einem breiteren Publikum zugänglich zu machen, wäre dieses Buch nie zustande gekommen. An der Entstehung dieses Buches ist sie maßgeblich beteiligt und ihre Unterstützung war so vielfältig, dass ich sie hier nicht im Einzelnen ausführen kann, und doch war diese Unterstützung ganz still und selbstverständlich. Aus dem Hintergrund heraus hielt sie alle Belange des Lebens am Laufen, während ich mich mit der Tastatur des Computers auseinander setzte. Ihr gilt mein besonderer Dank.

Des Weiteren gilt mein Dank meinem Freund und Mentor Saleem Berryman. Er ließ mich direkt erleben, was ein wahrer Freund ist. Ich erinnere mich noch genau, mit welch zartem Einfühlvermögen er in so tiefen Herzenskontakt zu mir ging, dass ich mich wirklich gesehen fühlte hinter all der Fassade, die ich aufgebaut hatte. Das öffnete mir das Herz und beendete meine Suche. Dafür bin ich Saleem unendlich dankbar. Damit ist Saleem so eine Art Initialzünder für mich geworden.

Rita Frind danke ich zuerst einmal für ihre Bereitschaft, sich so tief in das direkte Erleben einzulassen, und dann von Herzen dafür, dass es ihr gelungen ist, dieses direkte Erleben visuell so schön umzusetzen. Die Illustrationen in diesem Buch sind sowohl ein Ausdruck dieses Erlebens als auch ein Zeugnis dieser Zeit.

Ich kann den vielen Teilnehmern der Gruppen, Trainings und Kurse nicht einzeln danken, ohne Gefahr zu laufen, jemanden zu vergessen. Daher möchte ich allen zusammen für ihre Bereitschaft zum direkten Erleben danken. Jeder Einzelne hat sowohl mit seinem direkten Erleben als auch besonders damit, was diesem direkten

Erleben im Wege zu stehen scheint, zur Entstehung dieses Buches beigetragen. Ich bin zutiefst dankbar für die Freude und den Spaß, den wir alle dabei hatten. Das gemeinsame Lachen über unsere Trancen kann ich nicht vergessen.

Monika Jünemann vom Windpferd Verlag möchte ich an dieser Stelle von Herzen für das Herausgeben dieses Buches danken. Ich habe mich schon beim ersten Kontakt am Telefon sehr gut aufgehoben gefühlt. Die vielen freundlichen Telefonate mit ihr haben mich stets inspiriert und mir gezeigt, wie sehr persönliches Interesse und Freundlichkeit wahre Professionalität ausmachen.

Und das gilt in gleicher Weise für Silke Kleemann, die das Lektorat für das Buch übernommen hat. Ihr Feedback und ihre Anteilnahme haben mich sehr gefreut. Ganz lieben Dank auch dafür.

Über den Autor

Klaus Stüben, Dr. rer. nat., Jahrgang 1959, verheiratet, arbeitete nach dem Abschluss des Pharmaziestudiums einige Jahre als Pharmazeut. Seit seinem siebzehnten Lebensjahr gab er sich der Suche nach Freiheit hin, bis er diese Freiheit in einigen tiefgreifenden Situationen direkt und vor allem als von ihm vollkommen ungetrennt erlebte. Das hat seine Suche, die er heute als weder nötig noch unnötig und doch als das wesentliche Hindernis ansieht, mit einem Schlag beendet.

Heute arbeitet er als Heilpraktiker und Körpertherapeut und unterstützt Einzelpersonen und Gruppen mit großer Freude in dem direkten Erleben ihrer Freiheit und ihres Glücklichseins.

In seiner Innerchi Schule für therapeutische Kommunikation, deren Leiter und Begründer er ist, bietet er allen, die an dem direkten Erleben der Freiheit interessiert sind, seine vielfältige Unterstützung an.

Informationen zu seinen Kursen, Trainings, Gruppen und Auszeiten finden sie unter www.innerchi.de und www.auszeithaus.com.

Für Manager und Personen in Führungspositionen hat er spezielle Trainings und Coachings entwickelt, die er unter www.the-simple-solution.de anbietet.

Quellenangaben

1. dtv-Lexikon, Deutscher Taschenbuch Verlag 1976
2. Goswami, Amit: *Das bewusste Universum*. Verlag Alf Lüchow 1995
3. dtv-Lexikon, Deutscher Taschenbuch Verlag 1976
4. Gribbin, John: *Quantenphysik und Wirklichkeit*. Piper Verlag 2009
5. Siefer/Weber: *Ich, wie wir uns selbst erfinden*. Piper Verlag 2008
6. *Gehirn und Nervensystem*. Spektrum der Wissenschaft Verlag 1986
7. Snyder, S. H.: *Chemie der Psyche*. Spektrum der Wissenschaft Verlag 1988
8. Taylor, J. B.: *Mit einem Schlag*. Knaur Verlag 2008
9. Ramachandran, V. S.: *Die blinde Frau, die sehen kann*. Rowohlt Verlag 2007
10. Freitag, E.: *Die Macht ihrer Gedanken*. Goldmann Verlag 1991
11. v. Hirschhausen, E.: *Glück kommt selten allein*. Rowohlt Verlag 2009
12. *Das Libet-Experiment*. www.planet-wissen.de
13. Tolle, Eckhart: *Leben im Jetzt: Lehren Übungen und Meditationen aus „The Power of Now"*. Goldmann Verlag 2002
14. Maharshi, Ramana: *Gespräche des Weisen*. Lotos Verlag 2006
15. Patanjali: *Die Wurzeln des Yoga*. Otto Wilhelm Barth Verlag 1976
16. Balsekar, Ramesh: *Wo nichts ist, kann auch nichts fehlen*. Lotos Verlag 2007
17. *Bhagavadgita*. Reclam Verlag 1955
18. Patanjali: *Die Wurzeln des Yoga*. Otto Wilhelm Barth Verlag 1976
19. Harding, Douglas E.: *The Headless Way*. www.headless.org
20. Gangaji: *Der Diamant in deiner Tasche*. Goldmann Arkana Verlag 2006
21. Laux, Dietmaier, König: *Psychopharmaka*. Urban und Fischer Verlag 2002

22 Ramachandran, V. S.: *Die blinde Frau, die sehen kann.* Rowohlt Verlag 2007
23 Jaxon-Bear, Eli: *Das spirituelle Enneagramm.* Goldmann Arkana 2003
24 Castaneda, Carlos: *Reise nach Ixtlan.* Fischer Verlag 1987
25 Dilts, R. B.: *Die Magie der Sprache.* Junfermann Verlag 2008
26 Taylor, J. B.: *Mit einem Schlag.* Knaur Verlag 2008
27 Siefer/Weber: *Ich, wie wir uns selbst erfinden.* Piper Verlag 2008
28 http://de.wikipedia.org/wiki/denken
29 Patanjali: *Die Wurzeln des Yoga.* Otto Wilhelm Barth Verlag 1976
30 Poonja, H. W. L.: *Wach auf, du bist frei.* Kamphausen Verlag 1993
31 Harding, Douglas E.: *Das Buch von Leben und Tod.* Context Verlag 1996
32 Maharshi, Ramana: *Gespräche des Weisen.* Lotos Verlag 2006
33 Katie, Byron: *Lieben was ist.* Goldmann Arkana 2002
34 Poonja, H. W. L.: *The Truth Is.* Weiser books 2000
35 Maharshi, Ramana: *Gespräche des Weisen.* Lotos Verlag 2006
36 Harding, Douglas E.: *The Headless Way.* www.headless.org
37 Castaneda, Carlos: *Die Lehren des Don Juan.* Fischer Verlag 1987

Literaturempfehlungen

Almaas, A. H.: *Facetten der Einheit.* Kamphausen Verlag 2004
Balsekar, Ramesh: *Kein Weg kein Ziel nur Einheit.* Lotos Verlag 2009
Balskar, Ramesh: *Wo nichts ist, kann auch nichts fehlen.* Lotos Verlag 2008
Bhagavadgita. Reclam Verlag 1955
Castaneda, Carlos: *Die Kraft der Stille.* Fischer Verlag 1995
Gangaji: *Der Diamant in deiner Tasche.* Goldmann Arkana 2006
Goswami, Amit: *Das bewusste Universum.* Verlag Alf Lüchow 1995
Harding, Douglas: *Das Buch von Leben und Tod.* Context Verlag 1988
Jaxon-Bear, Eli: *Das spirituelle Enneagramm.* Goldmann Arkana 2003
Kruse, Dittmar: *Glück ohne Schmied.* Kruse Verlag 2009
Patanjali: *Die Wurzeln des Yoga.* Otto Wilhelm Barth Verlag 1976
Poonja, H. W. L.: *The truth is.* Weiser books, 2000
Sylvester, Richard: *Das Buch Niemand.* Lotos Verlag 2009
Taylor Dr., Jill Bolte: *Mit einem Schlag.* Knaur Verlag 2008
Tolle, Eckhart: *Torwege zum Jetzt.* Arkana Audio 2004
Tolle, Eckhart: *Jetzt! Die Kraft der Gegenwart.* Kamphausen Verlag 2000
Tolle, Eckhart: *Leben im Jetzt.* Goldmann Arkana 2001
Wolinsky, S.: *Quantenbewußtsein.* Verlag Alf Lüchow 1994
Wei Wu Wei: *Das offenbare Geheimnis.* Verlag Alf Lüchow 1998

Ariel & Shya Kane

SEIN – Die Kraft des Augenblicks

Geschichten mit erleuchtender Wirkung zum Lachen, Weinen, Mitfühlen und einfach nur Mensch sein.

Es gibt immer die Chance, eine Situation mit völlig neuen Augen zu sehen. Es ist dieser Wechsel der Perspektive, der zu einem Quantensprung an Wohlgefühl, Freude und Zufriedenheit führt: durch Unmittelbare Transformation. Wer Ariel und Shya Kane kennt, weiß um ihre herzerfrischende und klare Art, den Herausforderungen des Lebens zu begegnen.

In diesem Buch verpacken sie Erkenntnisse und Einsichten in Geschichten zum Lachen, Weinen, Mitfühlen und einfach nur Mensch sein. Ein herzerfrischendes Buch über die Kraft der Gegenwart!

Ein hilfreiches und grundlegendes Buch über die Kraft des gegenwärtigen Augenblicks, die ein gewöhnliches Leben in ein außergewöhnliches Sein transformiert.

„Wir haben gelernt, etwas zu HABEN. Wir haben gelernt, etwas zu TUN. Doch haben wir auch gelernt, einfach zu SEIN?" (Ariel & Shya Kane)

270 Seiten, Hardcover, ISBN 978-3-89385-591-9

Zhuangzi – Das Buch der Spontaneität

Das Zhuangzi ist ein Basiswerk der chinesischen Philosophie. Es ist auch eines der ganz großen Weisheitsbücher Chinas. Und vor allem ist es eines der spielerischsten und humorvollsten Bücher der Weltliteratur.

Anders als Laozi, der die überlieferte Weisheit des Daoismus (Taoismus) zu eher trockenen kurzen und treffenden Sprüchen verdichtete, umspielt Meister Zhuang sie in schillernden Geschichten, skurrilen Parabeln und ironisch pointierten Lehrgesprächen: spielerisch und humorvoll.

Die schrägste Truppe von Weisen, die je einen Klassiker fernöstlicher Weisheit bevölkert hat, macht uns hier mit der heiteren Lebenskunst der daoistischen (taoistischen) Weisen bekannt.

432 Seiten, Klappenbroschur
ISBN 978-3-89385-558-2

www.windpferd.de